Institut national de recherche pédagogique

ERMEL

Fiches Photocopiables
Apprentissages géométriques et résolution de problèmes au cycle 3

HATIER

Responsables de la recherche

Roland Charnay
Professeur de mathématiques à l'IUFM de Lyon

Jacques Douaire
Professeur de mathématiques à l'IUFM de Versailles

Équipe de rédaction

Henri-Claude Argaud
IUFM de Grenoble (Centre de Valence)

Roland Charnay
IUFM de Lyon (Centre de Bourg-en-Bresse)

Jacques Douaire
IUFM de Versailles (Centre d'Antony Val de Bièvre)

Marie-Paule Dussuc
IUFM de Lyon (Centre de Bourg-en-Bresse)

Fabien Emprin
IUFM de Reims (Centre de Châlons-en-Champagne)

Claude Fini
IUFM de Grenoble

Marianne Frémin
IUFM de Versailles (Centre d'Antony Val de Bièvre)

Gérard Gerdil-Margueron
IUFM de Grenoble

Christiane Hubert
IUFM de Créteil (Centre de Livry-Gargan)

Michel Mante
IUFM de Lyon (Centre de Bourg-en-Bresse)

Jean-Louis Porcheron
IUFM de Toulouse

Claude Rajain
IUFM de Reims (Centre de Châlons-en-Champagne)

Note de l'éditeur : nous pensons utile de préciser que les droits d'auteur relatifs à cet ouvrage reviennent intégralement à l'INRP.

Maquette : Graphismes
Mise en page et schémas : Compo-Méca sarl
Suivi éditorial : Sylvie Asimus

Sommaire

Nous avons repris ici la numérotation des situations telle qu'elle existe dans l'ouvrage de référence. Ne figurent dans ce sommaire que les situations dont la mise en œuvre nécessite l'utilisation de matériel photocopiable.

Thème 1 **Alignement** 7

1. **Épingles sur pli** (1) (CE2) 8
2. **Épingles sur pli** (2) (CE2) 9
3. **Placer le point** (CE2) 10
4. **Œilsurtout surveille** (CE2) 13
6. **Où est le plot ?** (CM1) 16
7. **Faisceaux de traits** (CM1) 20
8. **Menhir** (CM2) 24

Thème 2 **Angle, perpendicularité et parallélisme** 29

Angle et perpendicularité

1. **Rectangle à terminer** (1) (CE2) 30
2. **Quatre droits pour un tour** (CE2) 34
3. **Trait sur trait** (CE2) 37
4. **Construire un angle droit** (CE2) 42
5. **C'est d'équerre !** (CE2) 46
6. **Rectangle à terminer** (2) (CM1) 51

Parallélisme

1. **Les feuilles qui coulissent** (CE2) 55
2. **Trapèze à terminer** (CE2) 59
3. **Sur la trace des roues** (CM1) 64
4. **Parapuzzle** (CM1) 68

Situations de synthèse

1. **Construire un rectangle** (CM1) 72
2. **En partant de la rotonde** (CM2) 75
3. **Un polygone et ses angles** (CM2) 79
5. **Bords de bandes** (CM2) 84

Thème 3 **Distance** 85

1. **Courte ligne** (CE2) 86
2. **Longueur minimum** (CE2) 90
3. **Conjonction de relations** (CE2) 92
4. **Même distance à coup sûr** (CM1) 94
5. **Le trésor** (CM1) 97

Thème 4 **Comparaison** 101

1. **Pareil, pas pareil ?** (1) (CE2) 102
2. **Puzzle** (1) (CE2) 109
3. **Agrandir le puzzle** (CE2) 116
4. **Tracer pareil** (CM1) 120
5. **Polycubes pareils** (CM1) 129
6. **Empreintes** (CM1) 135
7. **Puzzle** (2) (CM1) 143
8. **Attrape** (1) (CM1) 146
9. **Pareil, pas pareil ?** (2) (CM2) 153
10. **Agrandir la drôle de boîte** (CM2) 157
11. **Attrape** (2) (CM2) 163

Thème 5 **Figures du plan (objets 2D)** 171

1. **Deviner la figure** (CM2) 172
2. **Tout un programme** (CM2) 173
5. **Le cercle et les cercles** (CM2) 182

Thème 6 Objets de l'espace (objets 3D) 187

1. **Deviner le solide** (CE2) 188

2. **Habiller le solide** (CE2) 189

3. **Construire un solide** (CE2) 190

5. **Assemblons les faces** (CM1) 192

6. **Patron de solide** (CM1) 194

10. **Boucher le trou** (2) (CM2) 198

Thème 7 Systèmes de repères 199

1. **Points de vue** (CE2) 200

4. **Points dans un quadrillage** (CM1) 203

5. **Repérage dans un quadrillage** (CM1) 208

6. **Labyrinthe** (CM2) 212

7. **Figures dans un cadre** (CM2) 216

Thème 1

Alignement

1. Épingles sur pli (1)

Fiche 1

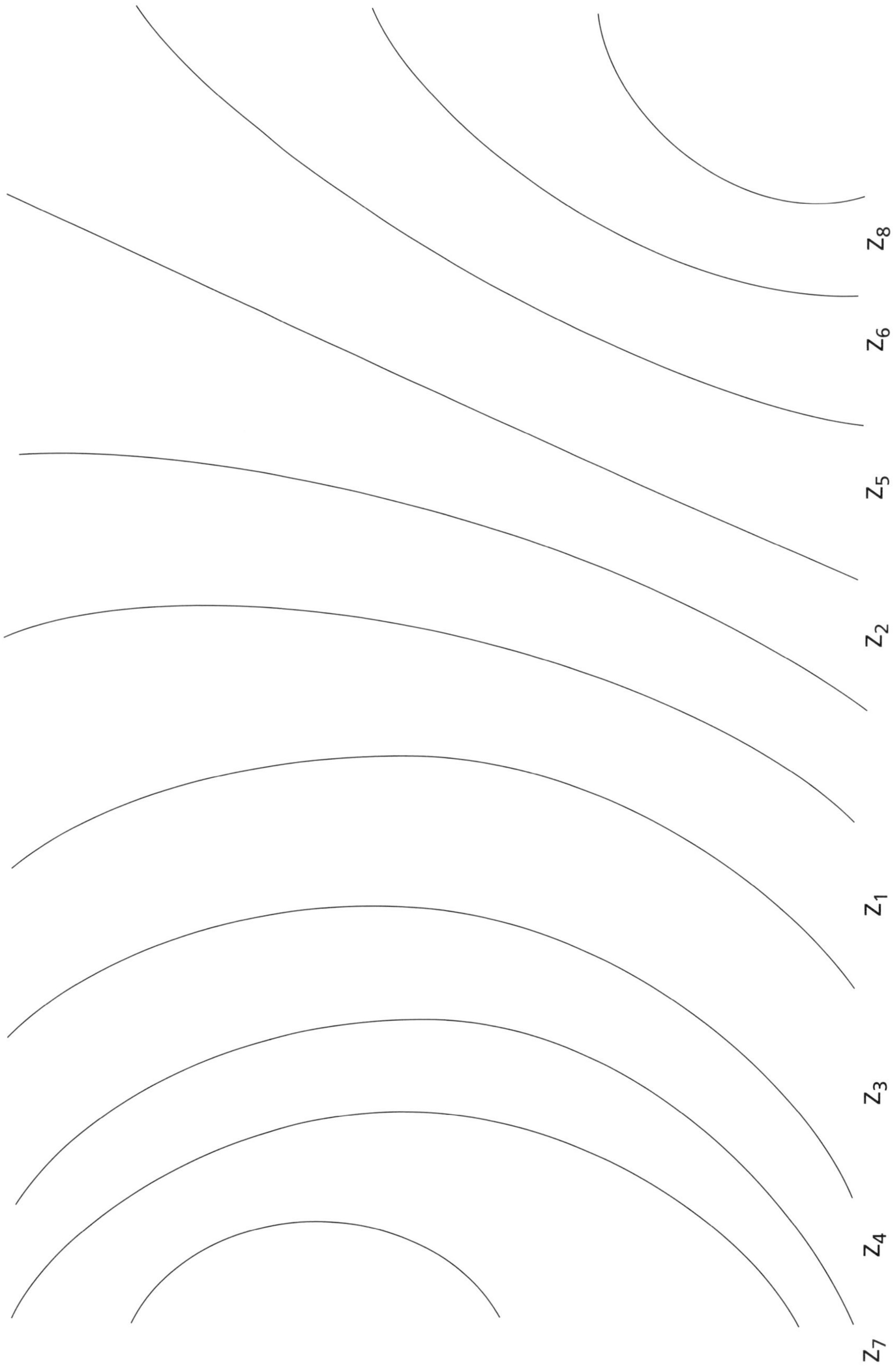

2. Épingles sur pli (2)

Fiche 1

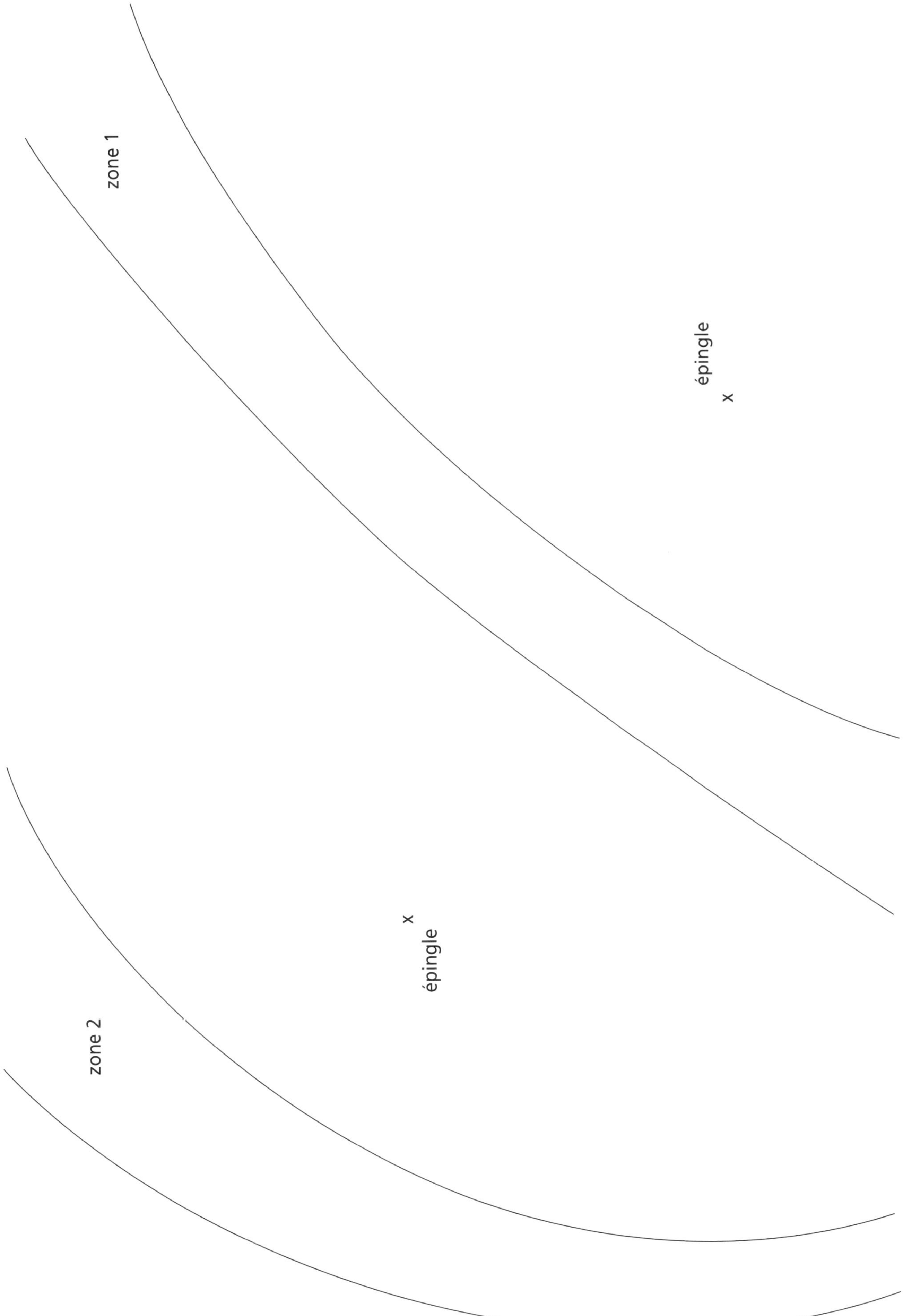
zone 1
épingle
x
x
épingle
zone 2

3. Placer le point

Fiche 1

Prénom .... Date ....

Carte référence

3. Placer le point

Fiche 2

Prénom .... Date ....

Carte problème

3. Placer le point

Fiche 3

Carte des points nommés

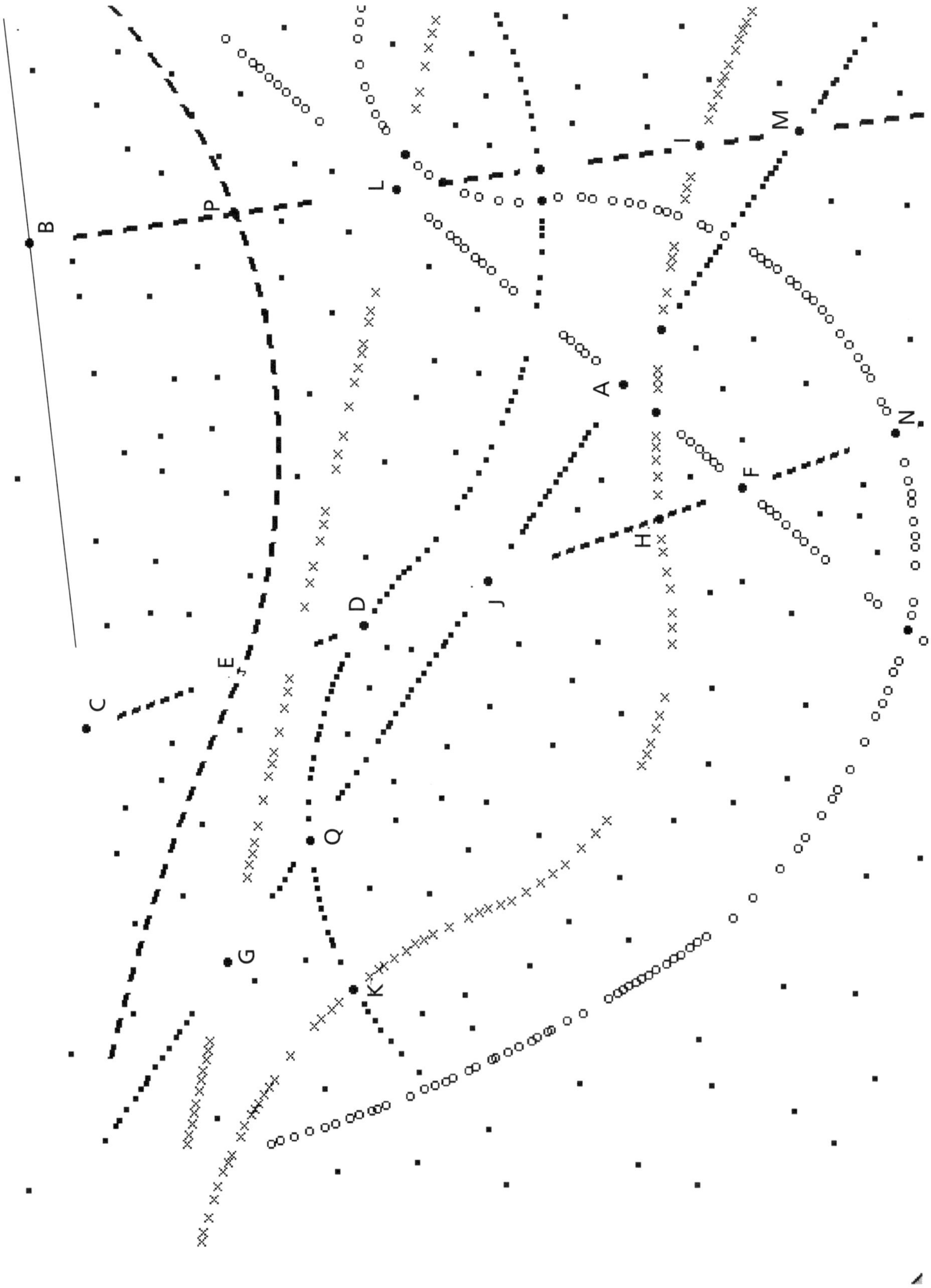

4. Œilsurtout surveille

Fiche 1

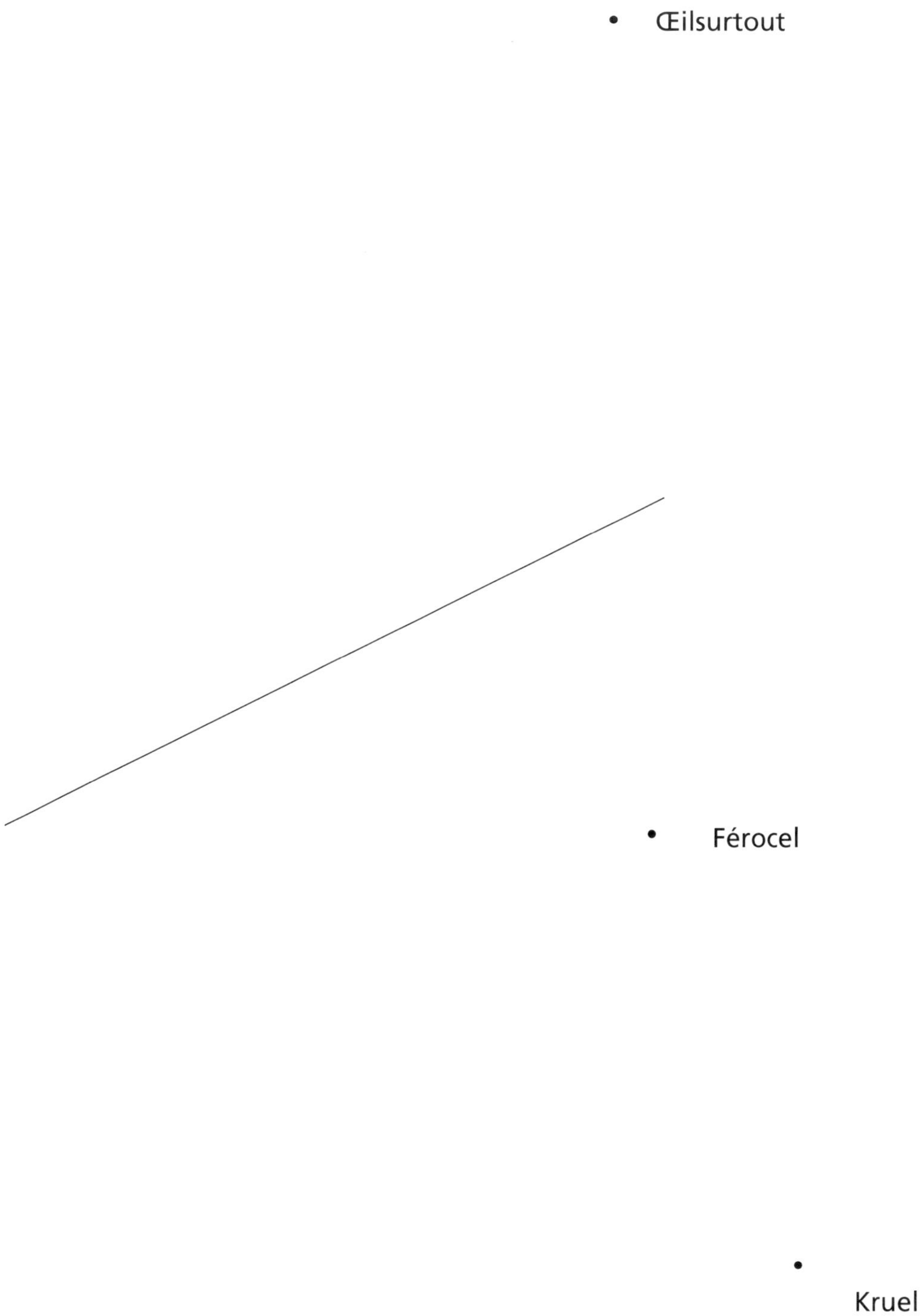

4. Œilsurtout surveille

Fiche 2

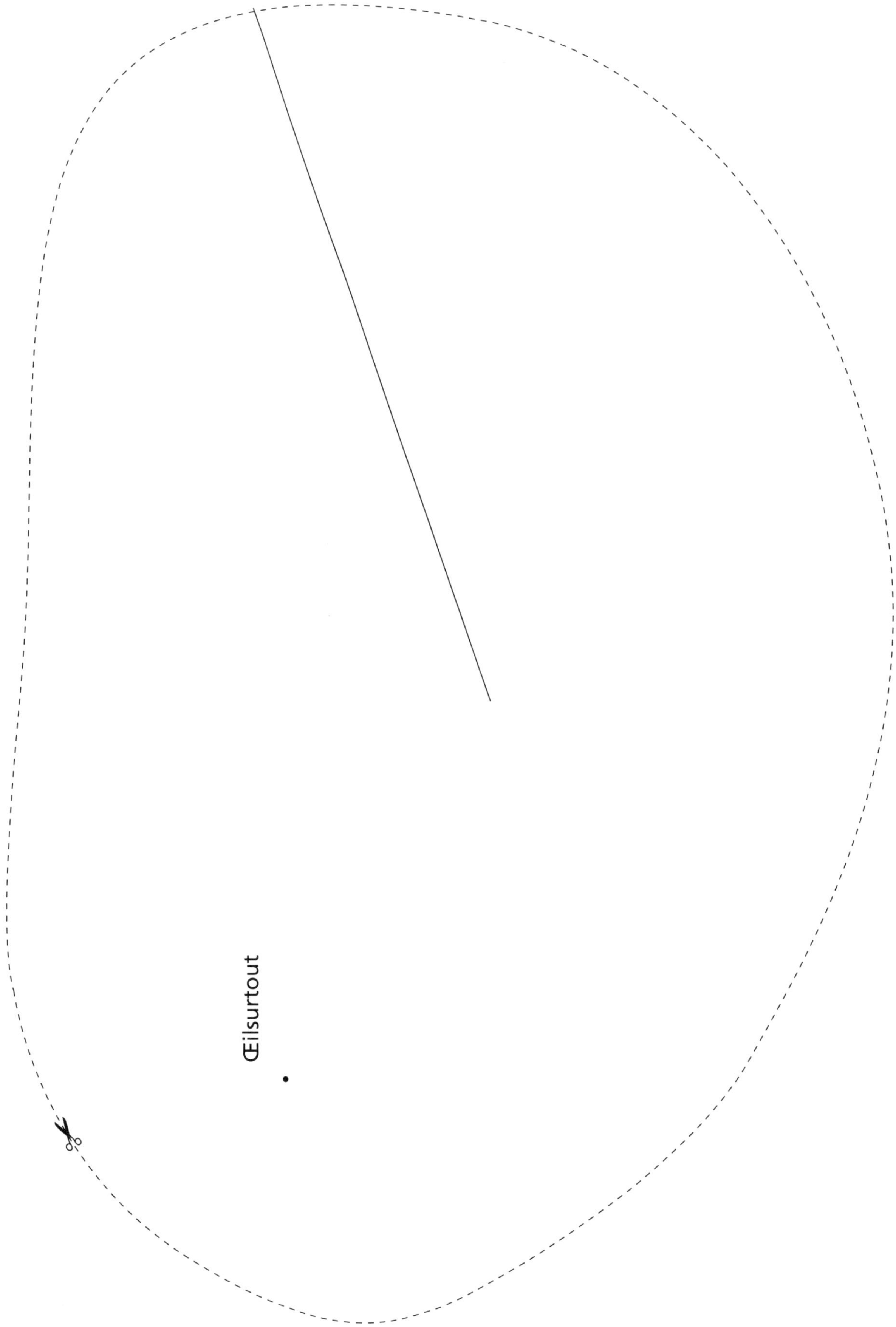

4. Œilsurtout surveille

Fiche 3

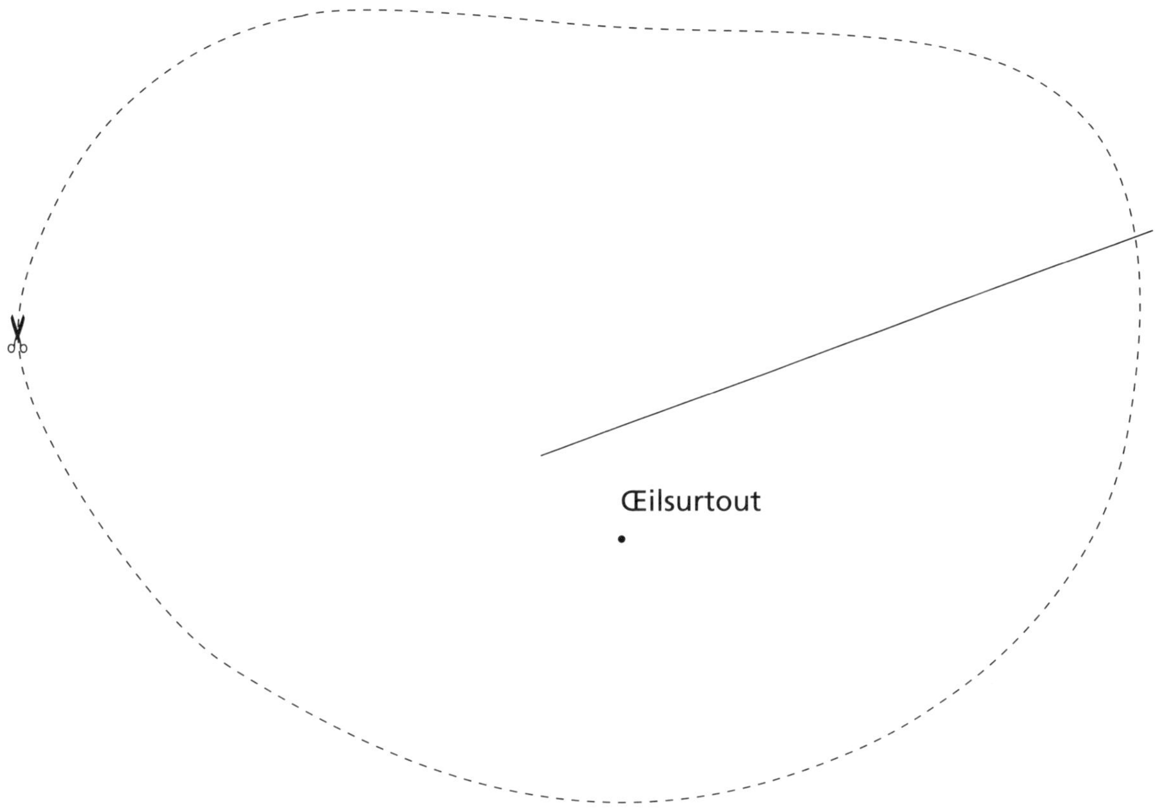

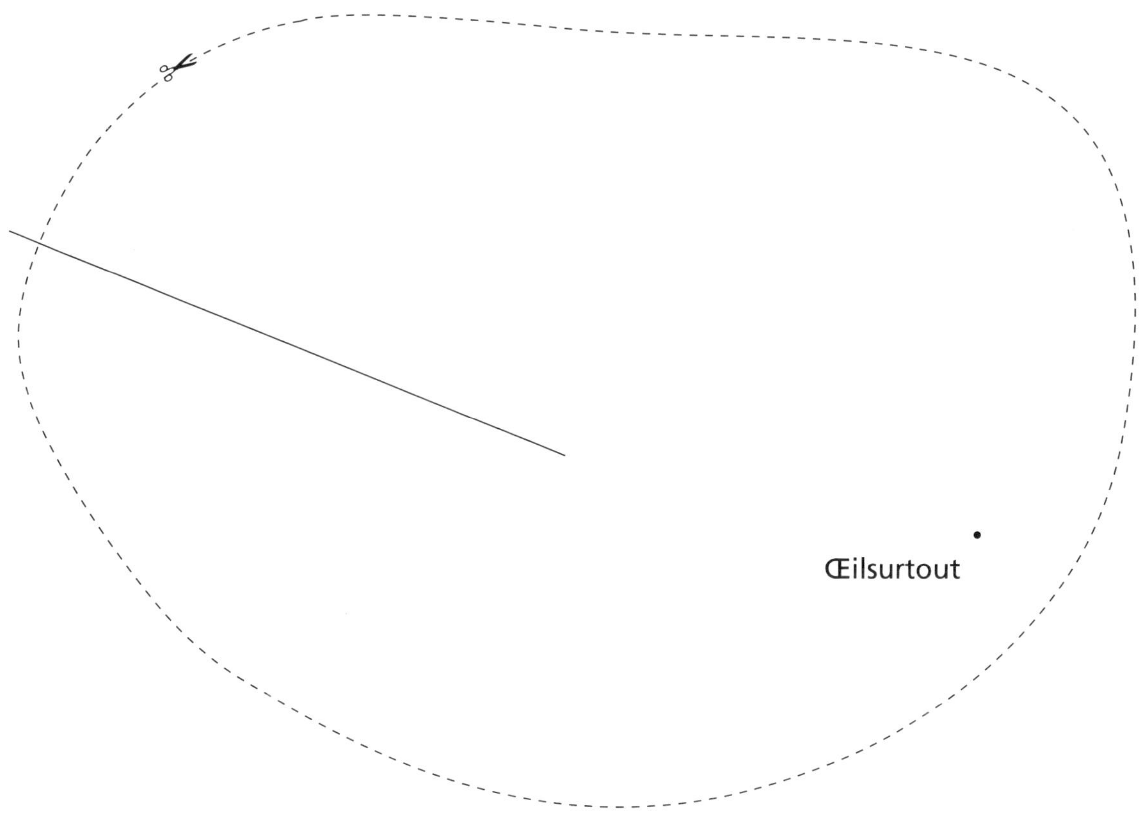

6. Où est le plot ?

Fiche 1

Schématisation du dispositif

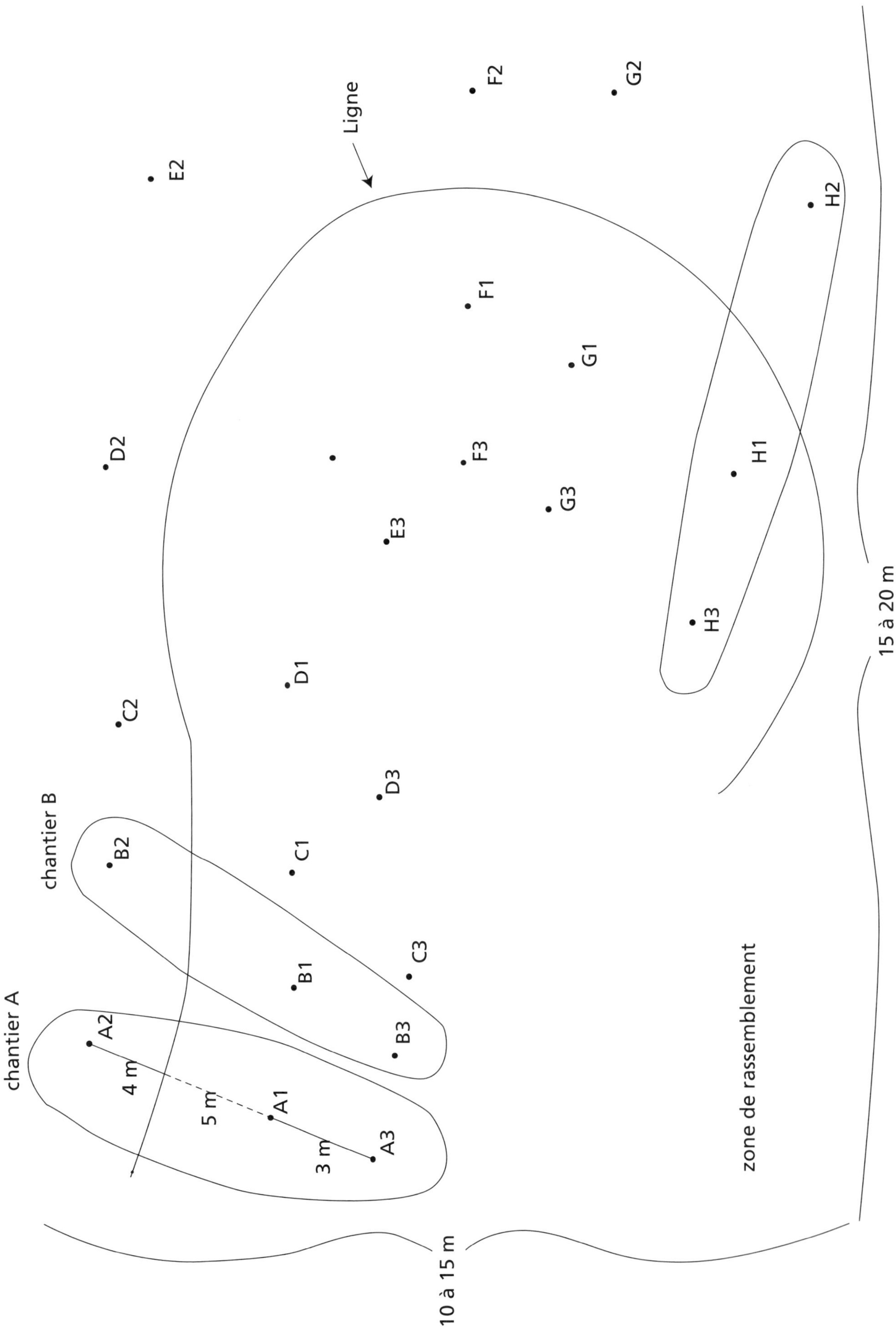

6. Où est le plot ?

Fiche 2

	Chantier Problème A	Chantier Problème B	Message
Équipe A	A	E	Placer le poteau rose de façon à ce qu'il soit aligné avec vos deux poteaux.
Équipe B	B	H	Placer le poteau rose de façon à ce qu'il soit aligné avec vos deux poteaux.
Équipe C	C	G	Placer le poteau bleu de façon à ce qu'il soit aligné avec vos deux poteaux.
Équipe D	D	J	Placer le poteau bleu de façon à ce qu'il soit aligné avec vos deux poteaux.
Équipe E	E	I	Placer le poteau violet de façon à ce qu'il soit aligné avec vos deux poteaux.
Équipe F	F	L	Placer le poteau violet de façon à ce qu'il soit aligné avec vos deux poteaux.
Équipe G	G	K	Placer le poteau vert de façon à ce qu'il soit aligné avec vos deux poteaux.
Équipe H	H	B	Placer le poteau vert de façon à ce qu'il soit aligné avec vos deux poteaux.
Équipe I	I	A	Placer le poteau orange de façon à ce qu'il soit aligné avec vos deux poteaux.
Équipe J	J	D	Placer le poteau orange de façon à ce qu'il soit aligné avec vos deux poteaux.
Équipe K	K	C	Placer le poteau rouge de façon à ce qu'il soit aligné avec vos deux poteaux.
Équipe L	L	F	Placer le poteau rouge de façon à ce qu'il soit aligné avec vos deux poteaux.

6. Où est le plot ?

Fiche 3

Prénom .... Date ....

Voici deux poteaux « croix » et deux poteaux « ronds ».
Place un cinquième poteau aligné avec les poteaux « croix »
et aligné avec les poteaux « ronds ».

6. Où est le plot ?

Fiche 4

Prénom .... Date ....

Voici deux poteaux « croix » et deux poteaux « ronds ».
Place un cinquième poteau aligné avec les poteaux « croix »
et aligné avec les poteaux « ronds ».

7. Faisceaux de traits

Fiche 1

Prénom .... Date ....

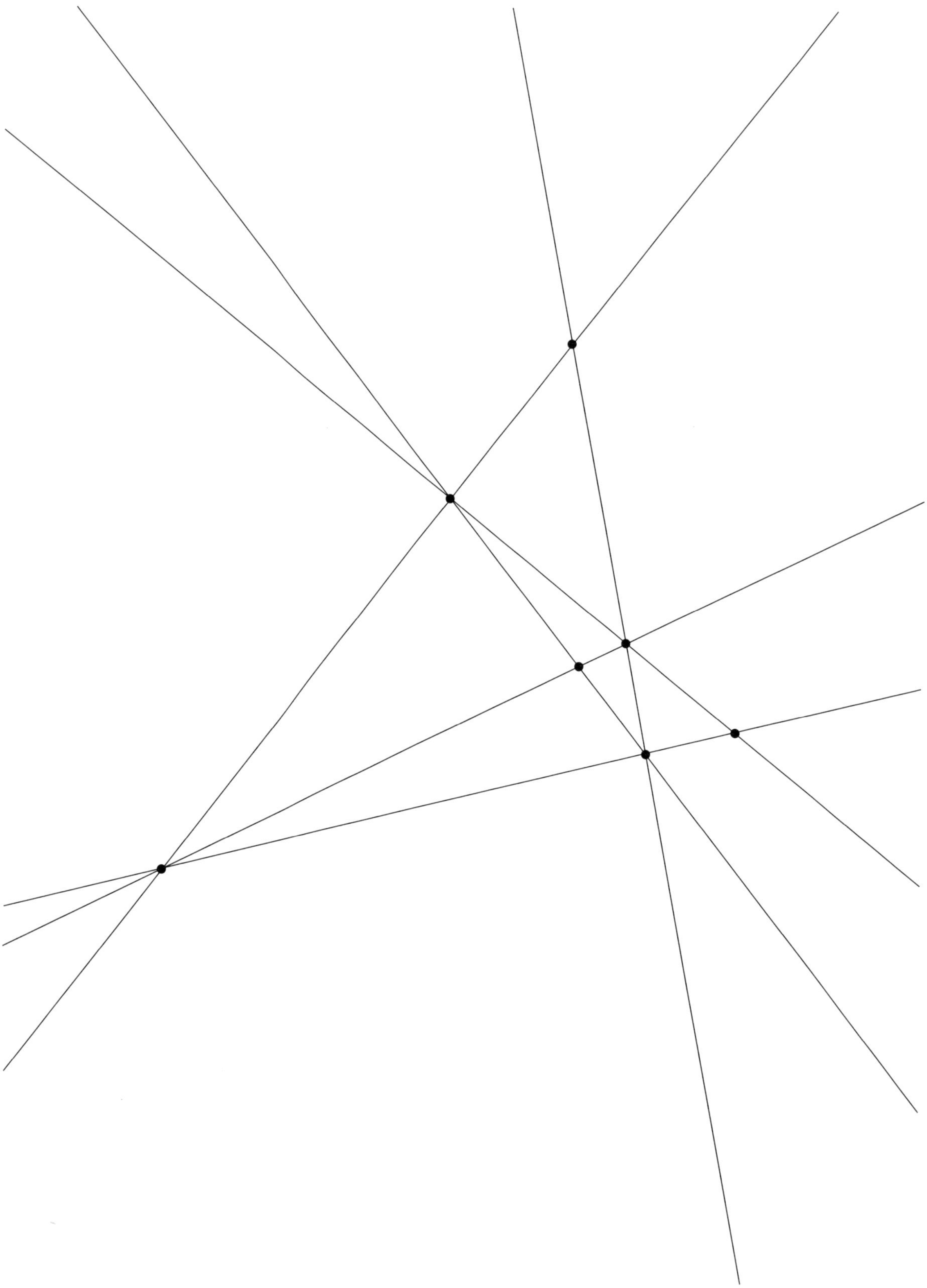

7. Faisceaux de traits

Fiche 2

Prénom .... Date ....

7. Faisceaux de traits

Fiche 3

Prénom .... Date ....

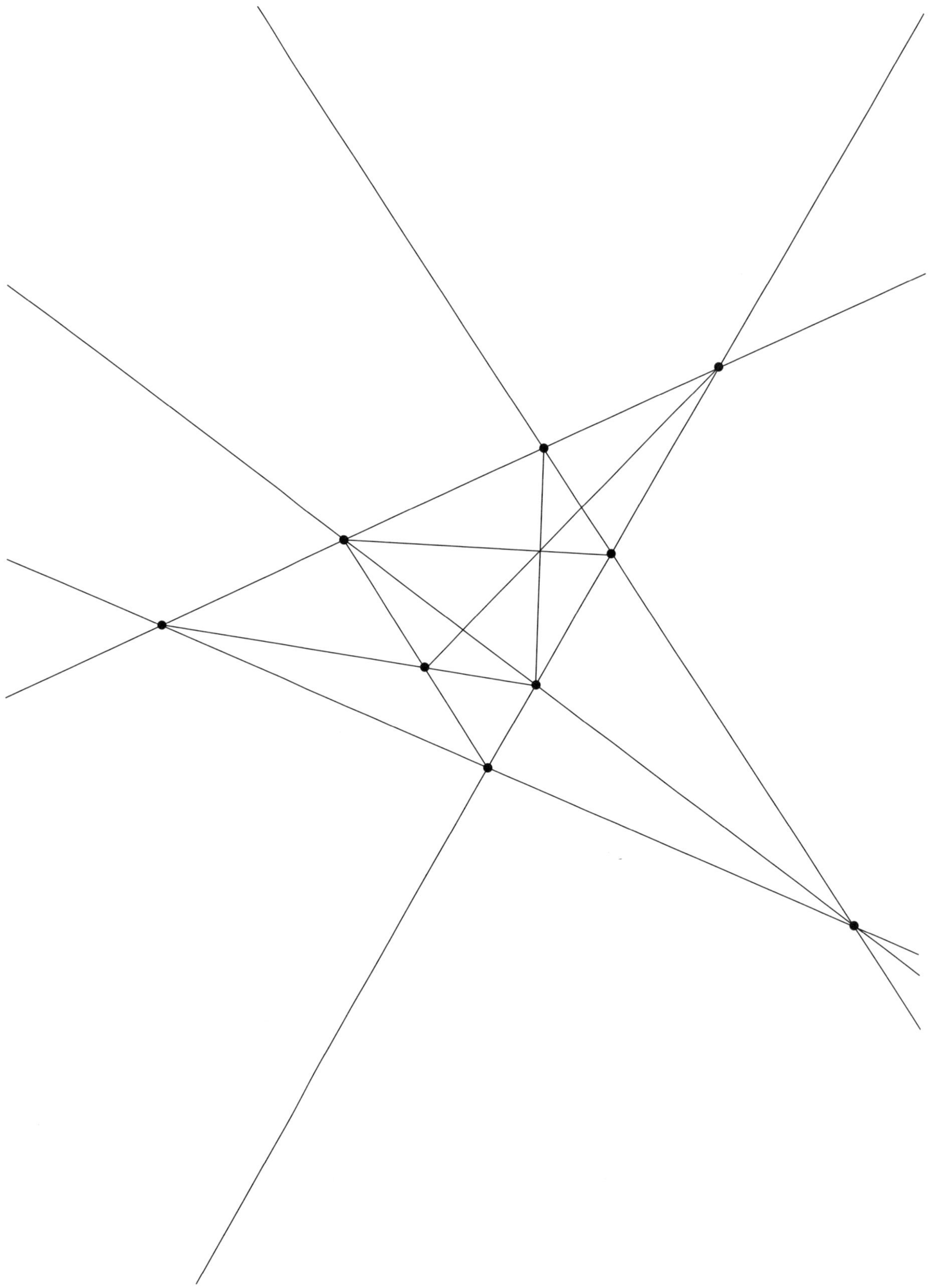

7. Faisceaux de traits

Fiche 4

Prénom .... Date ....

8. Menhir

Fiche 1

8. Menhir

Fiche 2

8. Menhir

Fiche 3

8. Menhir

Fiche 4

8. Menhir

Fiche 5

Thème 2

Angle, perpendicularité et parallélisme

1. Rectangle à terminer (1)

Fiche 1

Prénom .... Date ....

Rectangle référence Rr

1. Rectangle à terminer (1)

Fiche 2

Prénom .... Date ....

Rectangle R1

1. Rectangle à terminer (1)

Fiche 3

Prénom .... Date ....

Rectangle R2

1. Rectangle à terminer (1)

Fiche 4

Prénom .... Date ....

Rectangle R3

2. Quatre droits pour un tour

Fiche 1

Coins collectifs
(à agrandir trois fois de suite à 141 %)

Six fois 60°

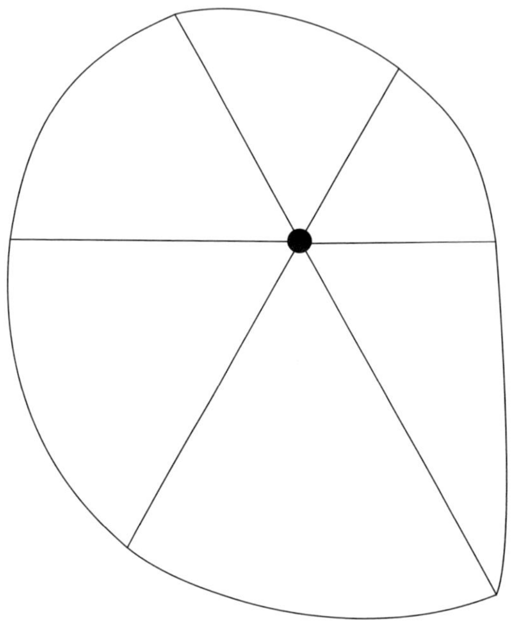

Deux fois 75°, une fois 115°, une fois 95°

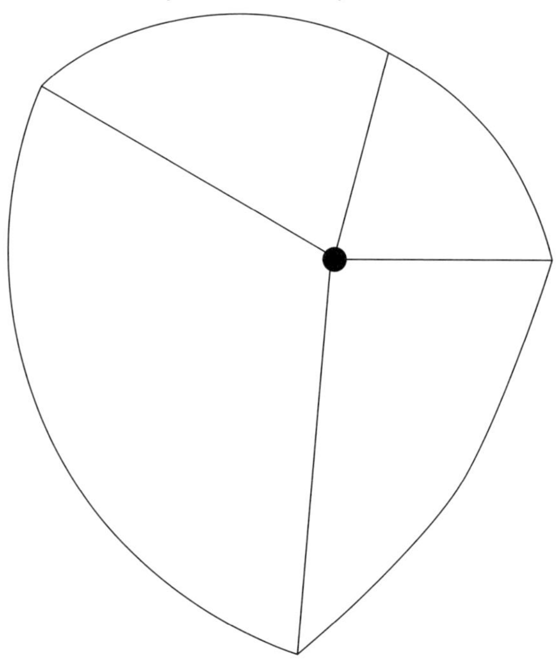

Deux fois 75°, une fois 115°, une fois 95°

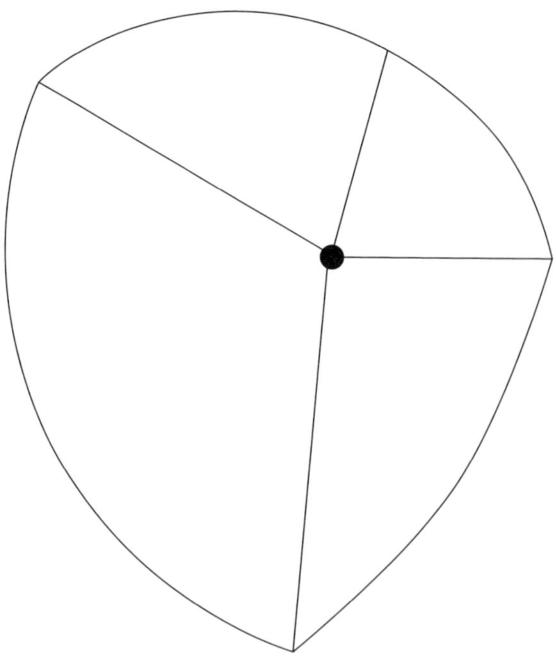

2. Quatre droits pour un tour

Fiche 1 suite

Coins collectifs
(à agrandir trois fois de suite à 141 %)

Quatre fois 85°

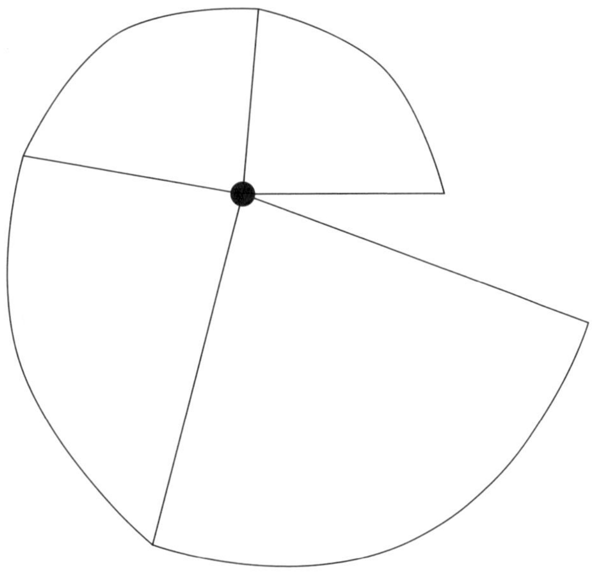

Deux fois 95°, une fois 75°, une fois 85°

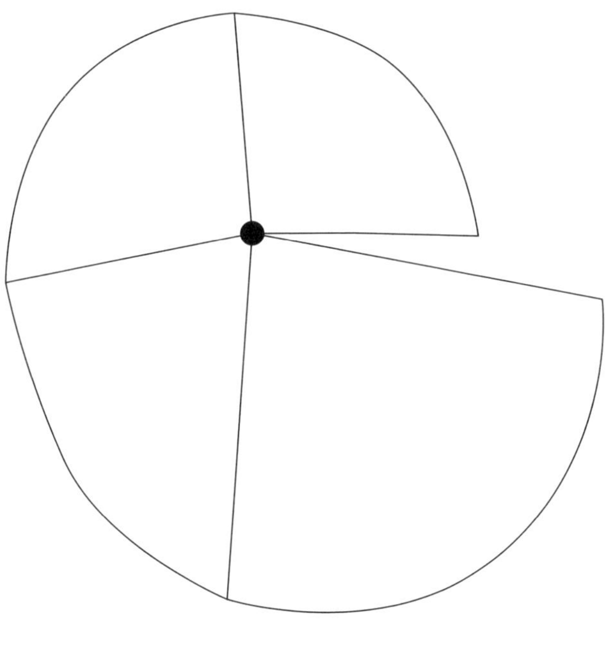

Une fois 115°

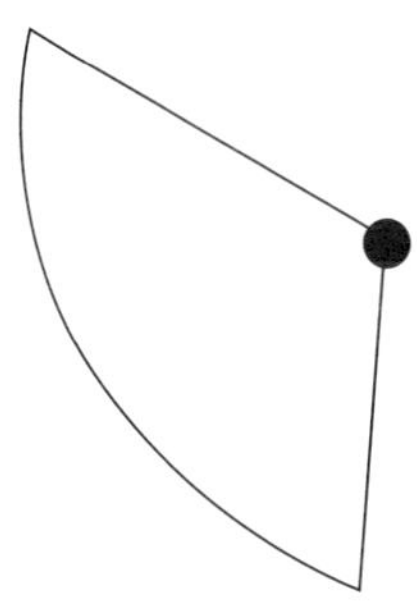

2. Quatre droits pour un tour

Fiche 2

Coins pour quatre élèves
(à agrandir trois fois de suite à 141 %)

Pour chaque élève, quatre fois 60° et une fois 95°

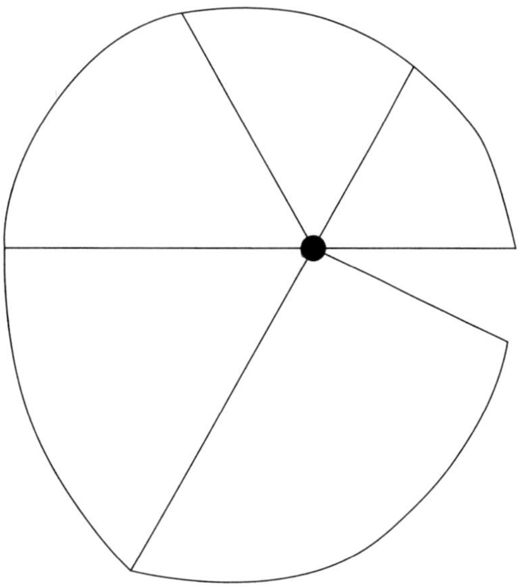

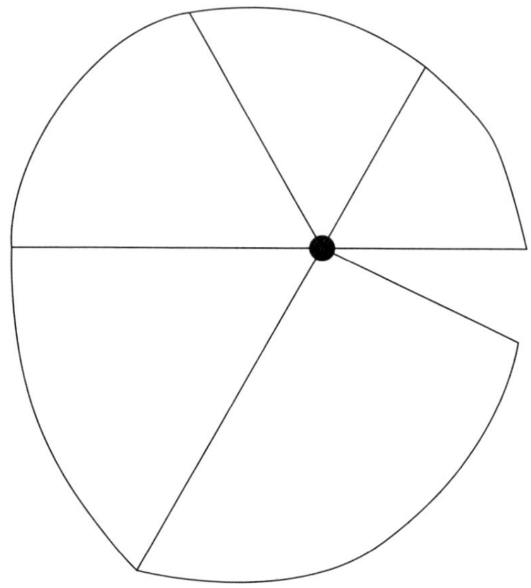

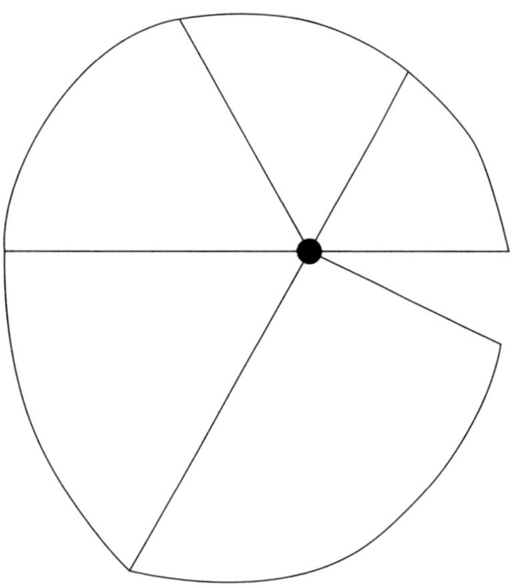

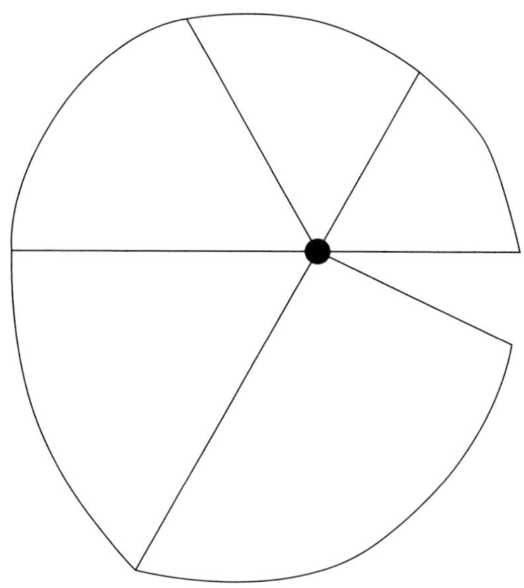

3. Trait sur trait

Fiche 1

Prénom .... Date ....

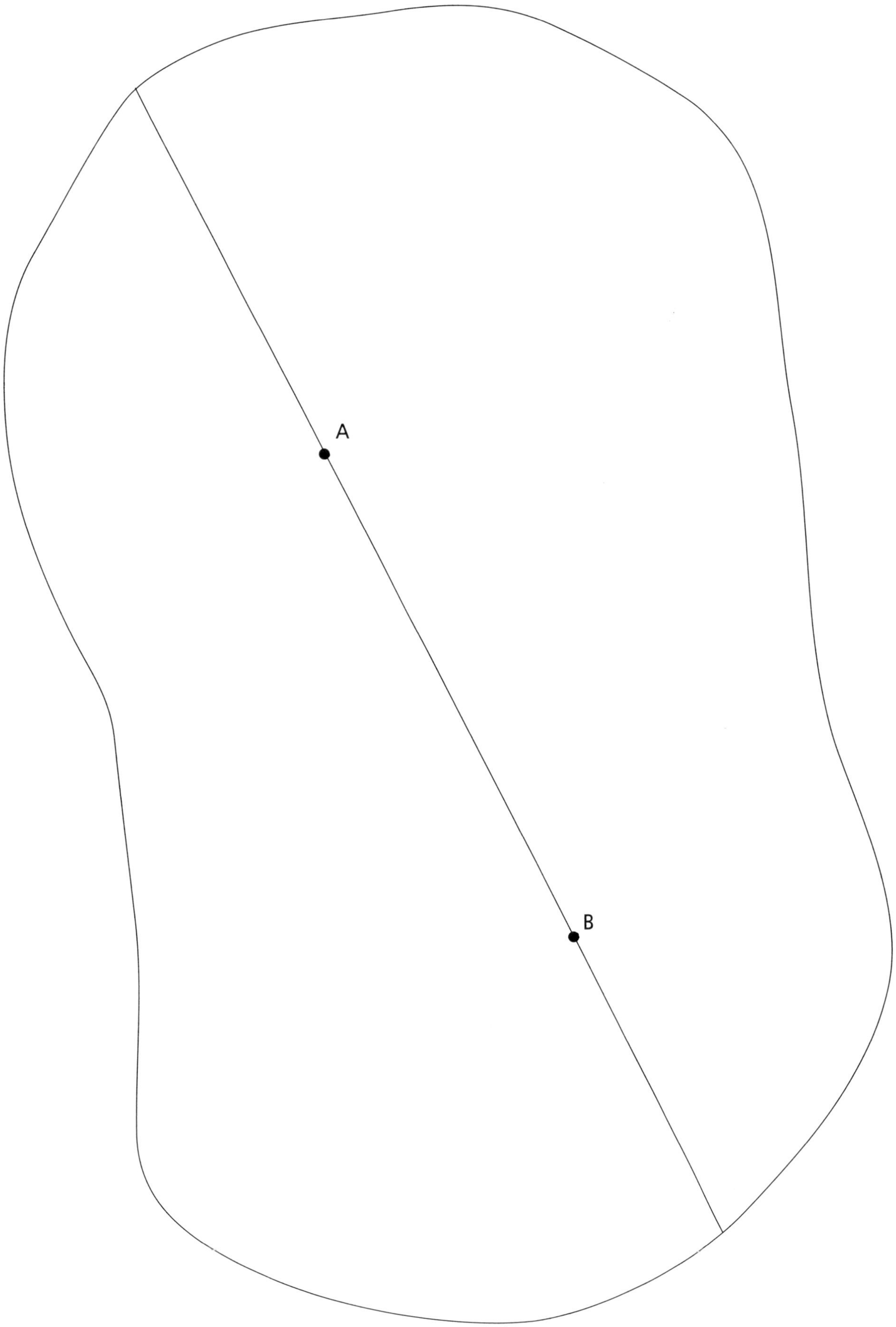

3. Trait sur trait

Fiche 2

Prénom .... Date ....

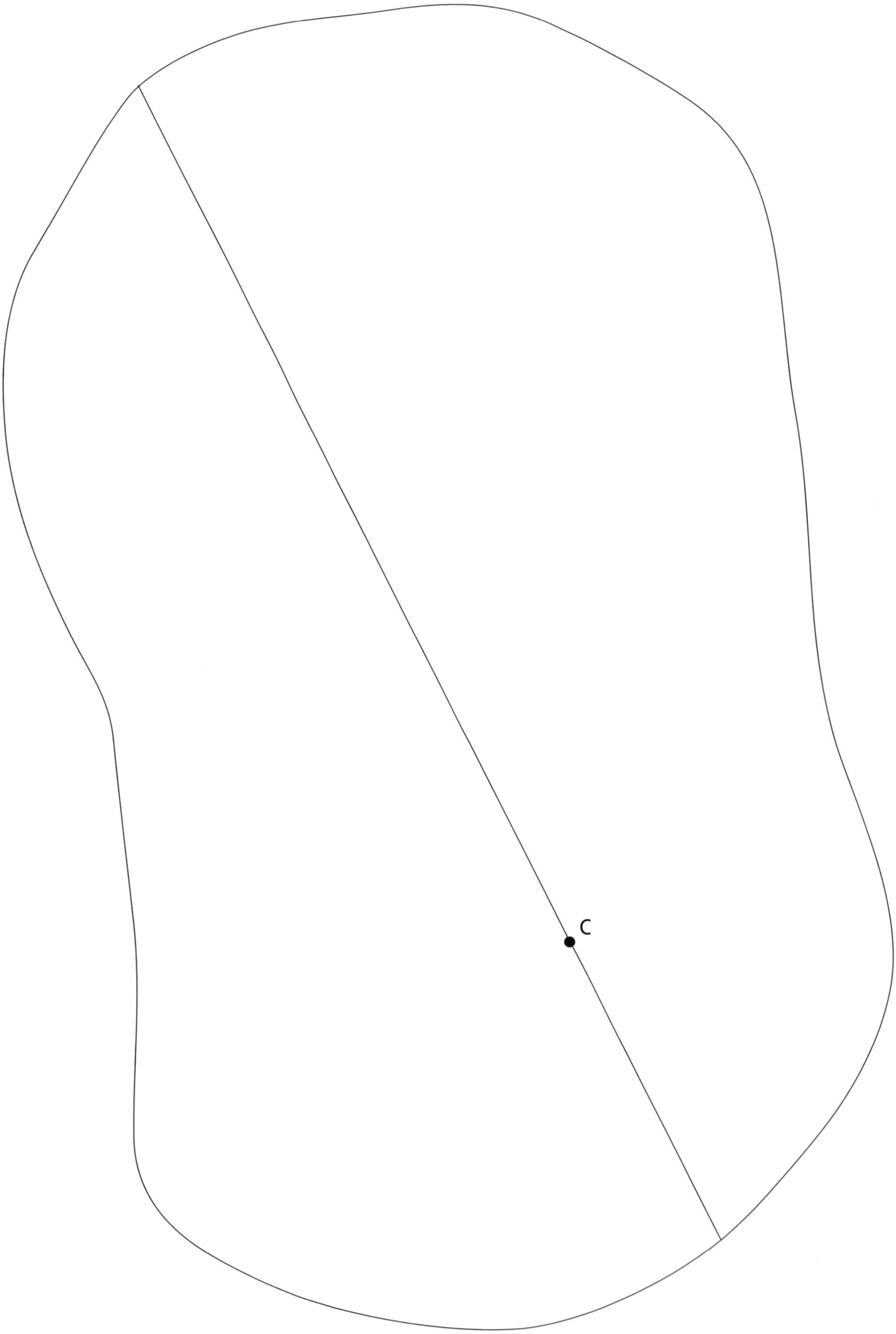

3. Trait sur trait

Fiche 3

Fiche de jugement

N° du dessin : Réussite : Pourquoi ?	N° du dessin : Réussite : Pourquoi ?
N° du dessin : Réussite : Pourquoi ?	N° du dessin : Réussite : Pourquoi ?

3. Trait sur trait

Fiche 4

Fiche de productions

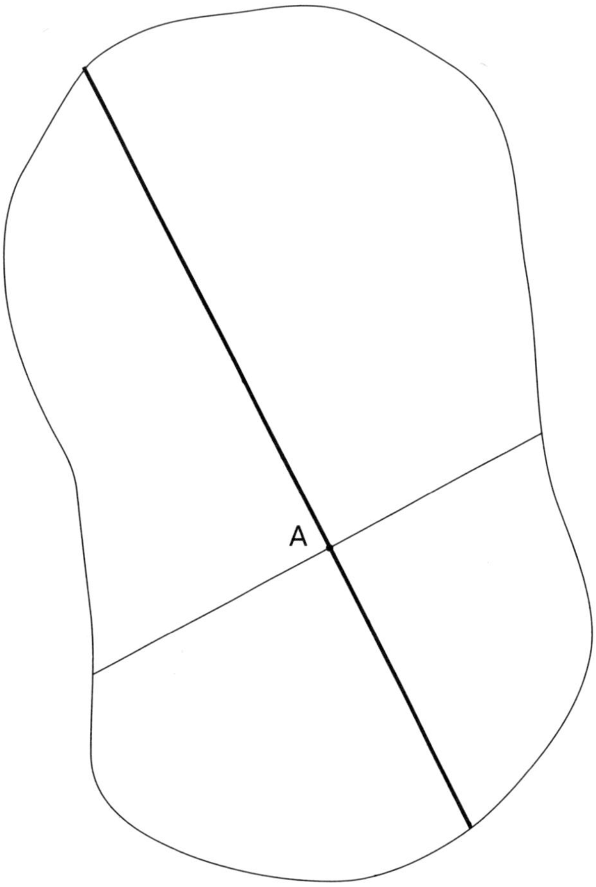

Dessin 1

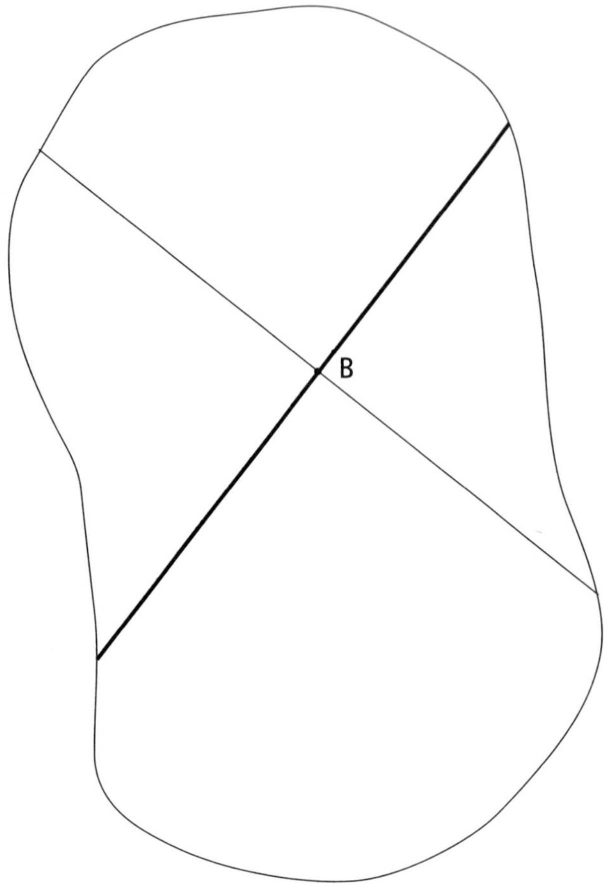

Dessin 2

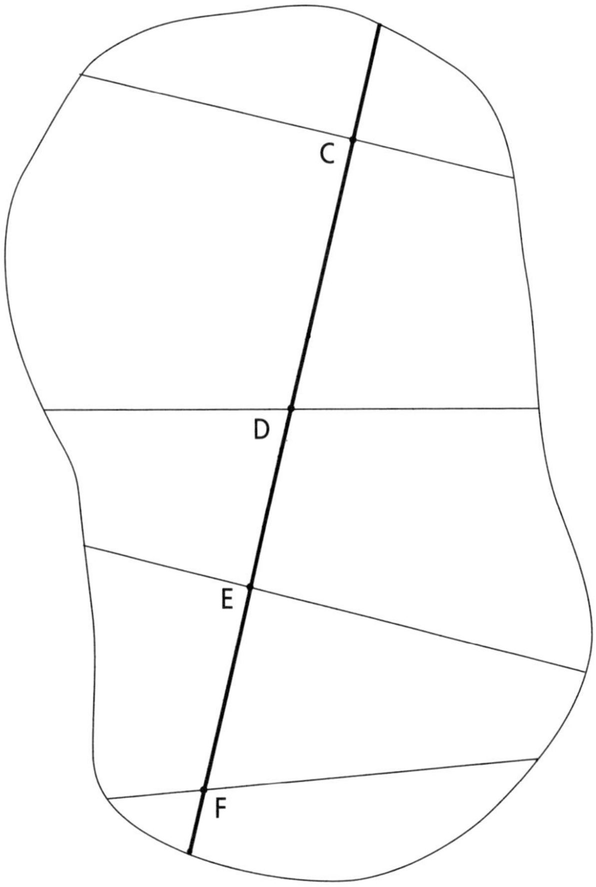

Dessin 3

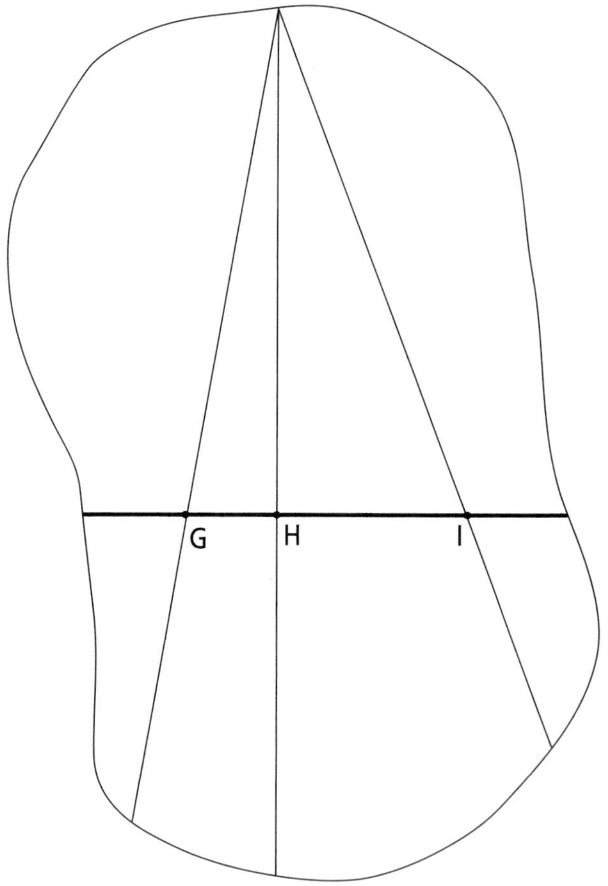

Dessin 4

3. Trait sur trait

Fiche 5

Fiche de jugement

Dessin 1
Le trait fin passant par A marque le pli du pliage « trait sur trait » passant par A : OUI NON
Pourquoi ?

Dessin 2
Le trait fin passant par B marque le pli du pliage « trait sur trait » passant par B : OUI NON
Pourquoi ?

Dessin 3
Le trait fin passant par C marque le pli du pliage « trait sur trait » passant par C : OUI NON
Pourquoi ?

Le trait fin passant par D marque le pli du pliage « trait sur trait » passant par D : OUI NON
Pourquoi ?

Le trait fin passant par E marque le pli du pliage « trait sur trait » passant par E : OUI NON
Pourquoi ?

Le trait fin passant par F marque le pli du pliage « trait sur trait » passant par F : OUI NON
Pourquoi ?

Dessin 4
Le trait fin passant par G marque le pli du pliage « trait sur trait » passant par G : OUI NON
Pourquoi ?

Le trait fin passant par H marque le pli du pliage « trait sur trait » passant par H : OUI NON
Pourquoi ?

Le trait fin passant par I marque le pli du pliage « trait sur trait » passant par I : OUI NON
Pourquoi ?

4. Construire un angle droit

Fiche 1

Prénom .... Date ....

4. Construire un angle droit

Fiche 2

Prénom .... Date ....

4. Construire un angle droit

Fiche 3

Prénom .... Date ....

4. Construire un angle droit

Fiche 4

Prénom .... Date ....

5. C'est d'équerre !

Fiche 1

Prénom .... Date ....

Paul nous dit : « Sur ce dessin, il y a 12 angles droits ! »
Es-tu d'accord avec lui ?

5. C'est d'équerre !

Fiche 2

Prénom .... Date ....

Pour cette épreuve, la tortue doit se rendre du départ à l'arrivée, en passant par le point de contrôle… mais elle ne peut tourner qu'à angle droit.
Elle choisit le trajet ci-dessous et elle se trompe à six reprises. Peux-tu lui montrer dans quels virages ?

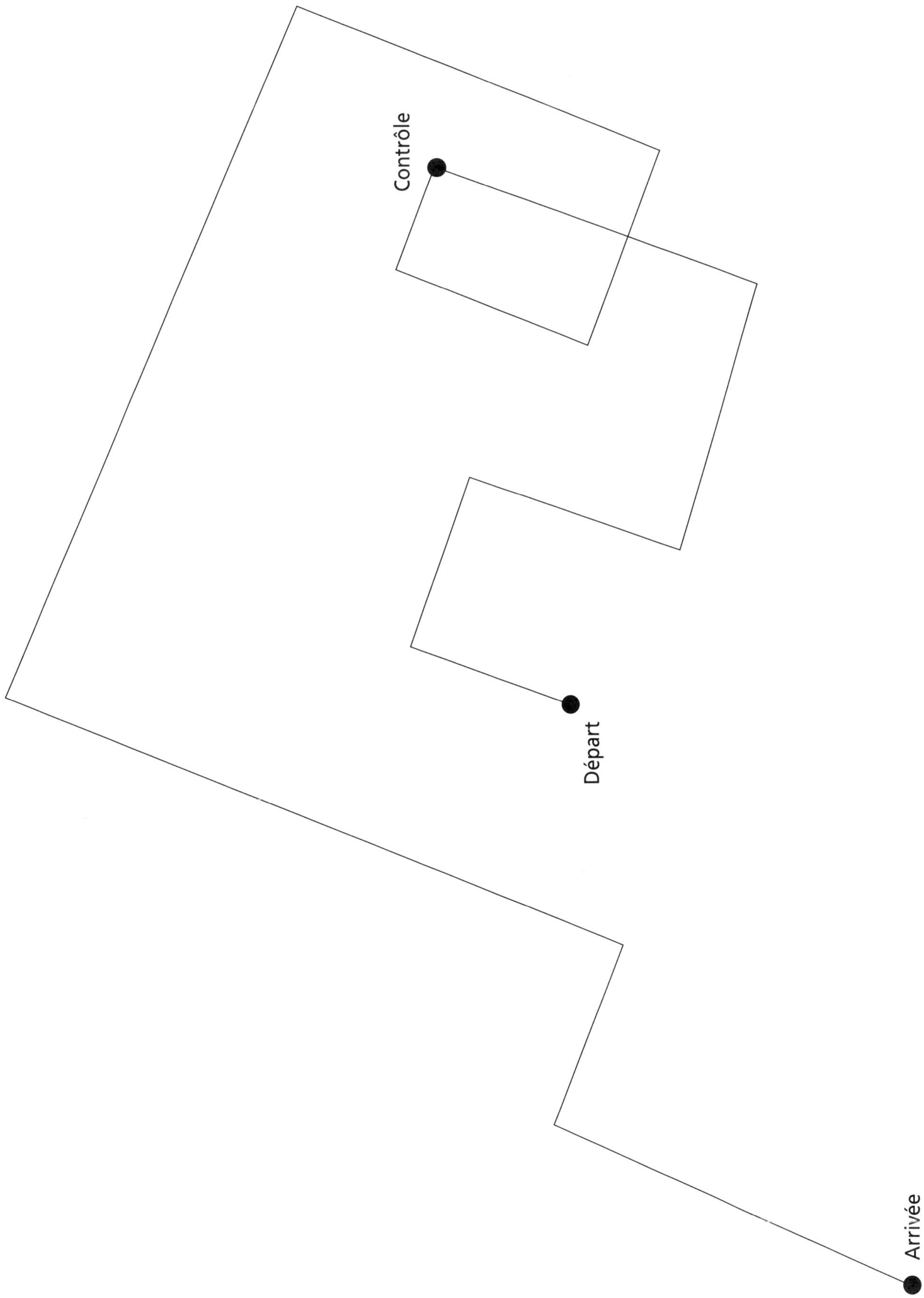

5. C'est d'équerre !

Fiche 3

Prénom .... Date ....

Continue, à partir de C, ce chemin qui ne tourne qu'à angles droits pour relier le point A au point B.

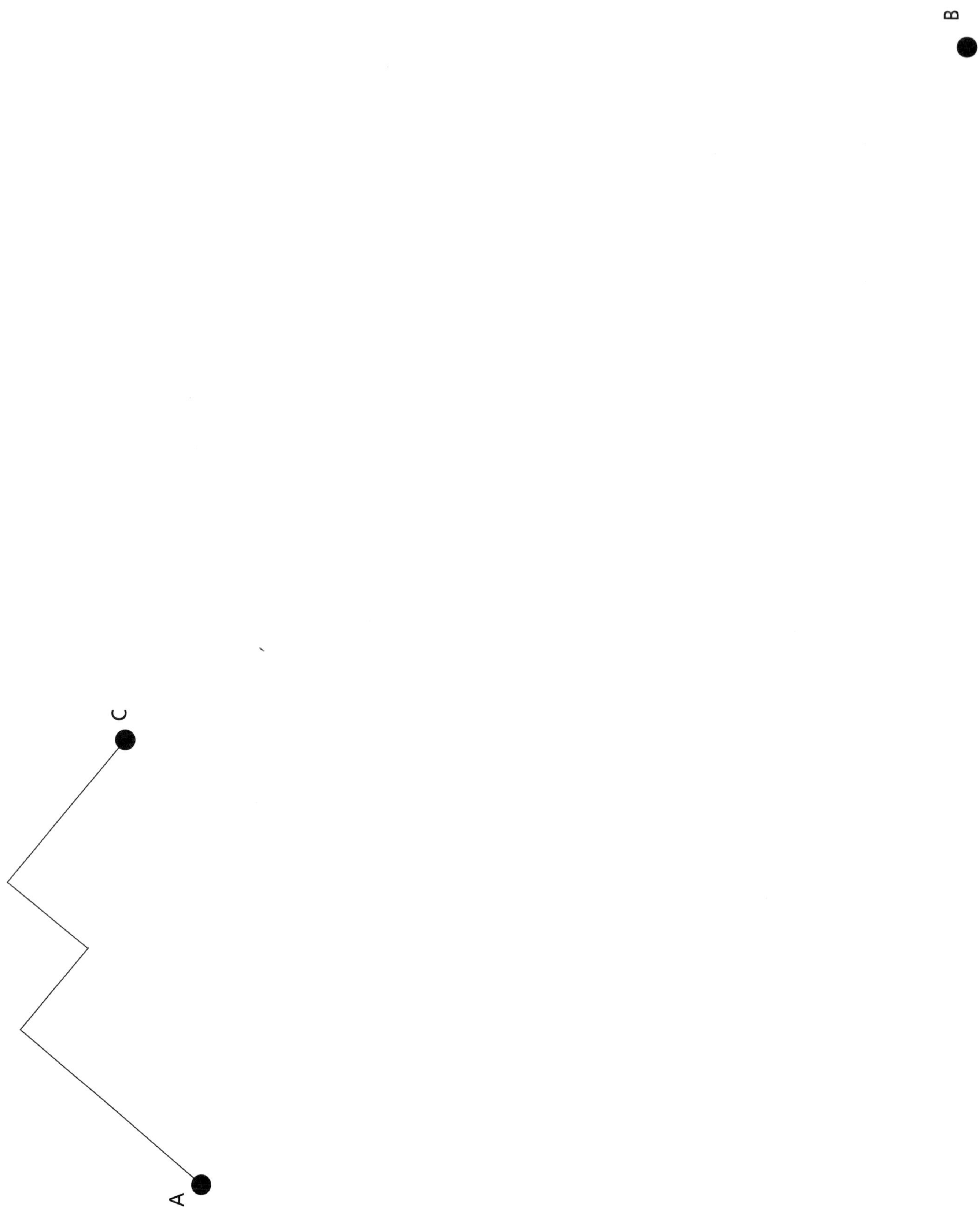

5. C'est d'équerre !

Fiche 4

Prénom .... Date ....

Après avoir tendu les rayons de sa toile, l'araignée-géomètre la tisse de façon très particulière. En observant le début de son travail, trouve son procédé et aide-la à continuer.

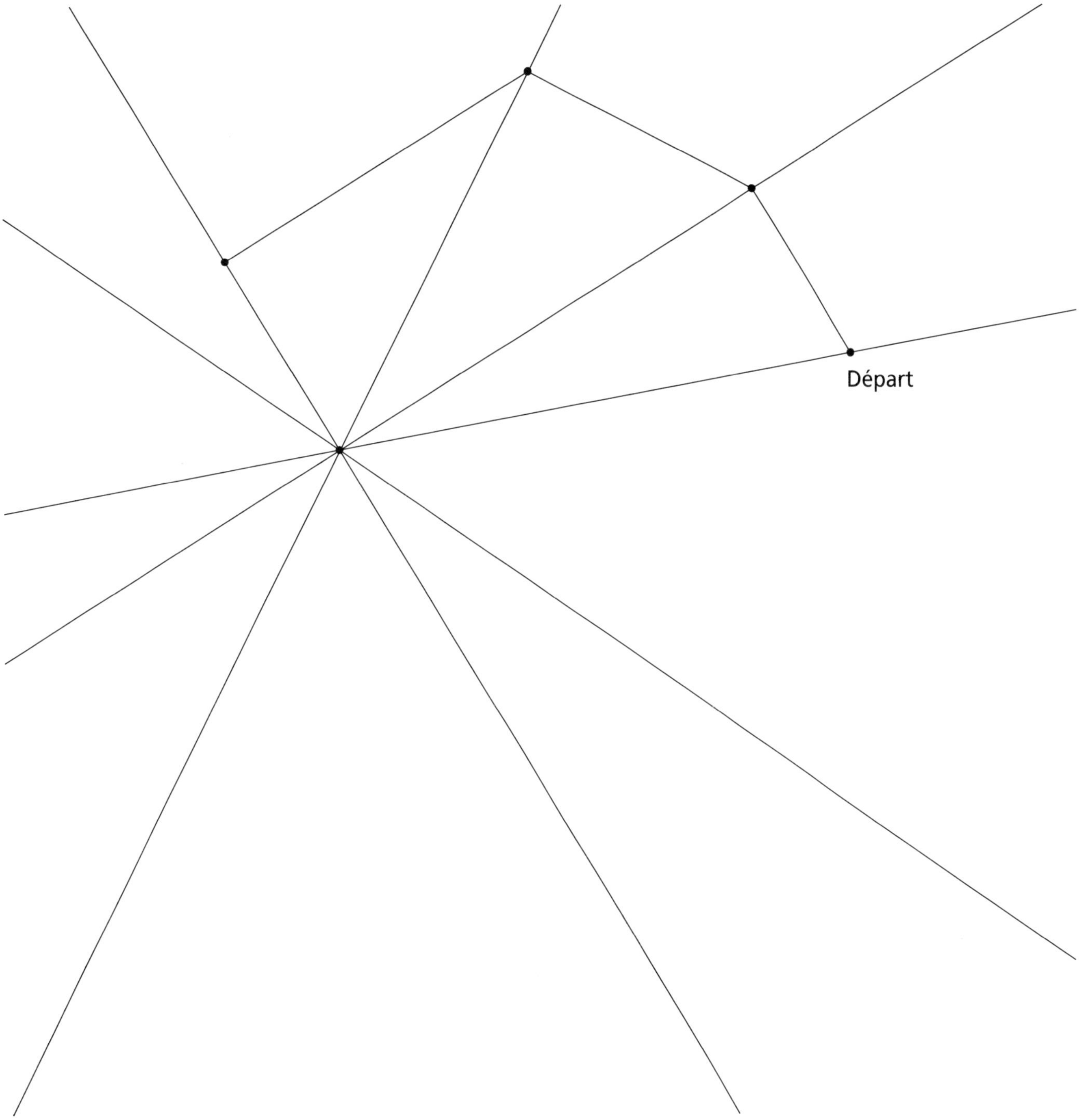

5. C'est d'équerre !

Fiche 5

Prénom .... Date ....

Pour attraper un insecte, notre araignée-géomètre a sauté un rayon.
Comme tu peux l'observer, elle a continué sa toile depuis son point de chute.
Pourra-t-elle la raccommoder en suivant le procédé habituel ?

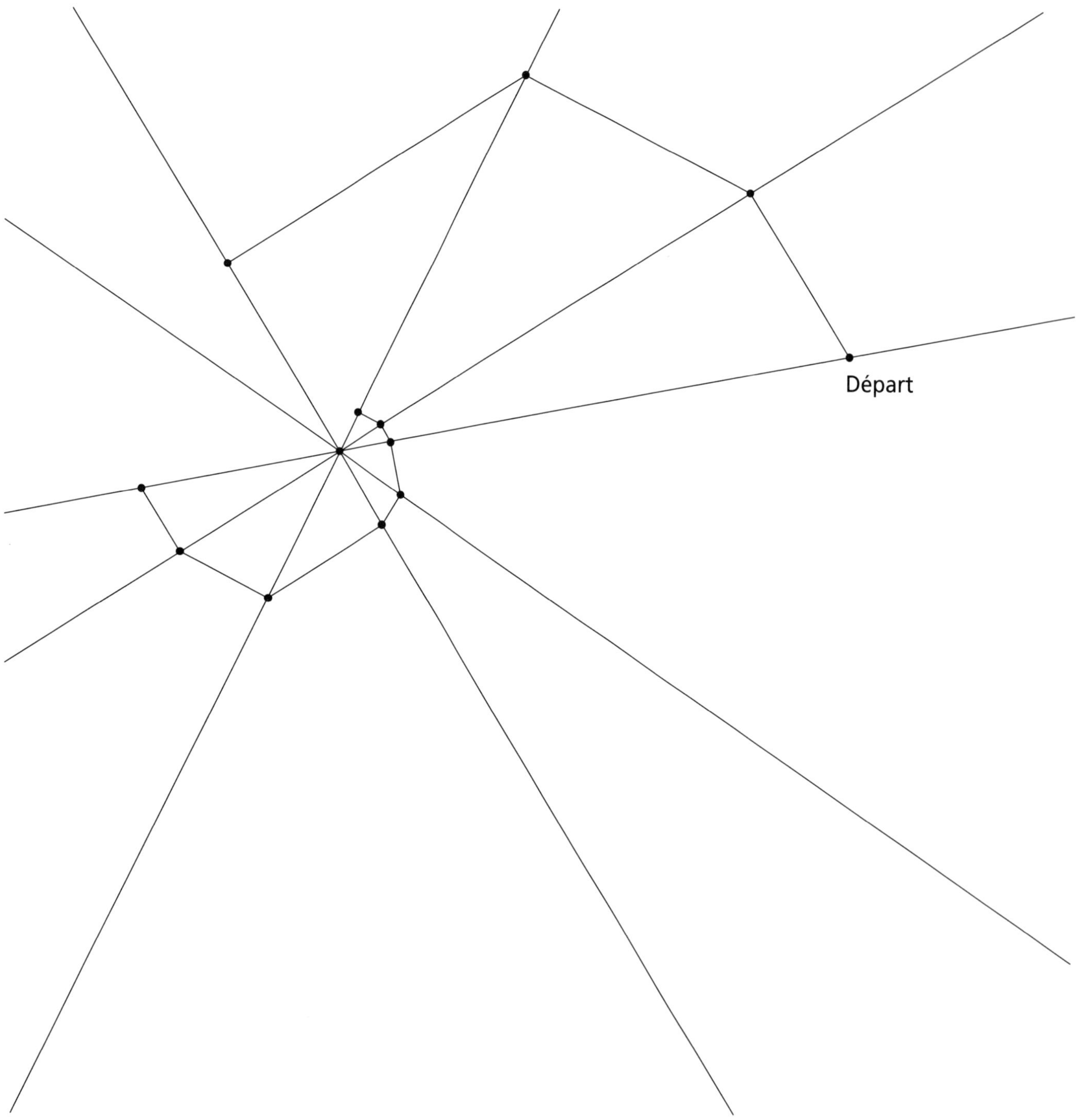

6. Rectangle à terminer (2)

Fiche 1

Rectangle référence Rr

6. Rectangle à terminer (2)

Fiche 2

Rectangle R1

6. Rectangle à terminer (2)

Fiche 3

Rectangle R2

6. Rectangle à terminer (2)

Fiche 4

1. Les feuilles qui coulissent

Fiche 1

Prénom .... Date ....

1. Les feuilles qui coulissent

Fiche 2

Prénom .... Date ....

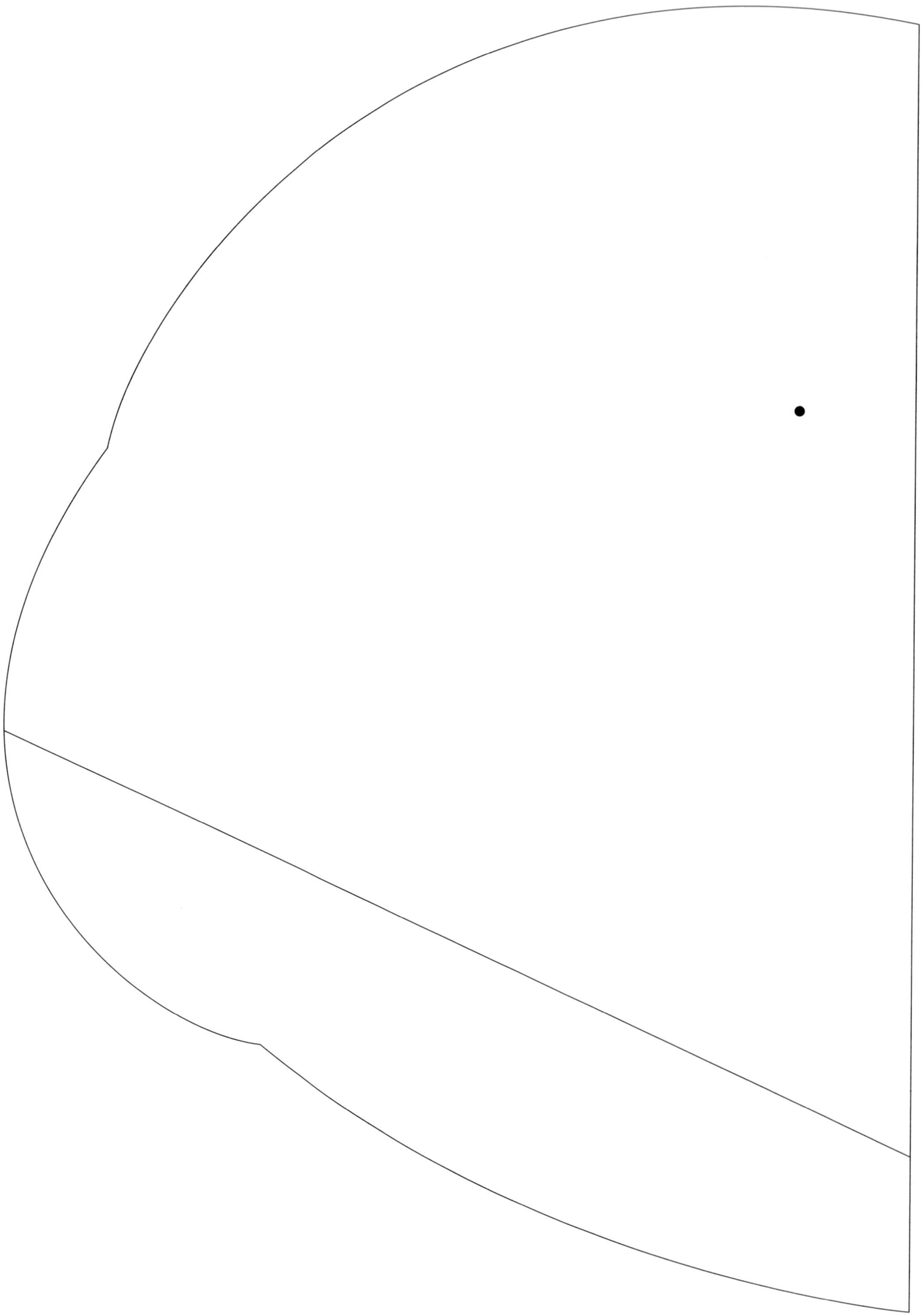

1. Les feuilles qui coulissent

Fiche 3

Prénom .... Date ....

1. Les feuilles qui coulissent

Fiche 4

Prénom .... Date ....

2. Trapèze à terminer

Fiche 1

Équipe .... Date ....

Trapèze de référence

2. Trapèze à terminer

Fiche 2

Équipe .... Date ....

Trapèze 1

2. Trapèze à terminer

Fiche 3

Équipe .... Date ....

Trapèze 2

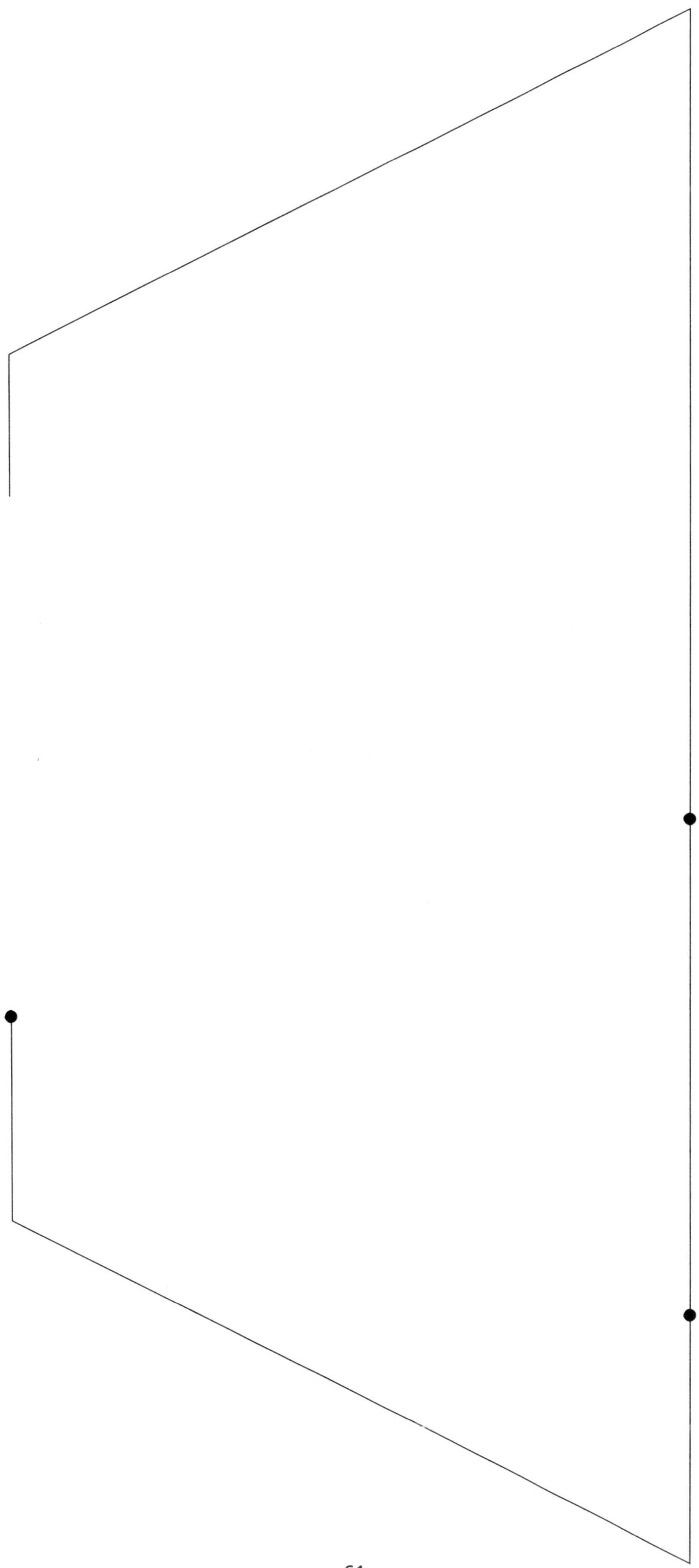

2. Trapèze à terminer

Fiche 4

Prénom .... Date ....

Trapèze 3

2. Trapèze à terminer

Fiche 5

Équipe .... Date ....

3. Sur la trace des roues

Fiche 1

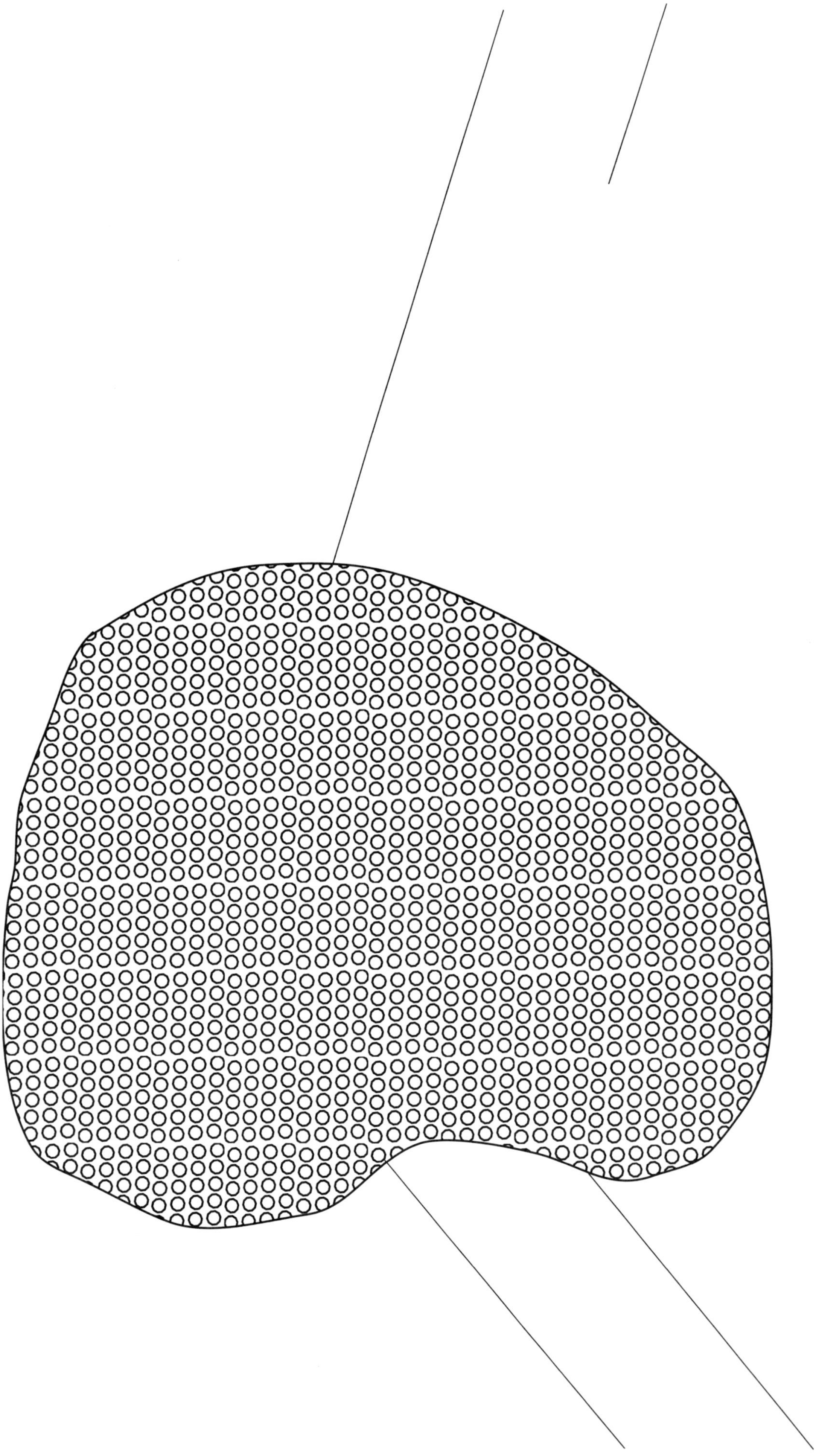

3. Sur la trace des roues

Fiche 2

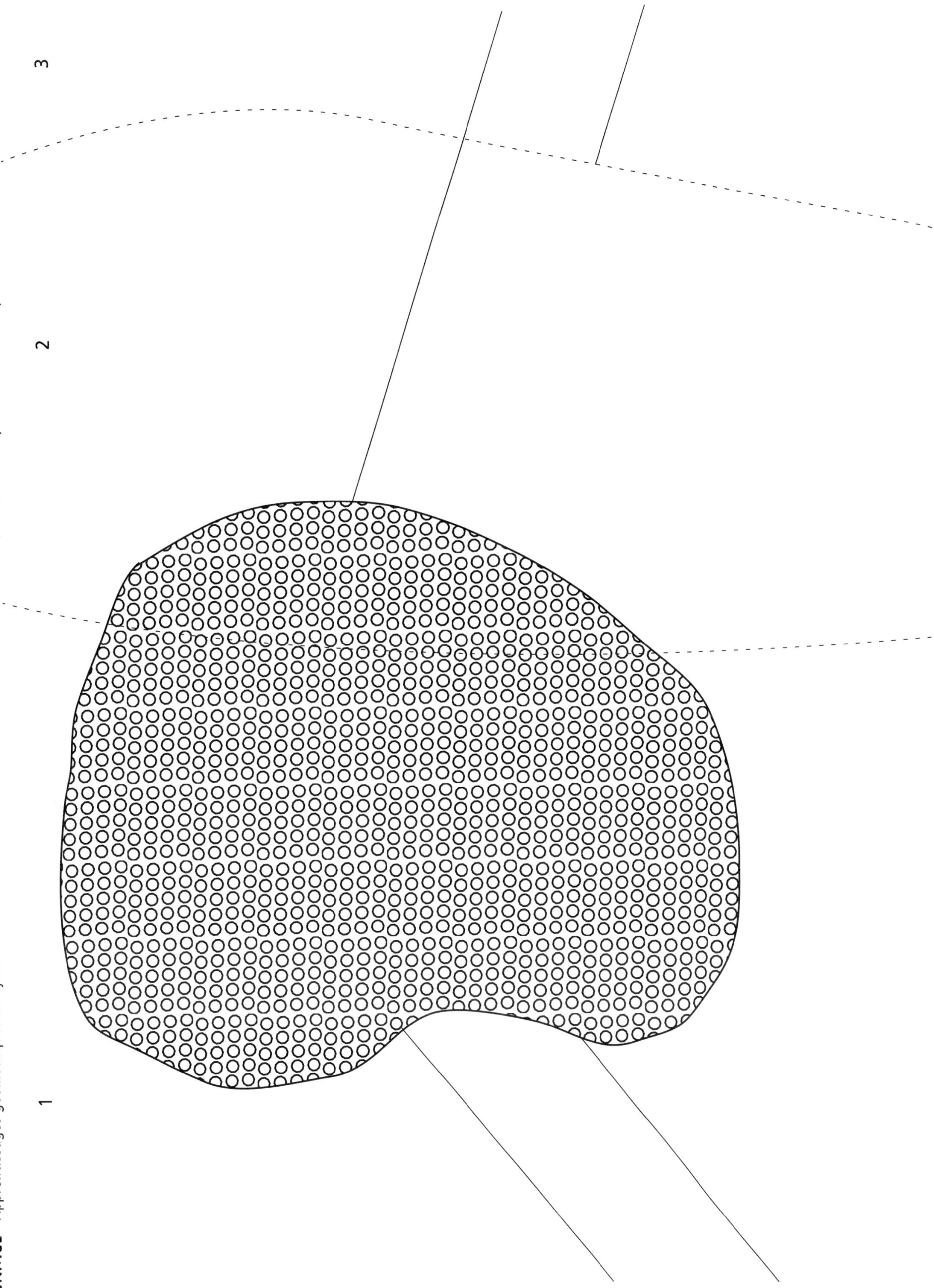

3. Sur la trace des roues

Fiche 3

Prénom .... Date ....

Complète par « sont » ou bien « ne sont pas ».

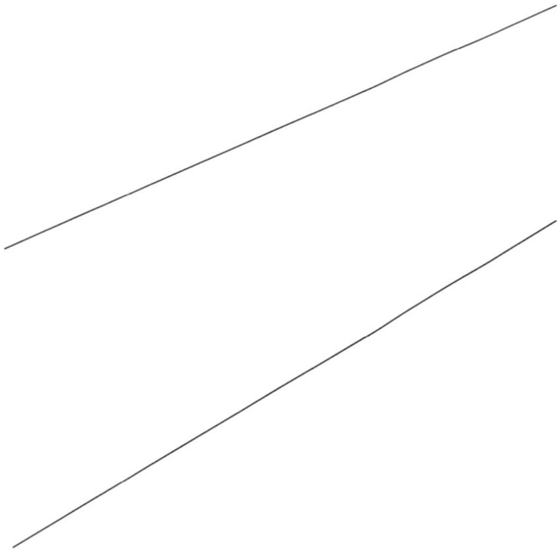

Ces deux droites .... parallèles

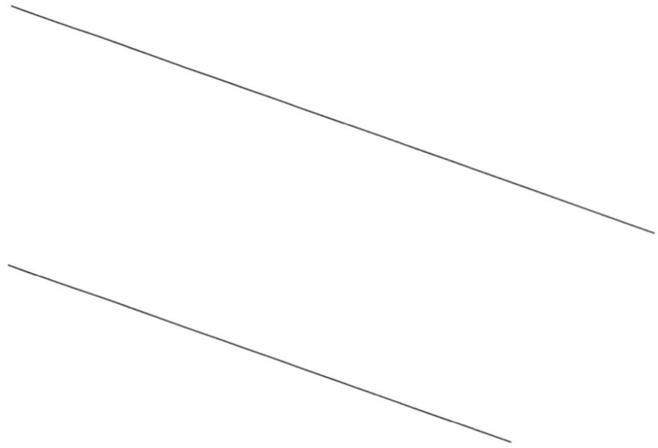

Ces deux droites .... parallèles

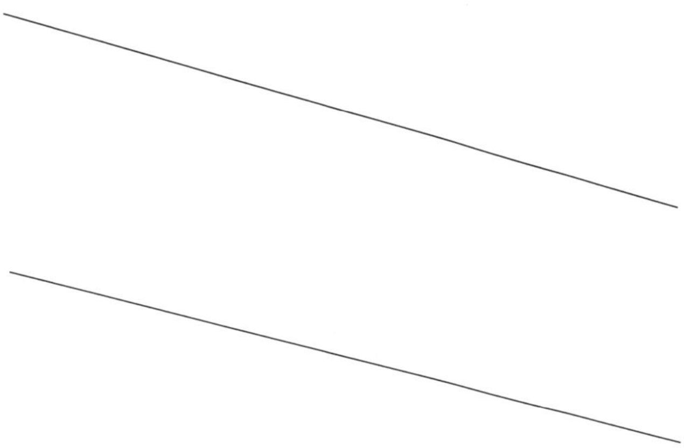

Ces deux droites .... parallèles

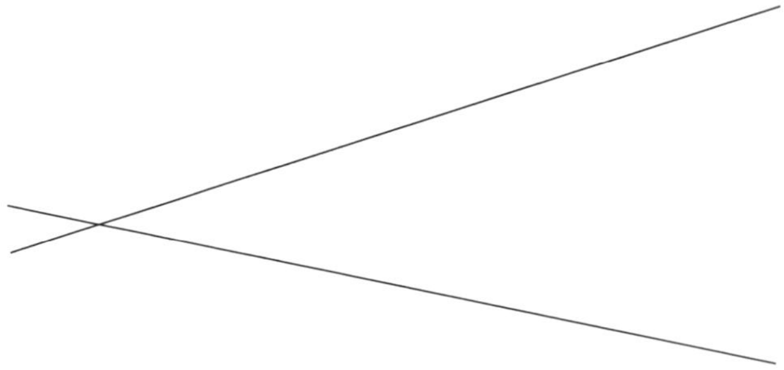

Ces deux droites .... parallèles

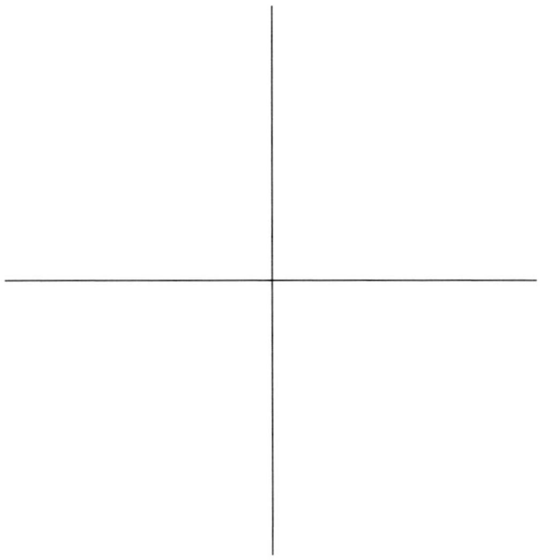

Ces deux droites .... parallèles

Ces deux droites .... parallèles

3. Sur la trace des roues

Fiche 4

Prénom .... Date ....

Trace une droite parallèle à la droite d.

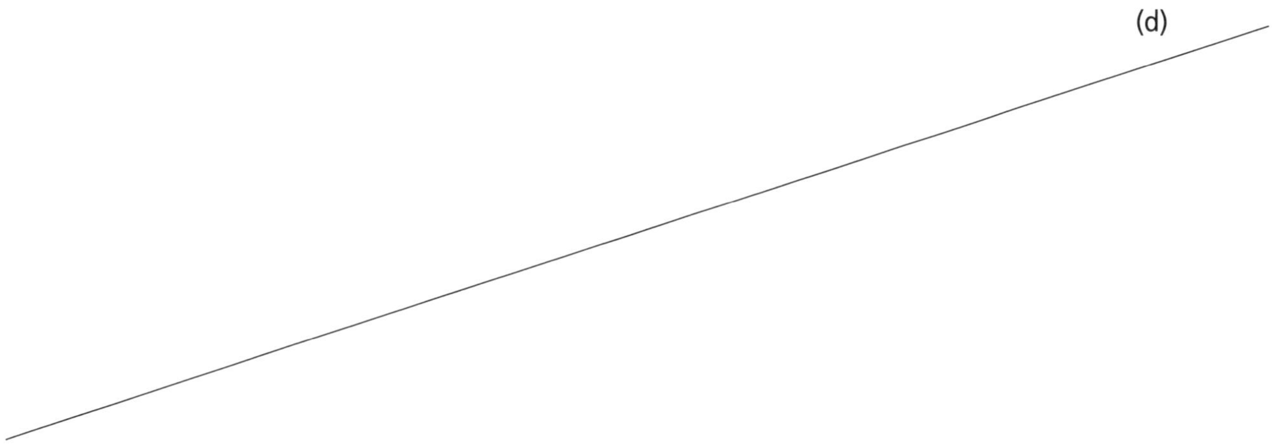

Trace une droite parallèle à la droite d passant par le point A.

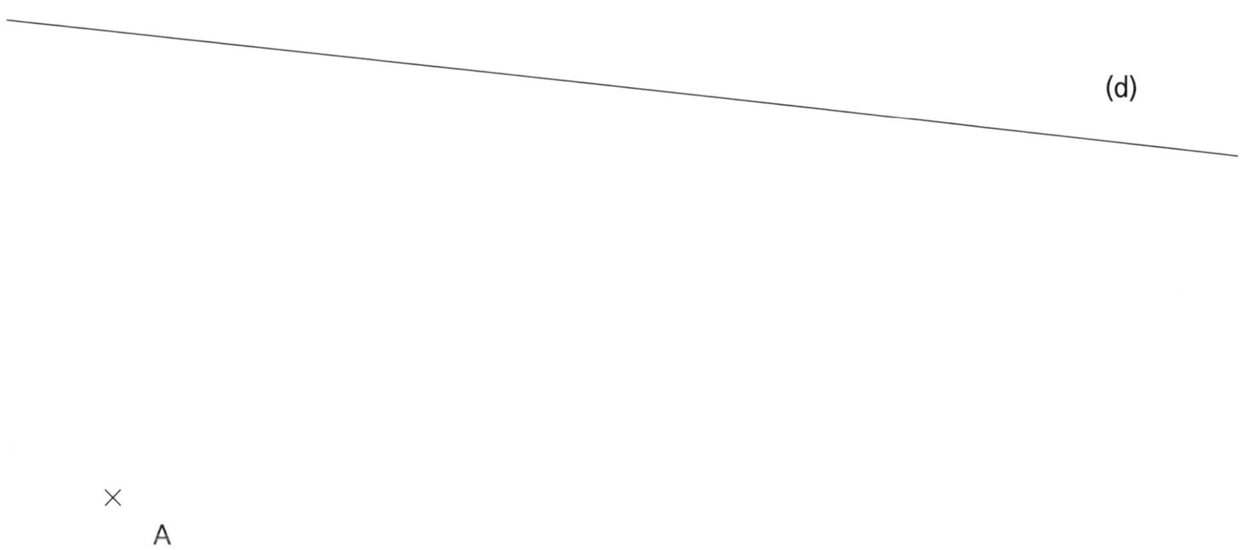

4. Parapuzzle

Fiche 1

4. Parapuzzle

Fiche 2

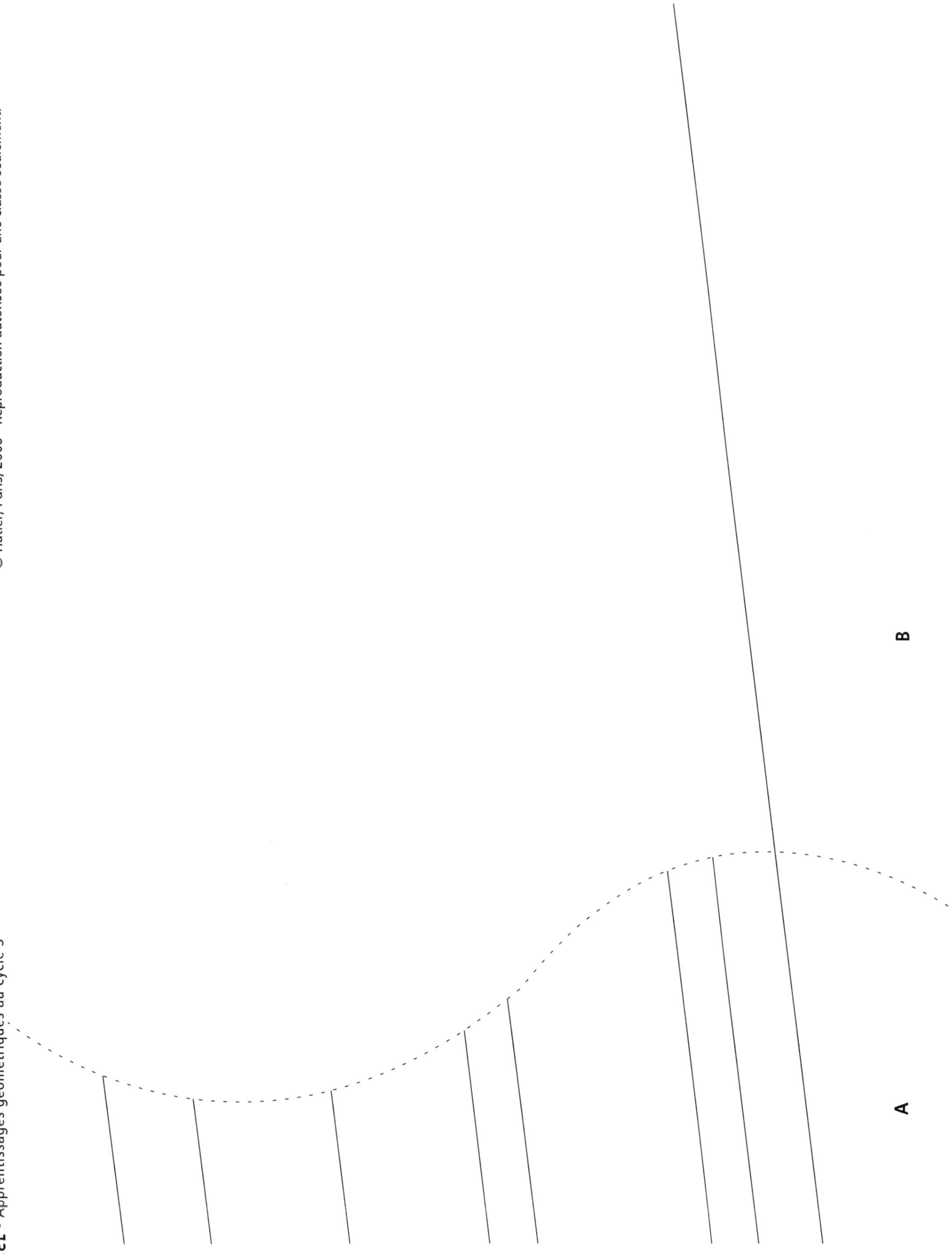

4. Parapuzzle

Fiche 3

4. Parapuzzle

Fiche 4

1. Construire un rectangle

Fiche 1

Prénom .... Date ....

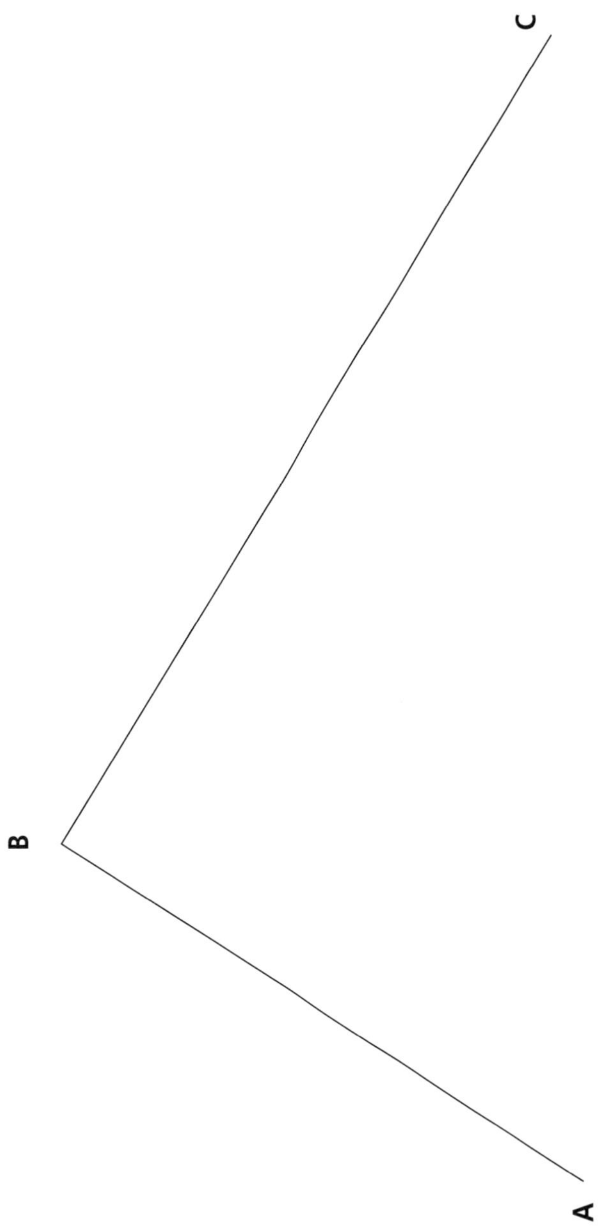

1. Construire un rectangle

Fiche 2

Prénom .... Date ....

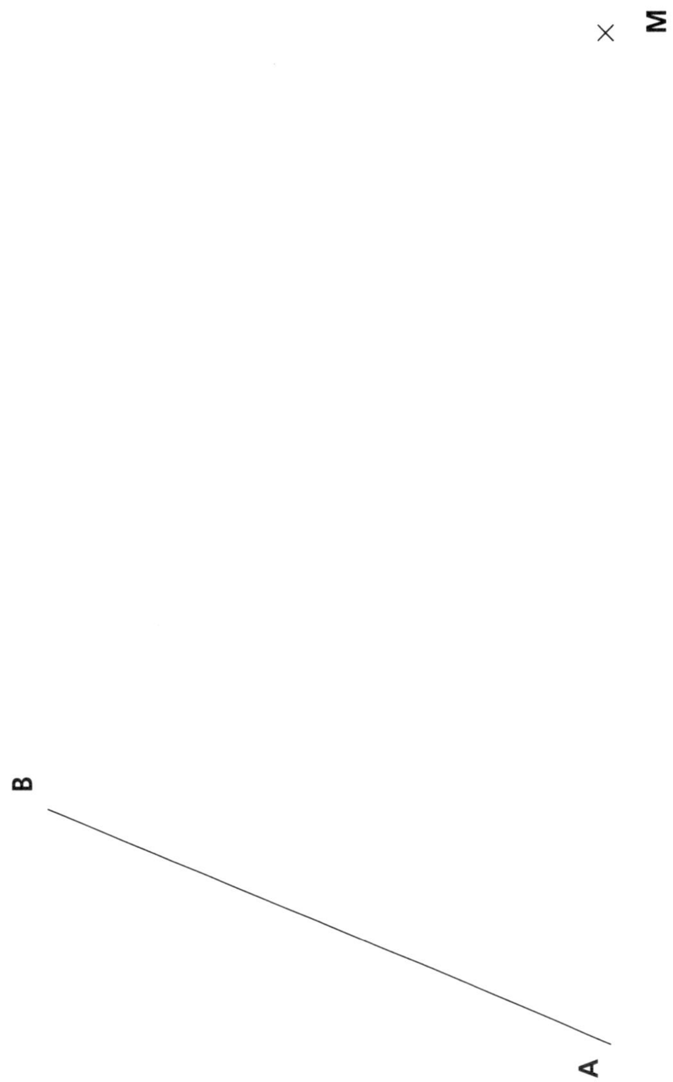

1. Construire un rectangle

Fiche 3

Prénom .... Date ....

2. En partant de la rotonde

Fiche 1

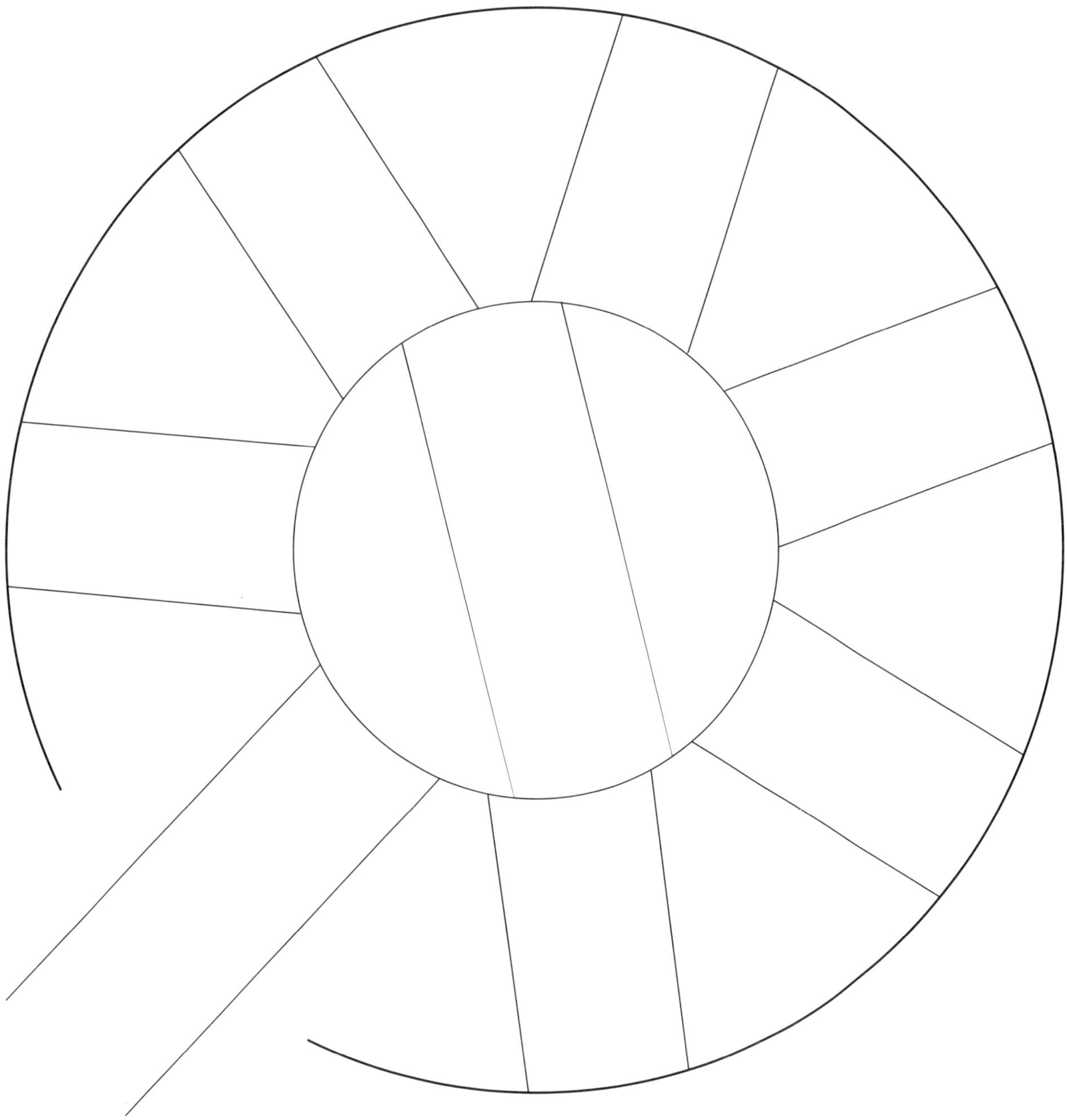

2. En partant de la rotonde

Fiche 2

À agrandir deux fois de suite à 141 %

2. En partant de la rotonde

Fiche 3

Prénoms .... Date ....

2. En partant de la rotonde

Fiche 4

3. Un polygone et ses angles

Fiche 1

Figures pour le groupe 1

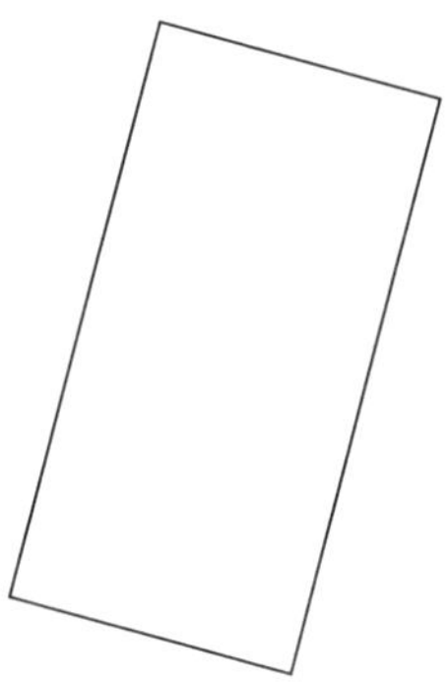

Figure 1

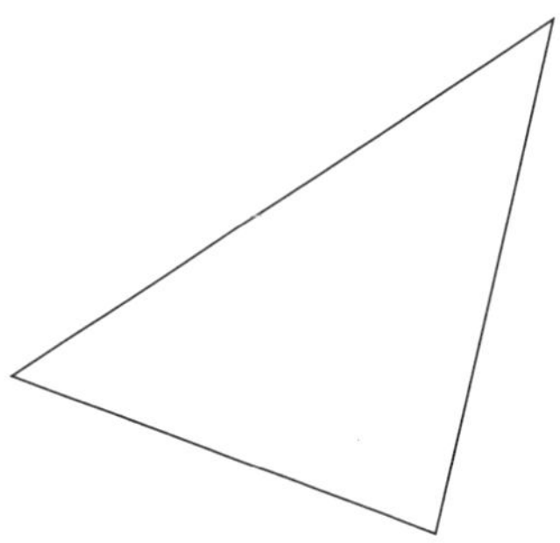

Figure 2

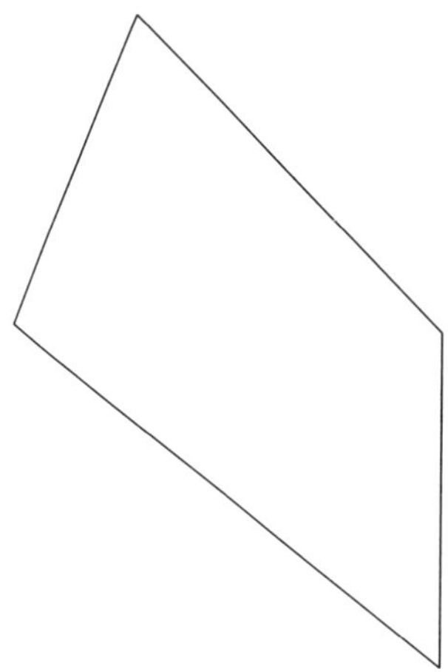

Figure 3

Figures pour le groupe 2

Figure 4

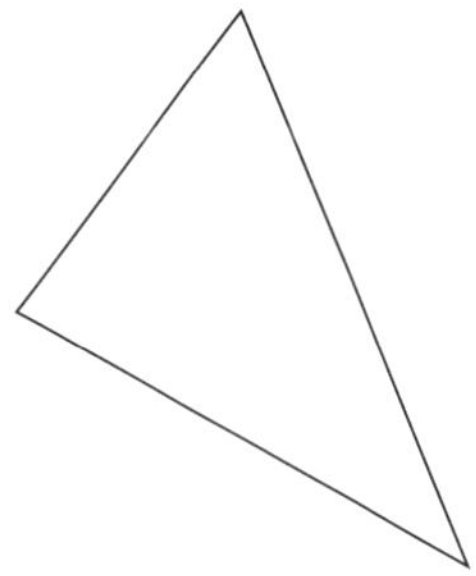

Figure 5

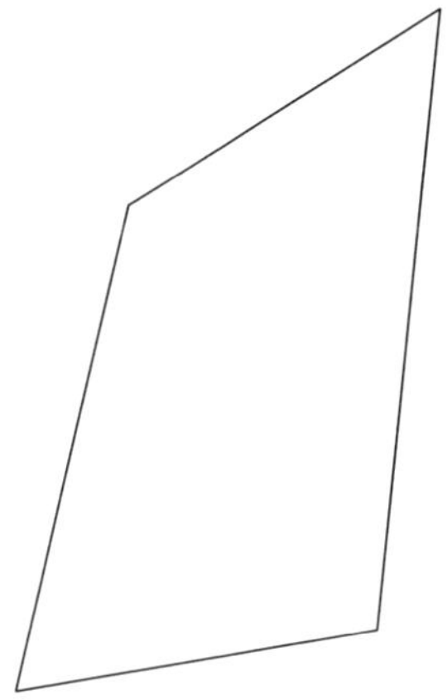

Figure 6

3. Un polygone et ses angles

Fiche 2

Prénom .... Date ....

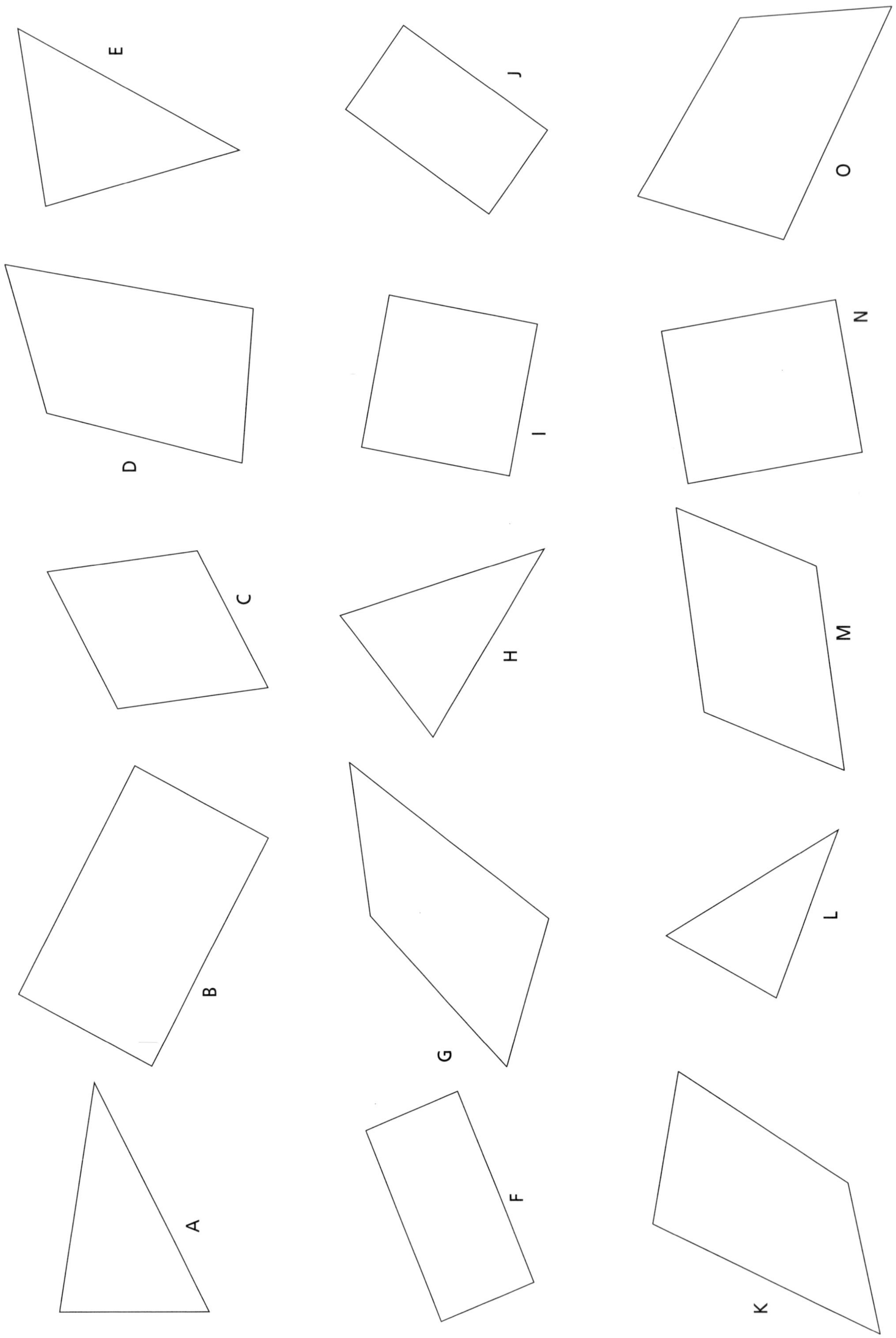

3. Un polygone et ses angles

Fiche 3

Groupe 1

Numéros de figure	Émetteur : Messages	Récepteur : Figure trouvée
1		
2		
3		

Groupe 2

Numéros de figure	Émetteur : Messages	Récepteur : Figure trouvée
4		
5		
6		

3. Un polygone et ses angles

Fiche 4

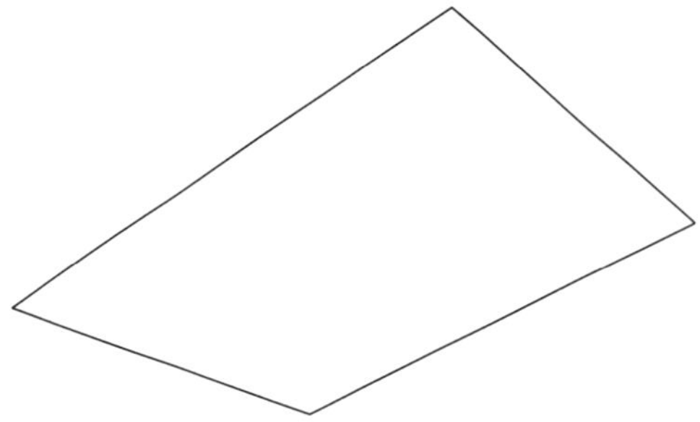

3. Un polygone et ses angles

Fiche 5

Prénoms .... Date ....

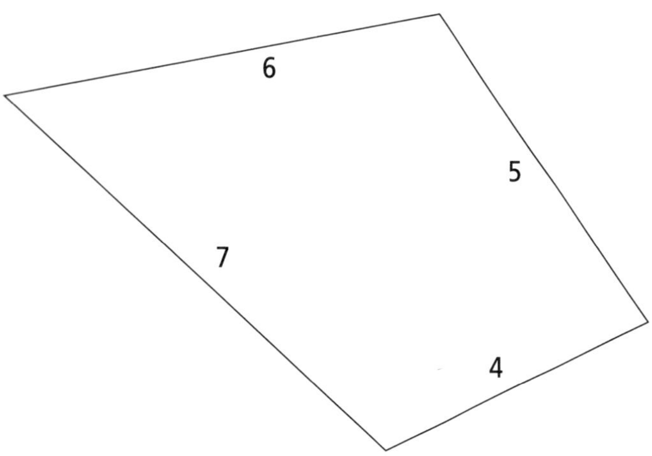

Figure 1

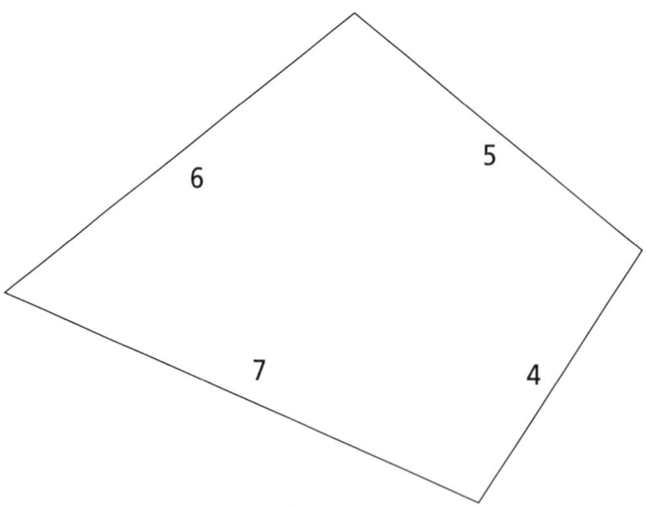

Figure 2

3. Un polygone et ses angles

Fiche 6

Prénoms .... Date ....

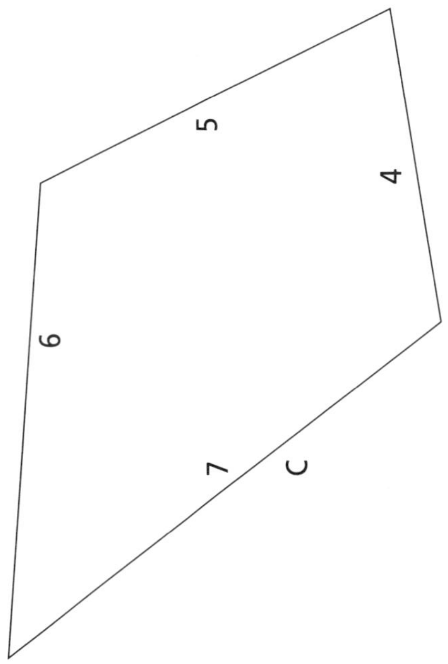

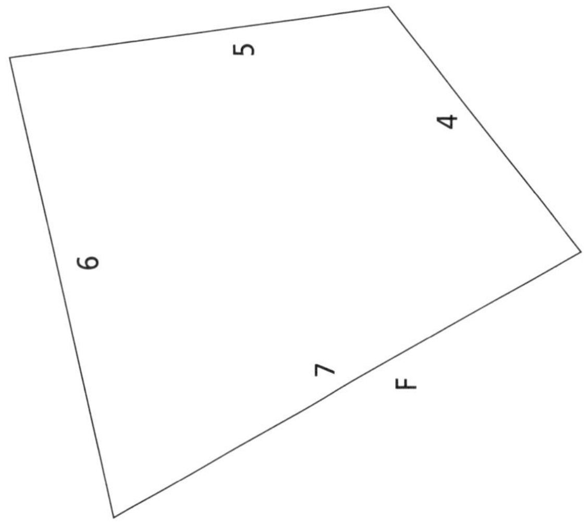

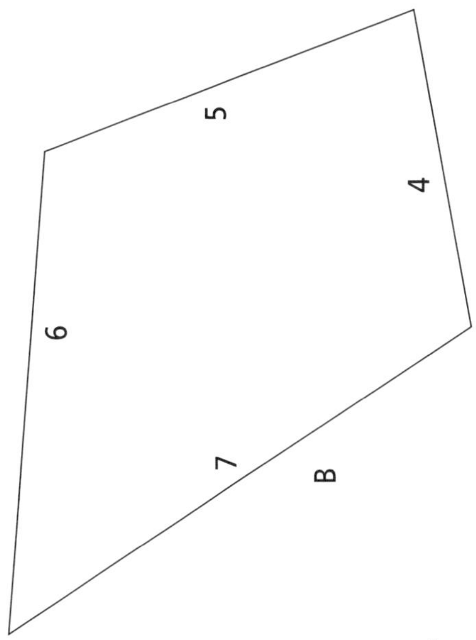

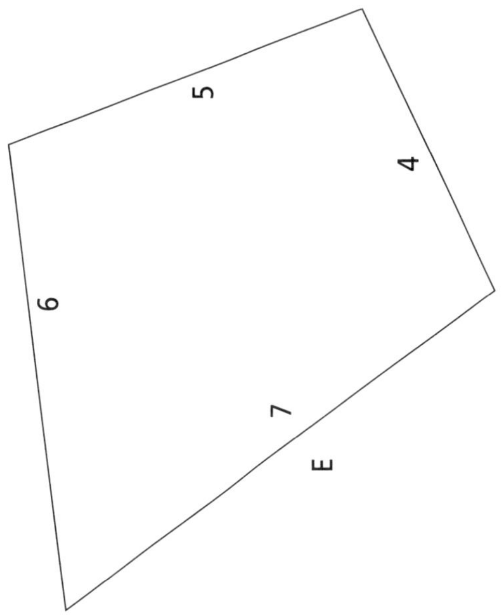

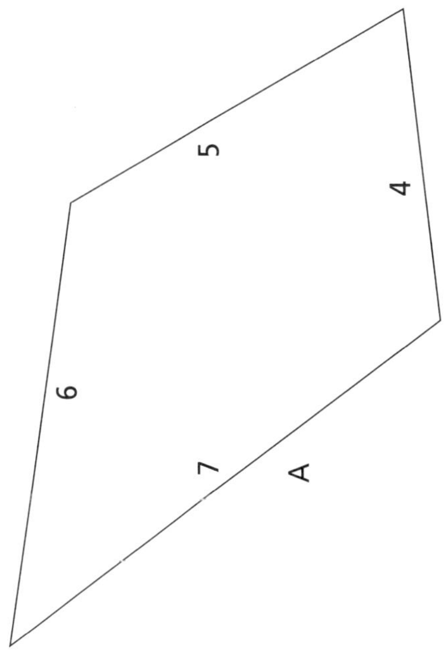

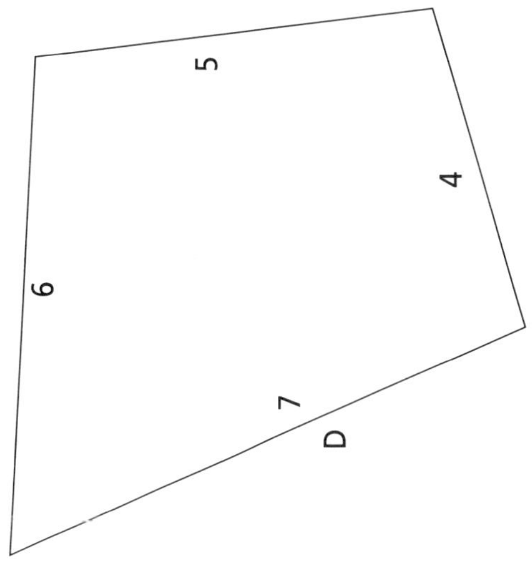

5. Bords de bandes

Fiche 1

Prénom .... Date ....

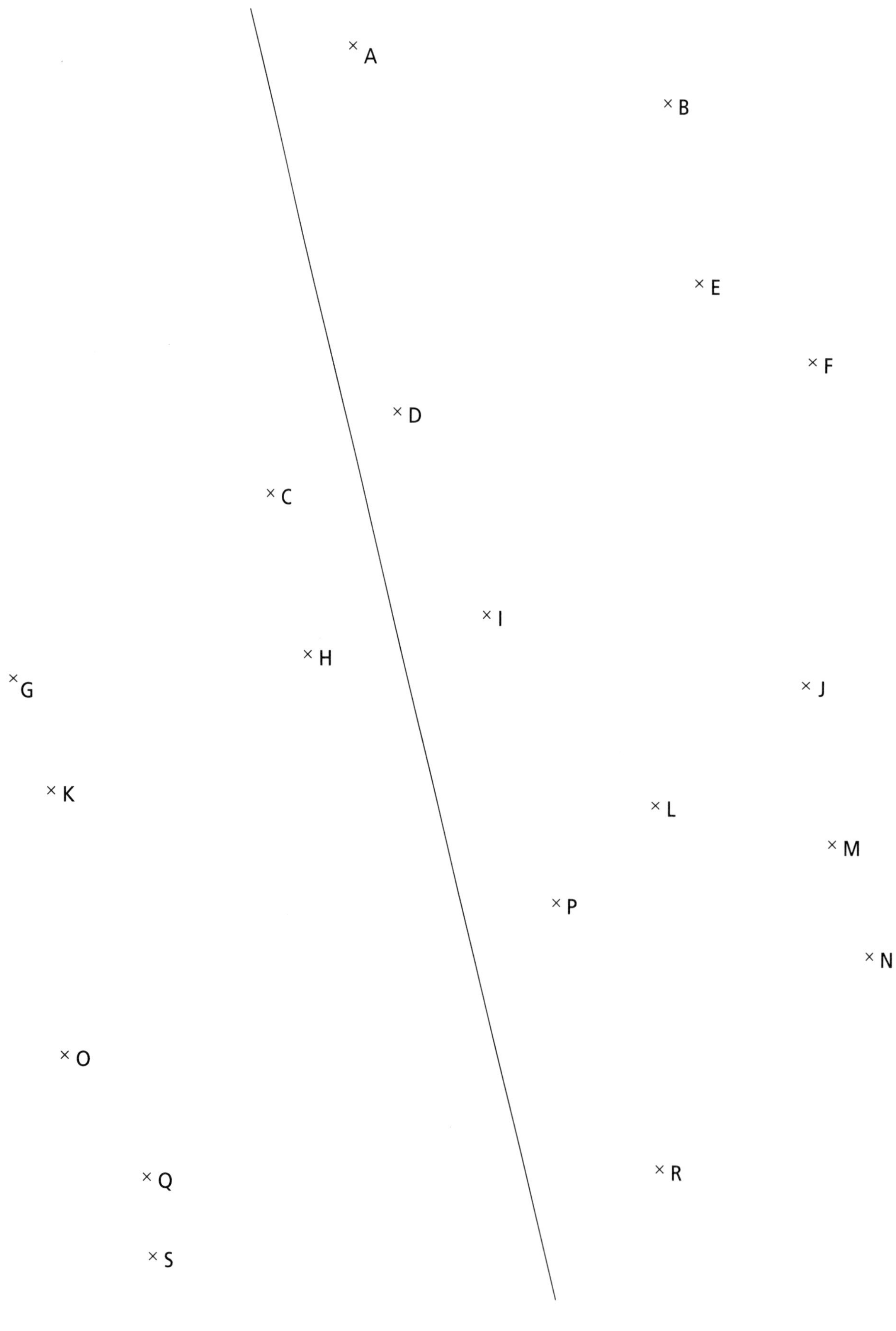

Thème 3

Distance

Thème 3 **Distance**

1. Courte ligne

Fiche 1

Prénom .... Date ....

Trace la ligne la plus courte qui a pour extrémités les points A et B.

× B

× A

Thème 3 **Distance**

1. Courte ligne

Fiche 1

Prénom .... Date ....

Trace la ligne la plus courte qui a pour extrémités les points A et B.

× B

× A

1. Courte ligne

Fiche 2

Prénom .... Date ....

Production d'Alain

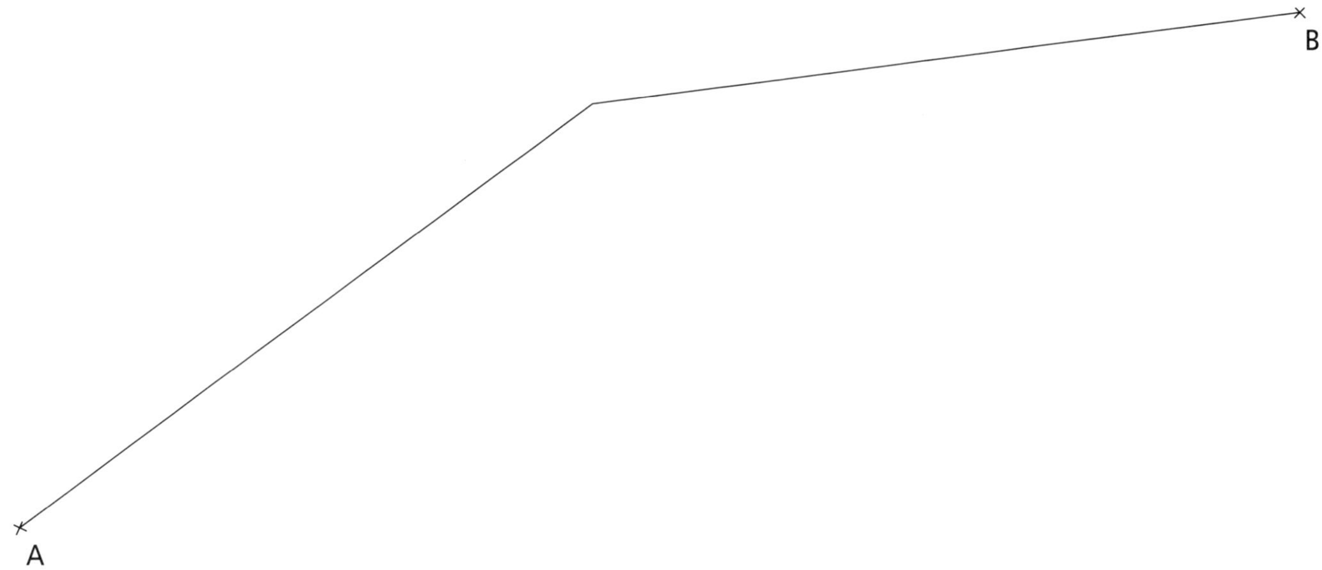

Production de Bernard

1. Courte ligne

Fiche 2 (suite)

Prénom .... Date ....

Production de Carole

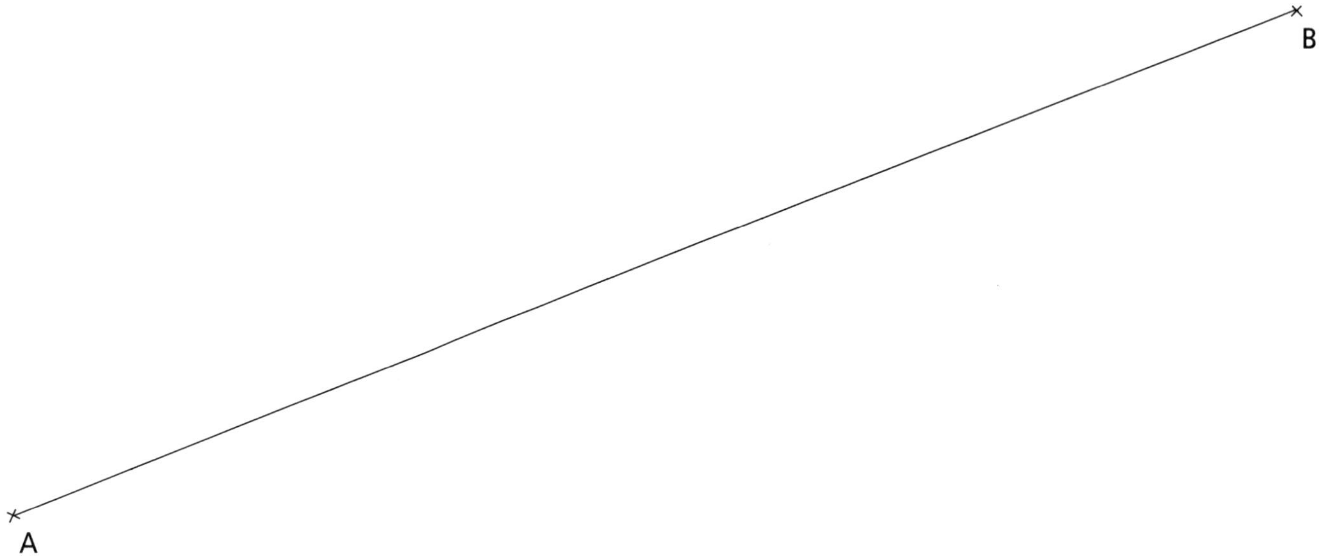

Production de Déborah

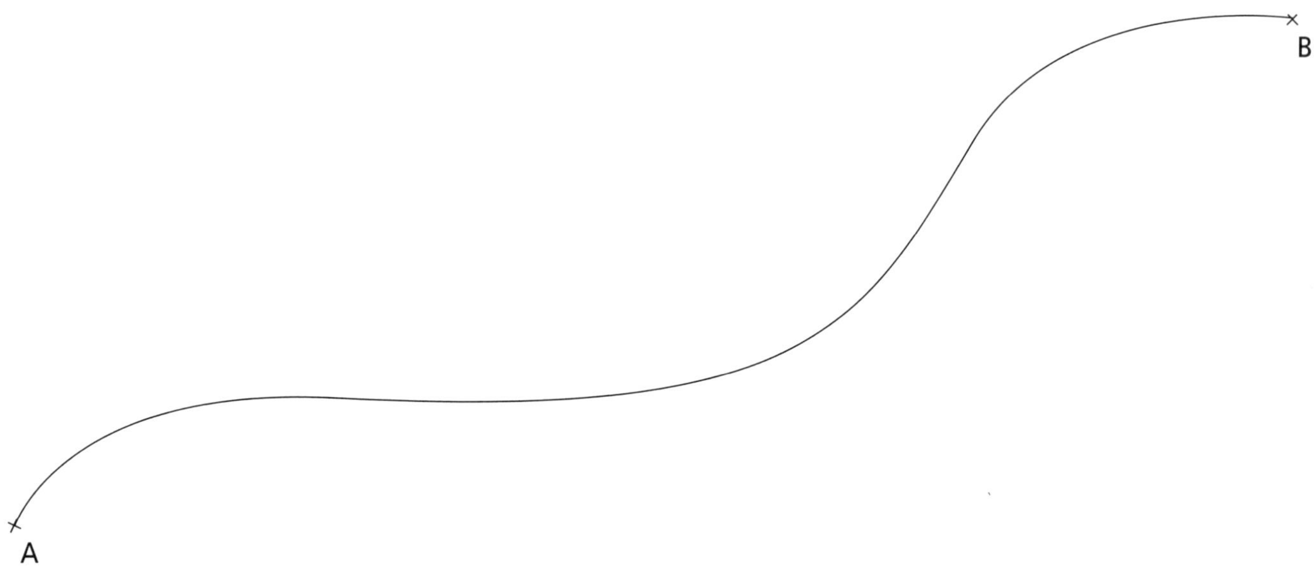

1. Courte ligne

Fiche 3

Prénom .... Date ....

Trace la ligne la plus courte qui a pour extrémités les points C et D.

C ×

× D

Thème 3 **Distance**

1. Courte ligne

Fiche 3

Prénom .... Date ....

Trace la ligne la plus courte qui a pour extrémités les points C et D.

C ×

× D

Thème 3 **Distance**

2. Longueur minimum

Fiche 1

Prénom .... Date ....

Le carré

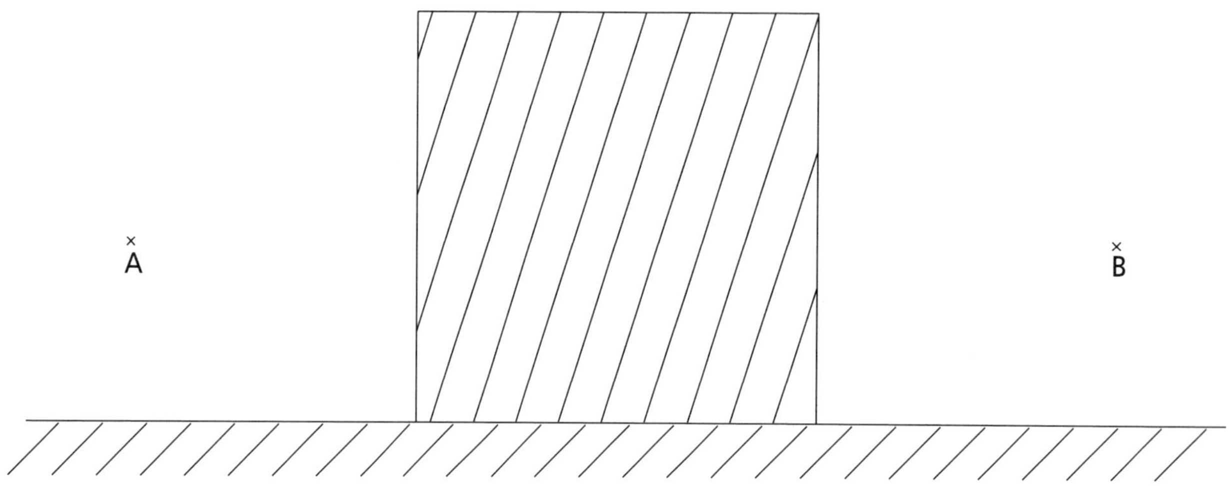

Thème 3 **Distance**

2. Longueur minimum

Fiche 2

Prénom .... Date ....

Le mur

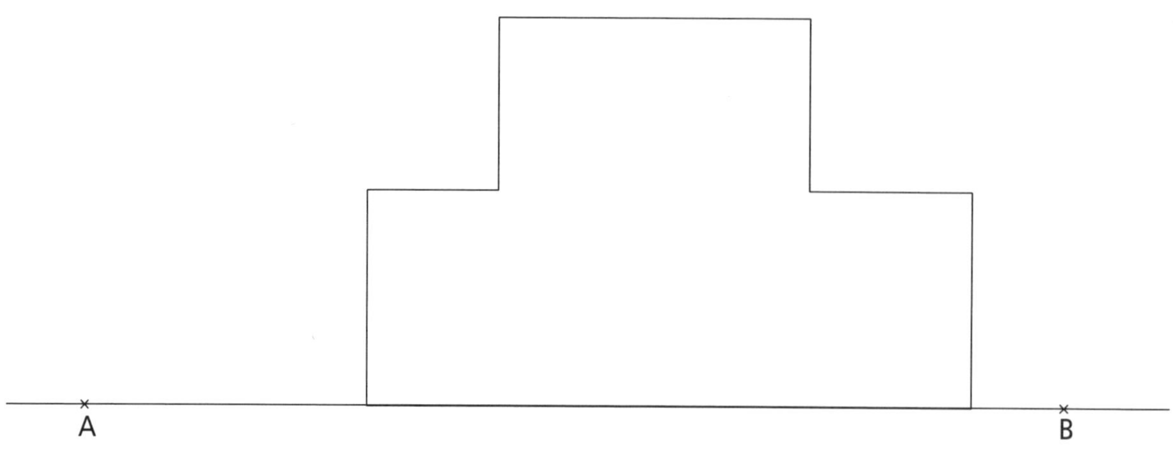

2. Longueur minimum

Fiche 3

Prénom .... Date ....

Construire l'obstacle de façon à ce que la ligne la plus courte d'extrémités A et B soit formée de quatre segments.

Thème 3 **Distance**

2. Longueur minimum

Fiche 3

Prénom .... Date ....

Construire l'obstacle de façon à ce que la ligne la plus courte d'extrémités A et B soit formée de quatre segments.

3. Conjonction de relations

Fiche 1

Prénom .... Date ....

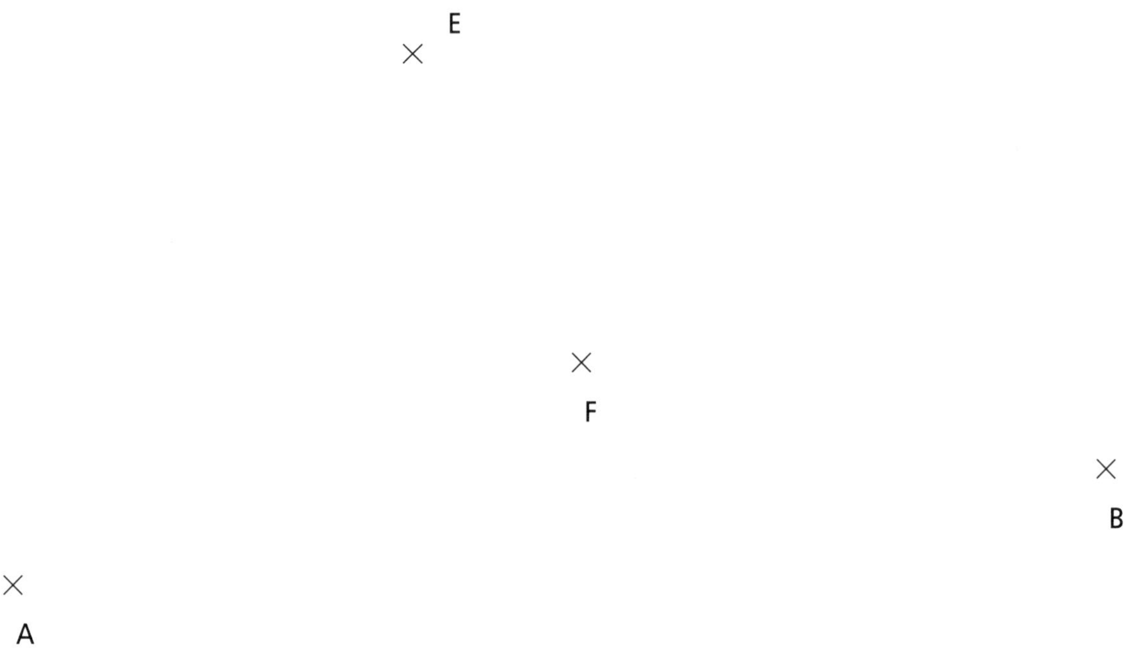

Thème 3 **Distance**

3. Conjonction de relations

Fiche 1

Prénom .... Date ....

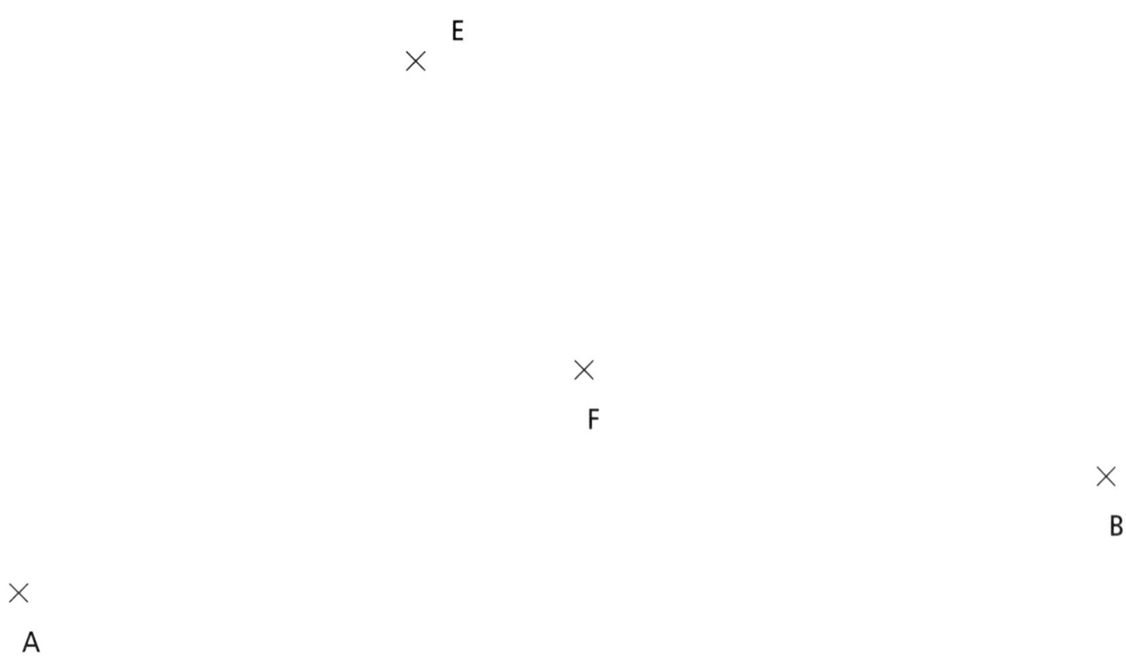

3. Conjonction de relations

Fiche 2

Prénom .... Date ....

Il faut trouver le point A qui a été effacé.
Attention ! Dans un cas, ce n'est pas possible. Écrire alors : « Impossible. »

Cas 1 : Le point A est sur la ligne la plus courte qui joint les points C et E. Il est également sur la ligne la plus courte qui joint les points B et D.

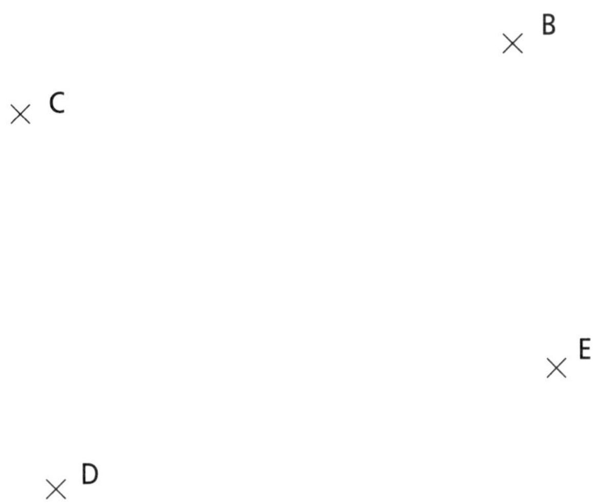

Cas 2 : Le point A est sur le segment FG. Il est également aligné avec H et I.

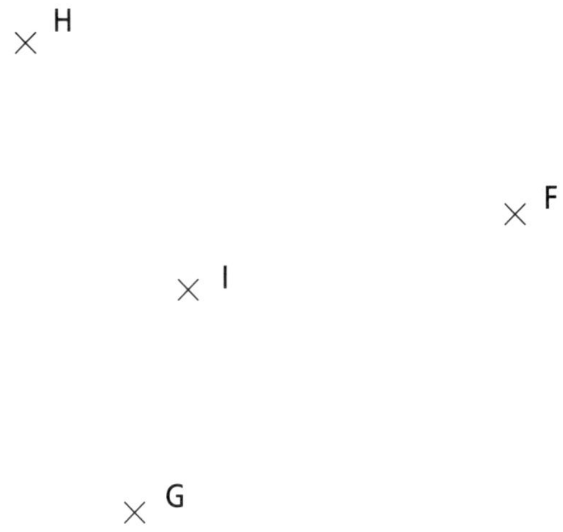

Cas 3 : Le point A est aligné avec E et F. Il est également aligné avec G et H.

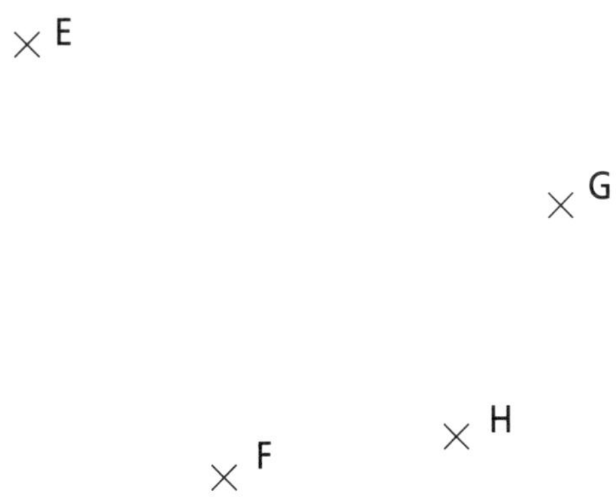

Cas 4 : Le point A est sur le segment RT. Il est également sur le segment SU.

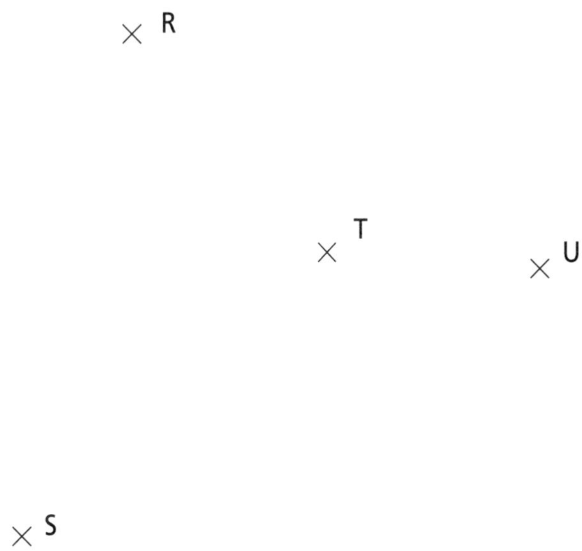

4. Même distance à coup sûr

Fiche 1

Prénom .... Date ....

4. Même distance à coup sûr

Fiche 2

Prénom .... Date ....

4. Même distance à coup sûr

Fiche 3

Prénom .... Date ....

Exercice 1 : Trace le cercle de centre B qui passe par C.

Exercice 2 : a. Trace le cercle qui passe par J et qui a pour centre le point K.
b. Trace le cercle qui a pour centre J et qui passe par K.

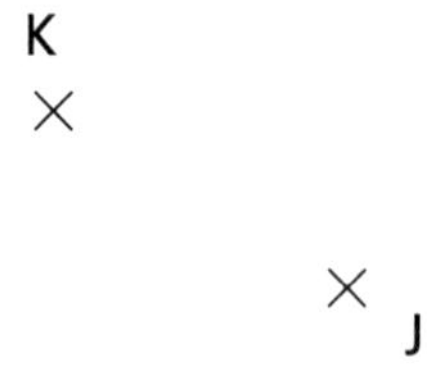

Exercice 3 : Trace le cercle de centre A et de rayon 2 cm.

Exercice 4 : Complète l'énoncé qui correspond au tracé ci-dessous.
« Placer deux points C et D et tracer .... »

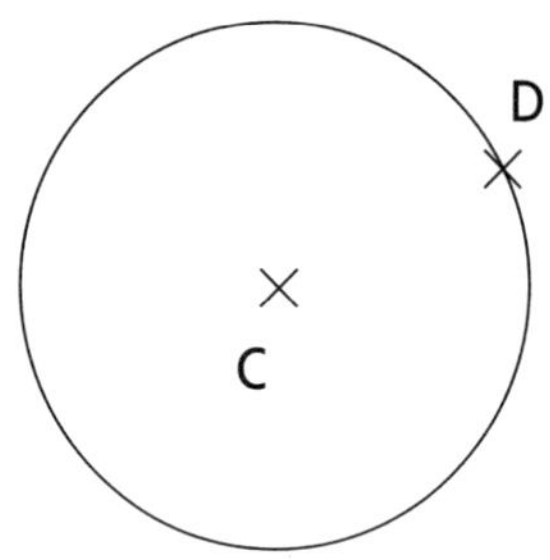

Exercice 5 : Dans une classe, le maître a demandé aux élèves de tracer le cercle de centre A passant par le point B. Voici les productions de quatre d'entre eux. Quels sont les élèves qui n'ont pas respecté la consigne ? Explique pourquoi cette consigne n'est pas respectée.

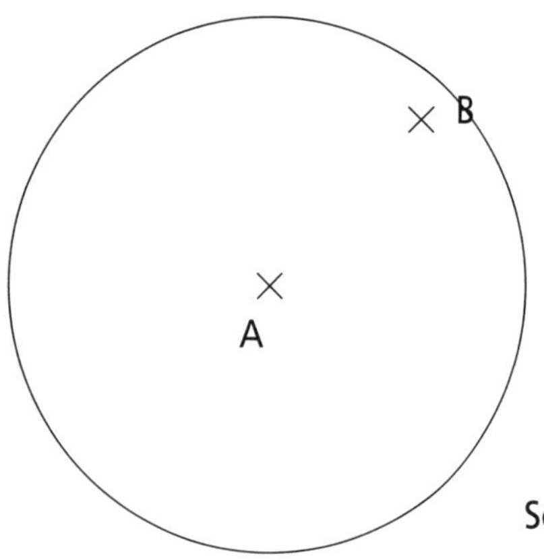

Sébastien

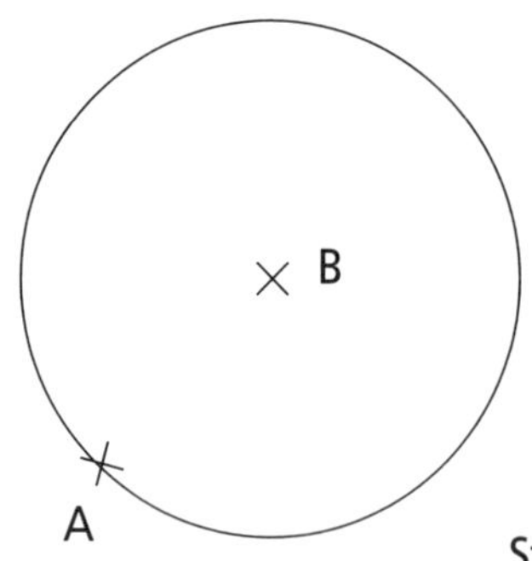

Stéphanie

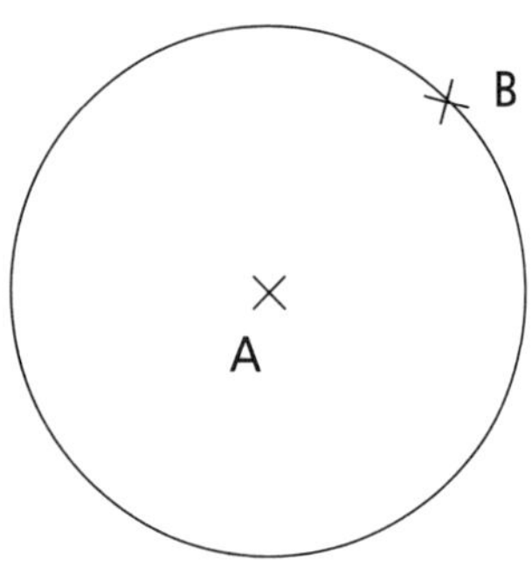

Gaëlle

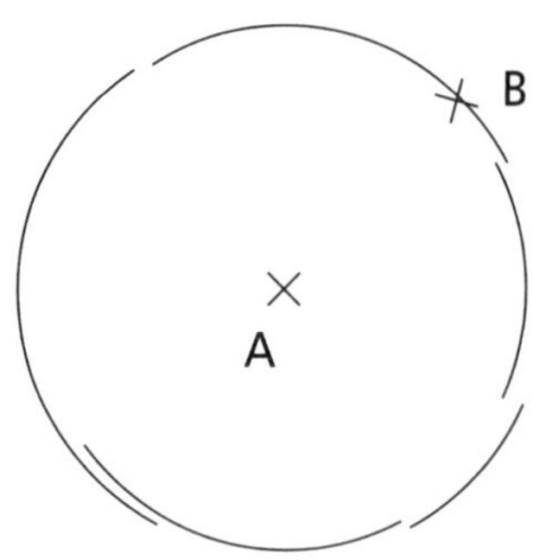

Jérôme

5. Le trésor

Fiche 1

Prénom .... Date ....

5. Le trésor

Fiche 2

Prénom .... Date ....

5. Le trésor

Fiche 3

Prénom .... Date ....

Le trésor est à 4 cm de A et il est aligné avec B et C.

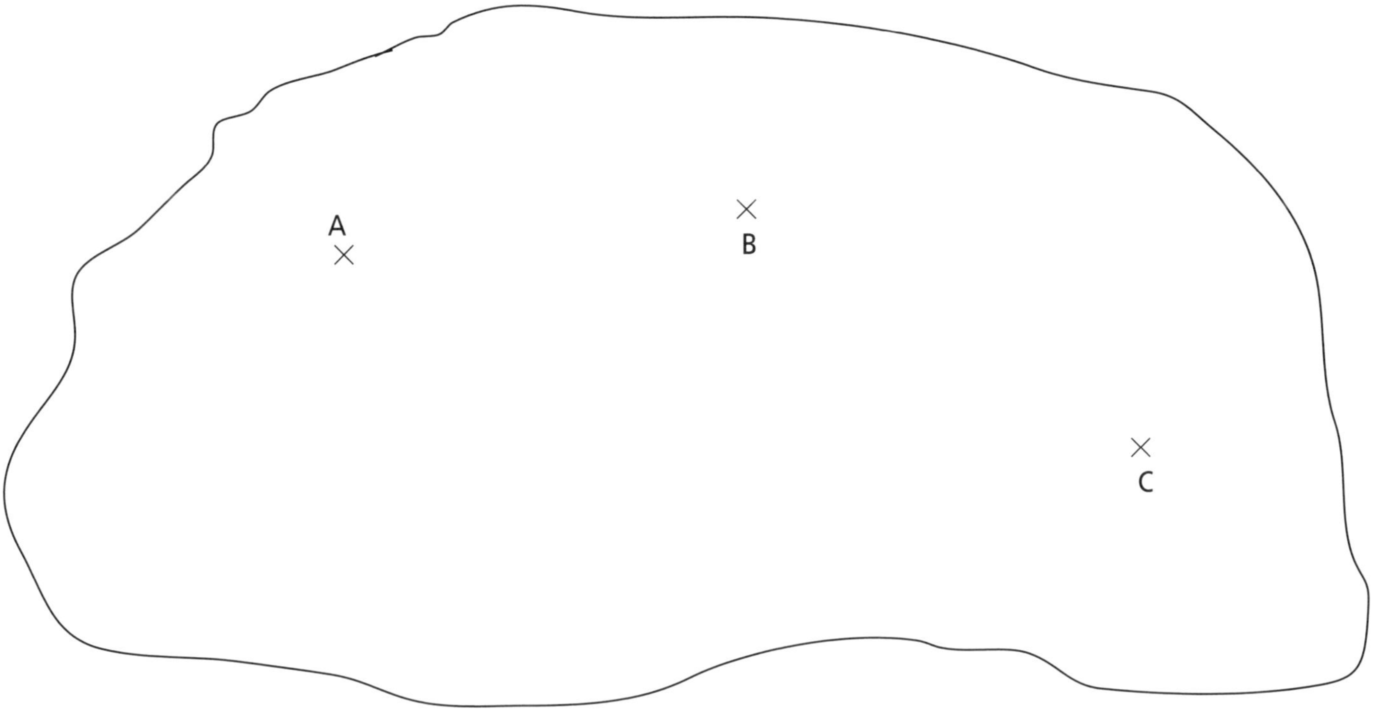

Thème 3 **Distance**

5. Le trésor

Fiche 4

Prénom .... Date ....

Le trésor est aligné avec A et B et il est aligné avec C et D.

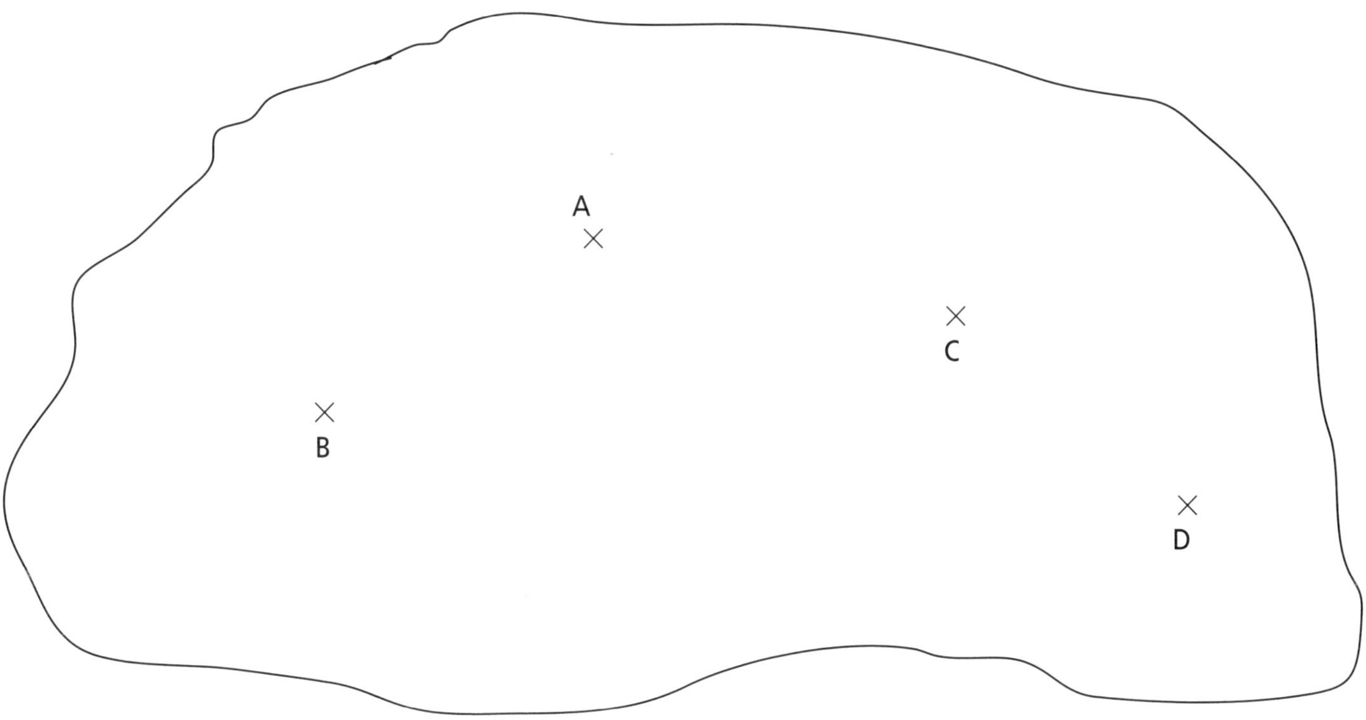

5. Le trésor

Fiche 5

Prénom .... Date ....

Le trésor est à 6 cm de A et il est à 9 cm de B.

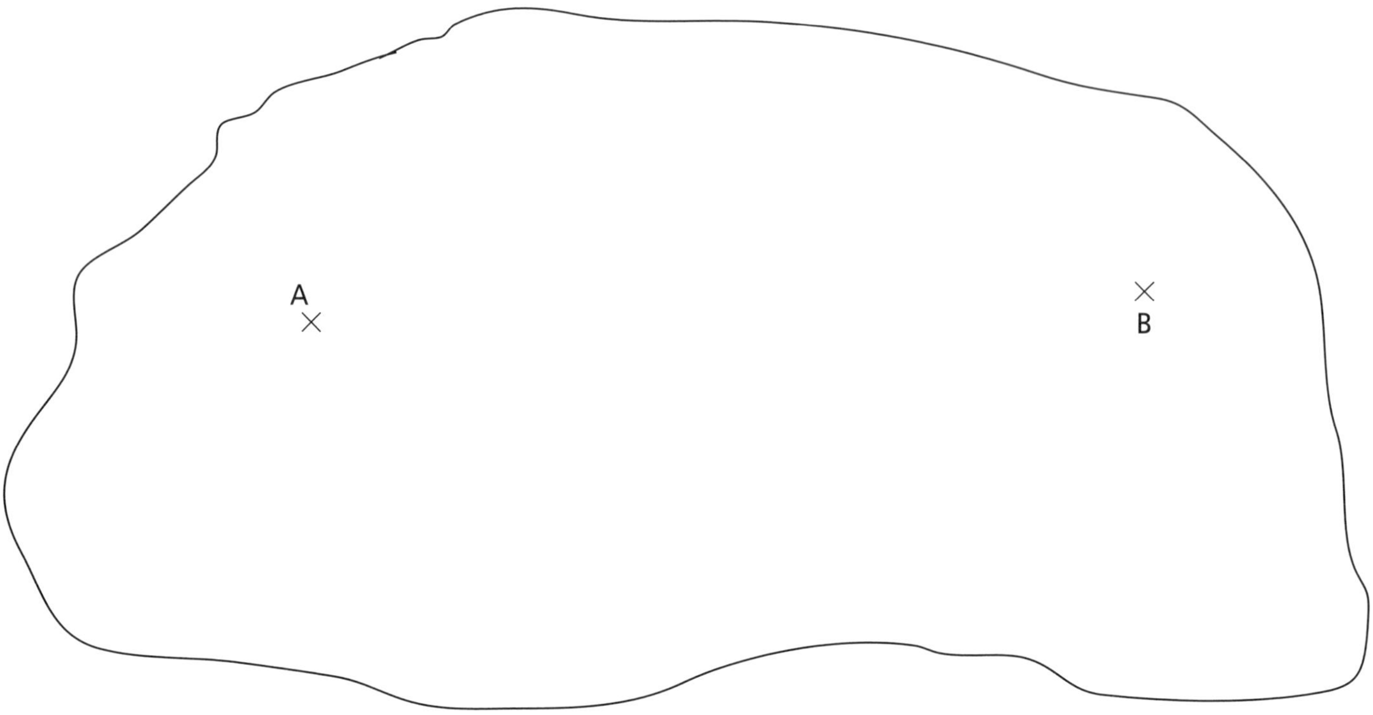

Thème 3 **Distance**

5. Le trésor

Fiche 6

Prénom .... Date ....

Le trésor est aligné avec A et B et il est à 5 cm de C.
Jean dit qu'il y a deux trésors. Est-ce exact ?

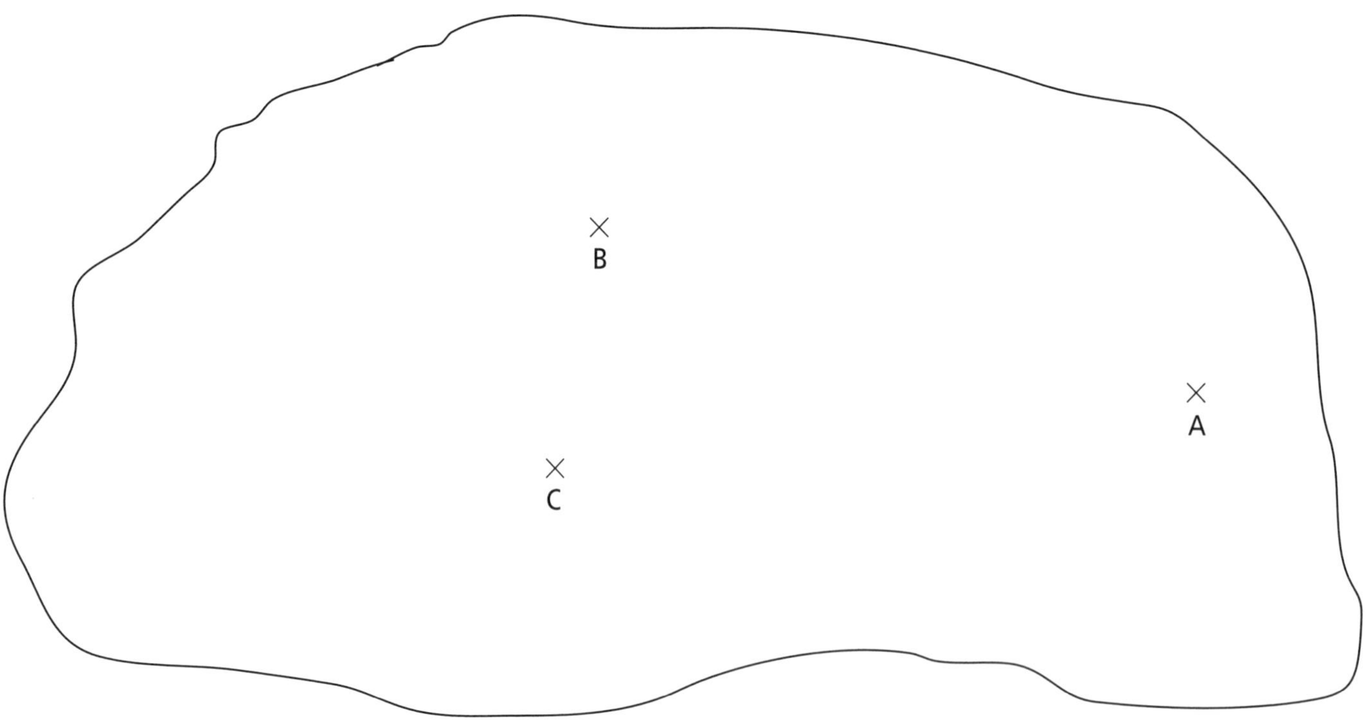

Thème 4

Comparaison

1. Pareil, pas pareil ? (1)

Fiche 1

1. Pareil, pas pareil ? (1)

Fiche 2

1. Pareil, pas pareil ? (1)

Fiche 3

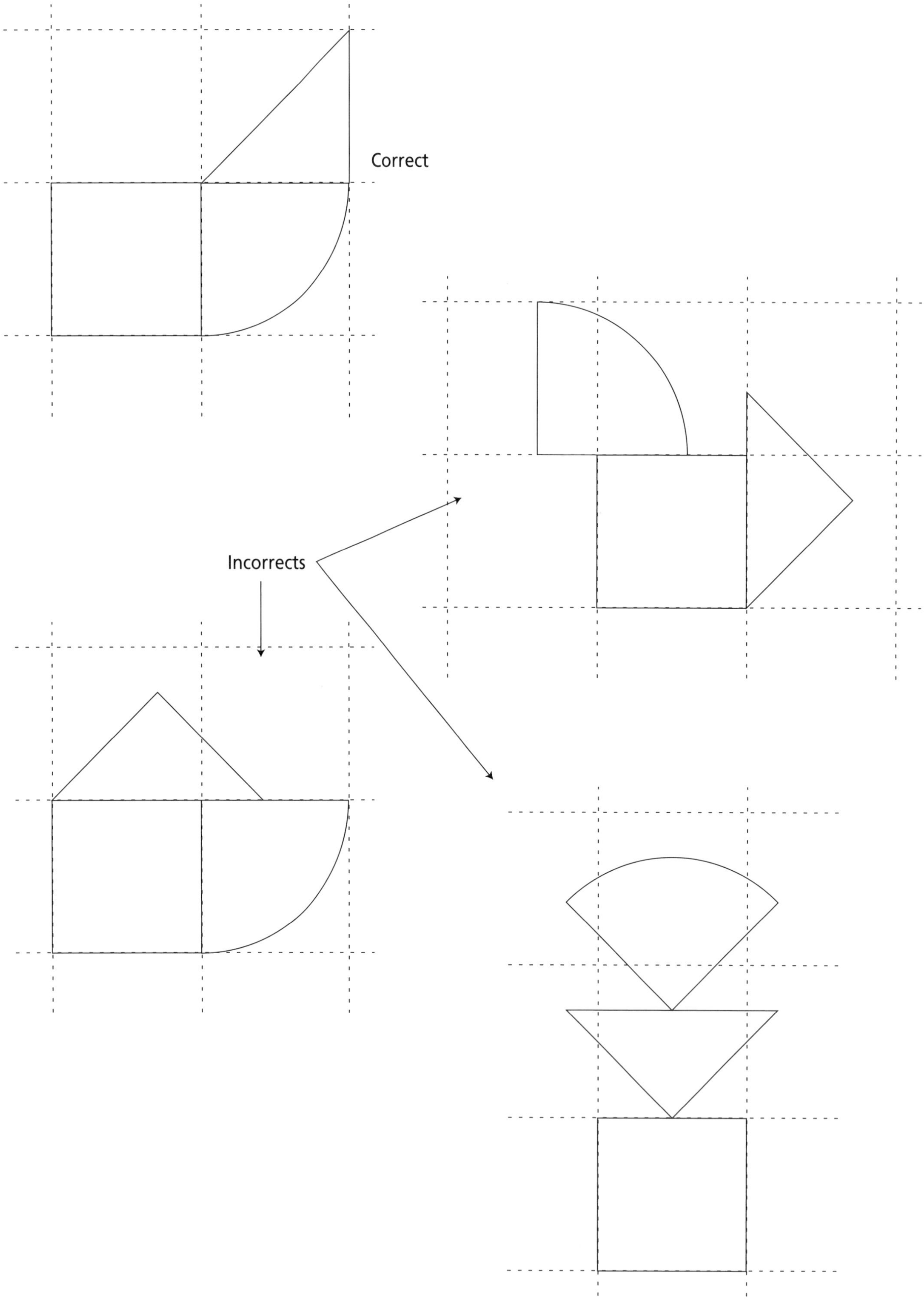

1. Pareil, pas pareil ? (1)

Fiche 4

1. Pareil, pas pareil ? (1)

Fiche 5

1. Pareil, pas pareil ? (1)

Fiche 6

1. Pareil, pas pareil ? (1)

Fiche 7

2. Puzzle (1)

Fiche 1

Prénom .... Date ....

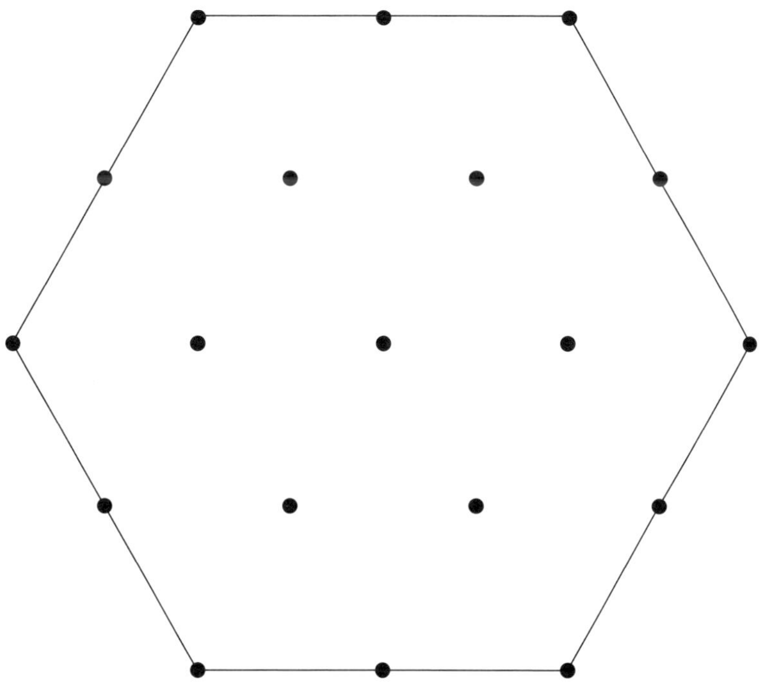

2. Puzzle (1)

Fiche 2

2. Puzzle (1)

Fiche 3

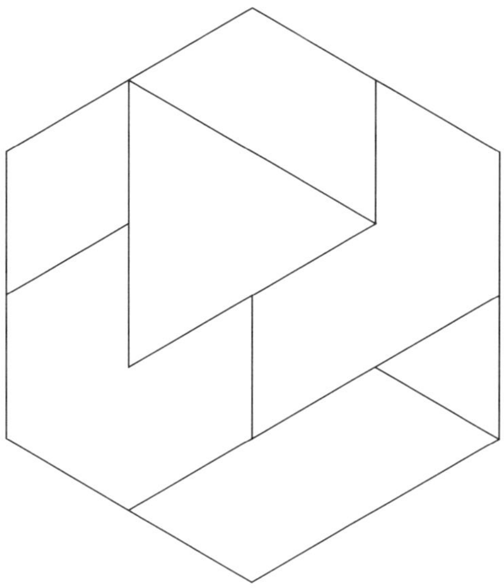

1

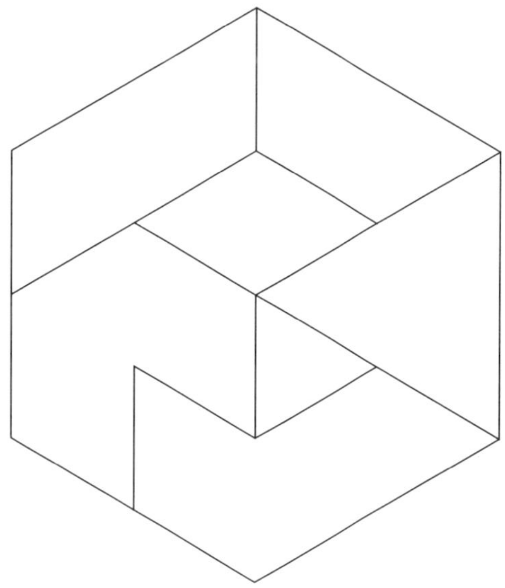

2

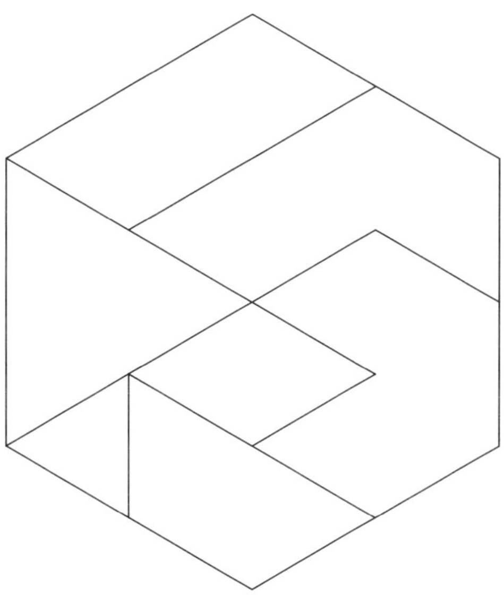

3

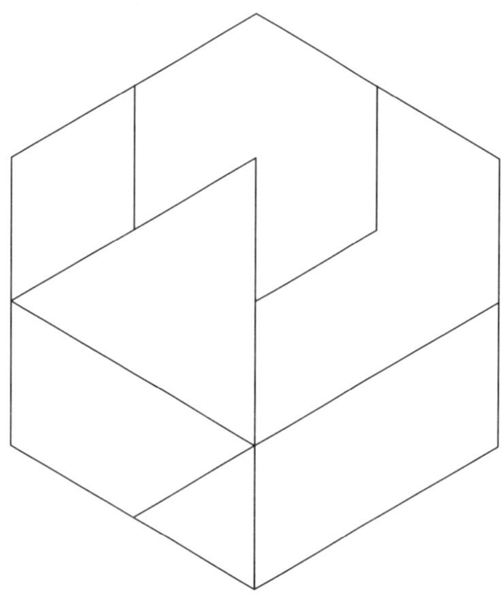

4

2. Puzzle (1)

Fiche 4

Prénom .... Date ....

2. Puzzle (1)

Fiche 5

Prénoms .... Date ....

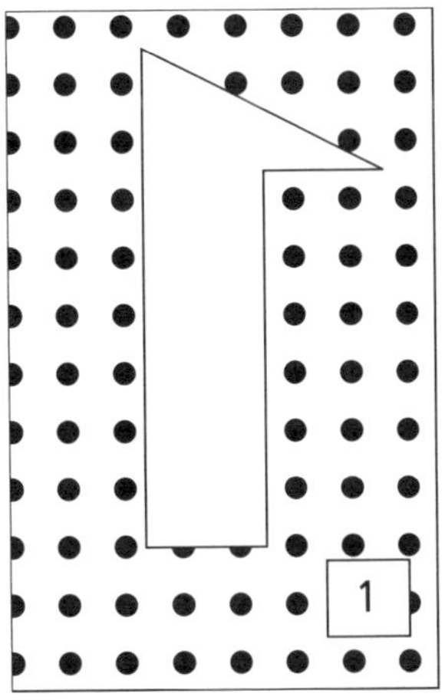

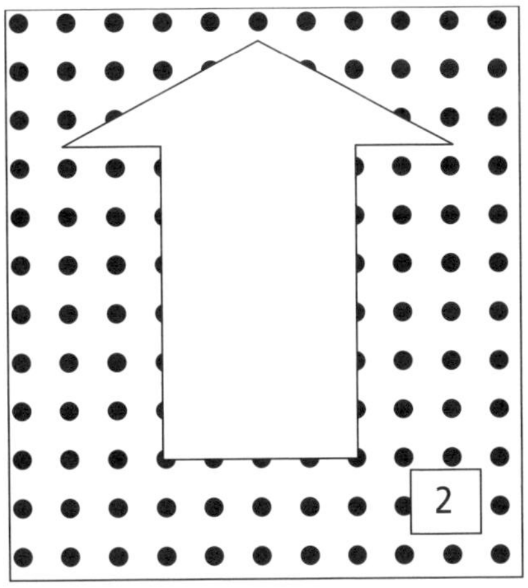

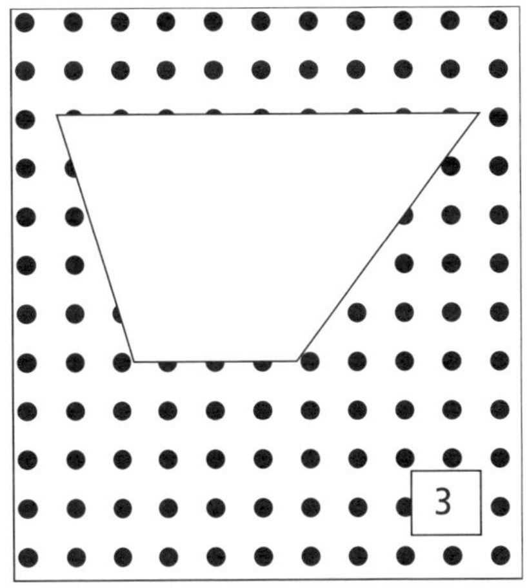

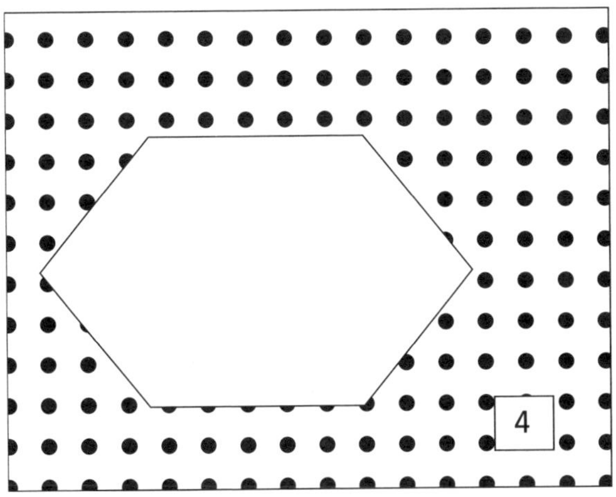

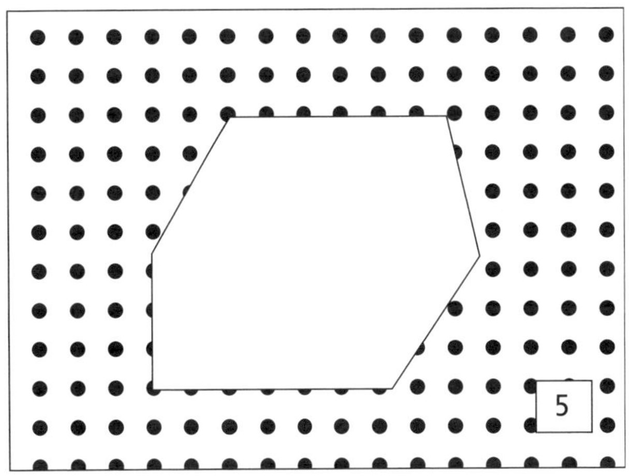

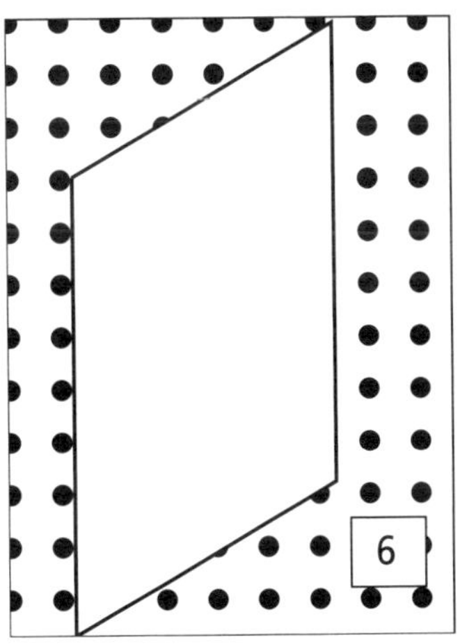

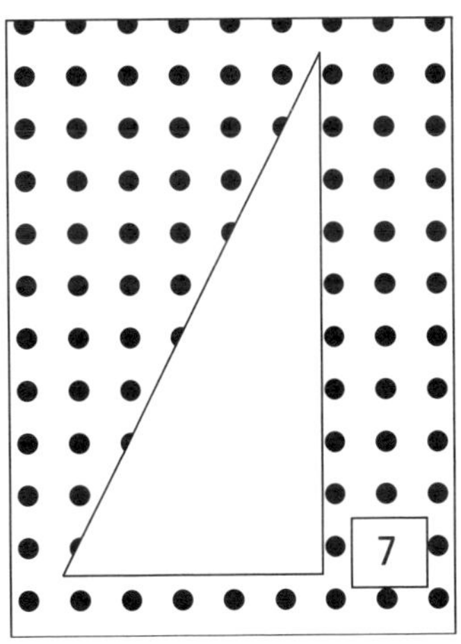

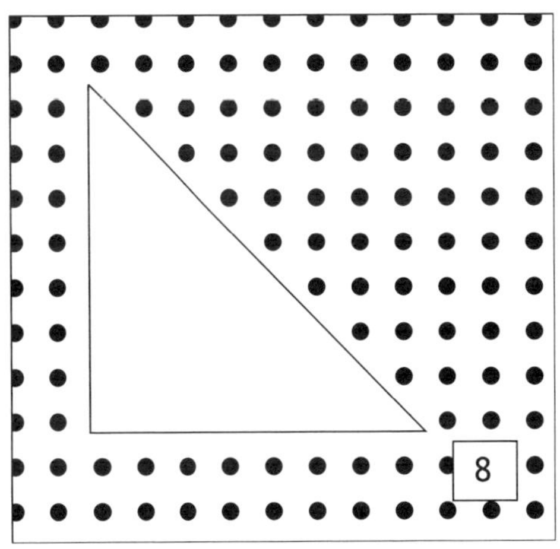

2. Puzzle (1)

Fiche 6

Prénoms .... Date ....

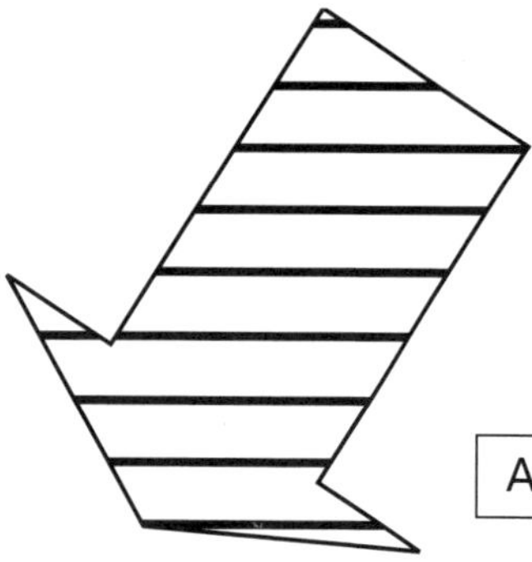

A

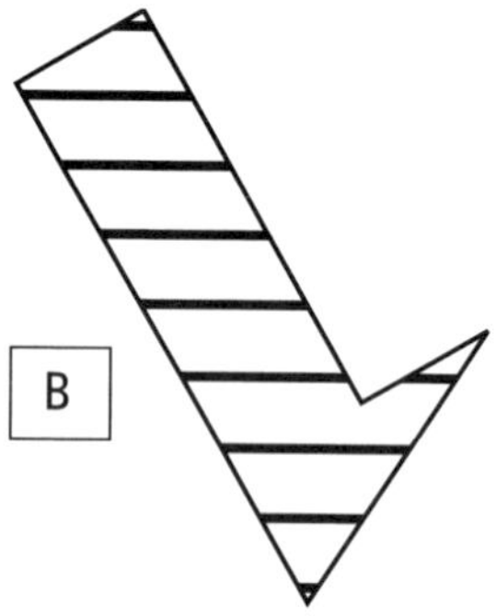

B

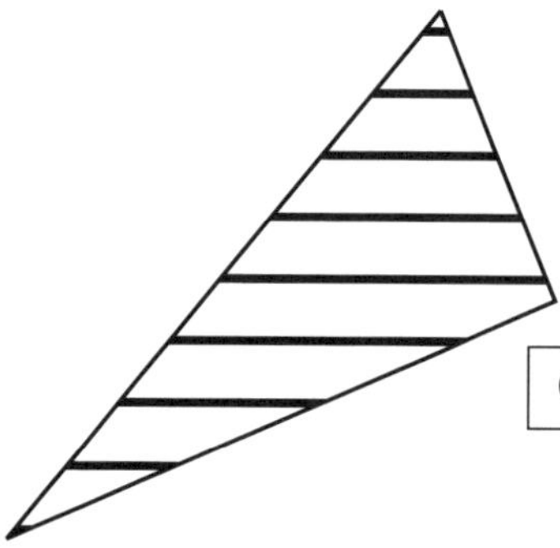

C

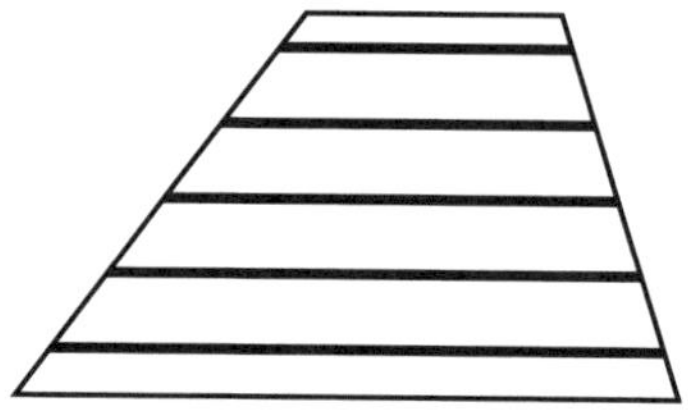

D

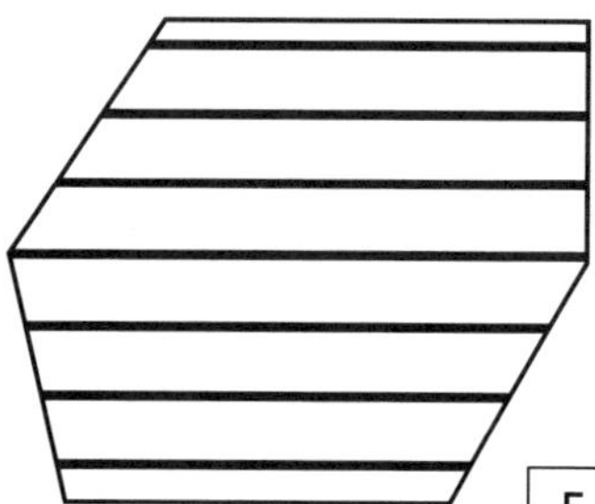

E

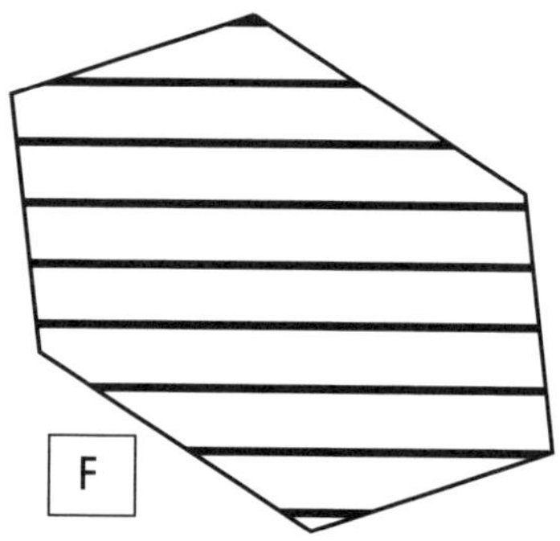

F

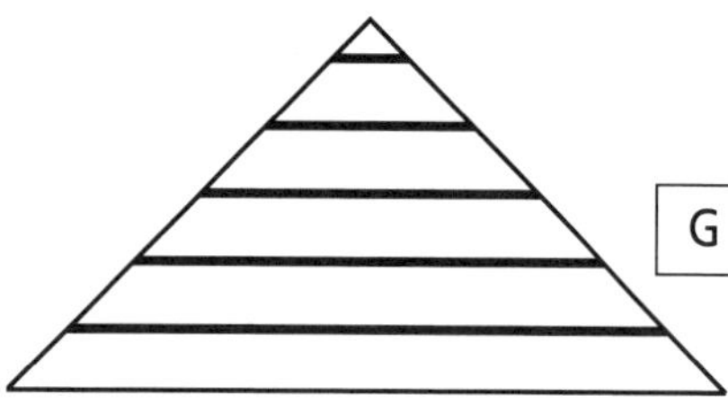

G

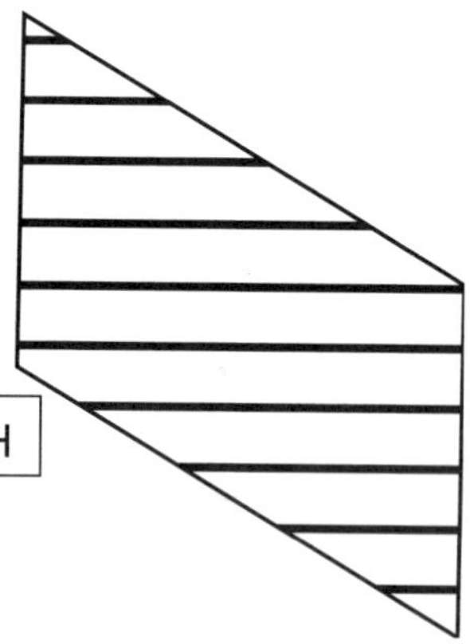

H

2. Puzzle (1)

Fiche 7

Prénoms .... Date ....

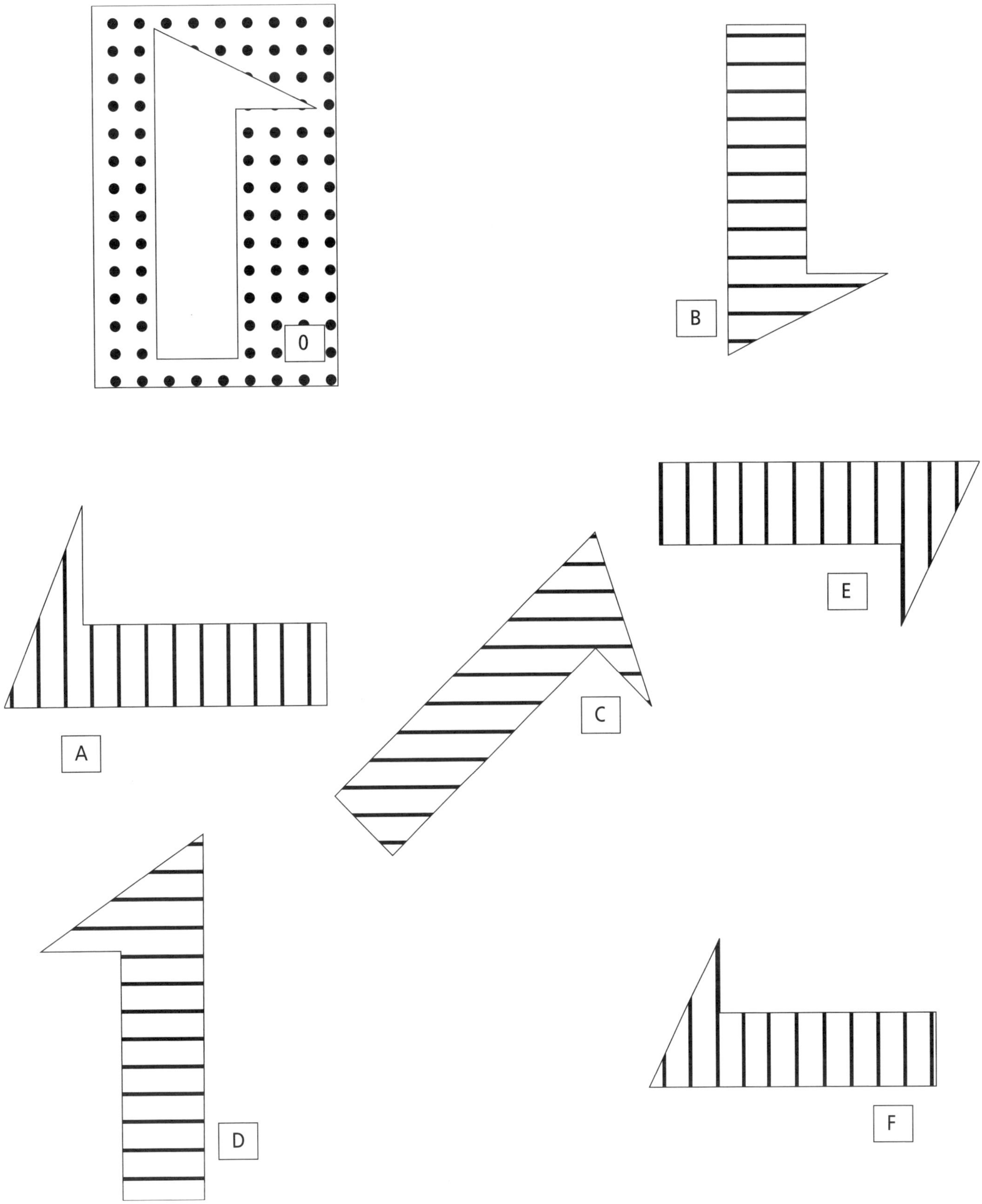

3. Agrandir le puzzle

Fiche 1

Prénom .... Date ....

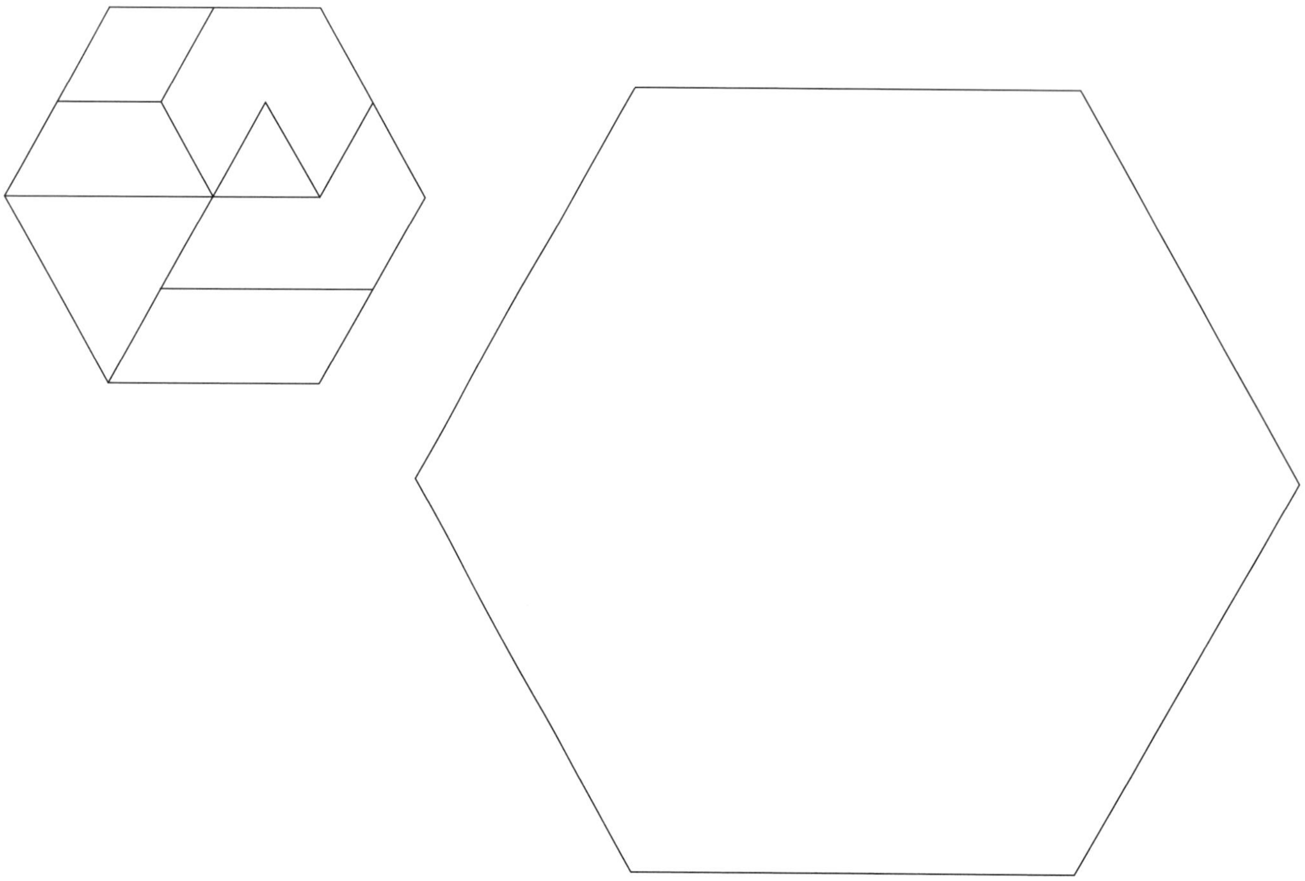

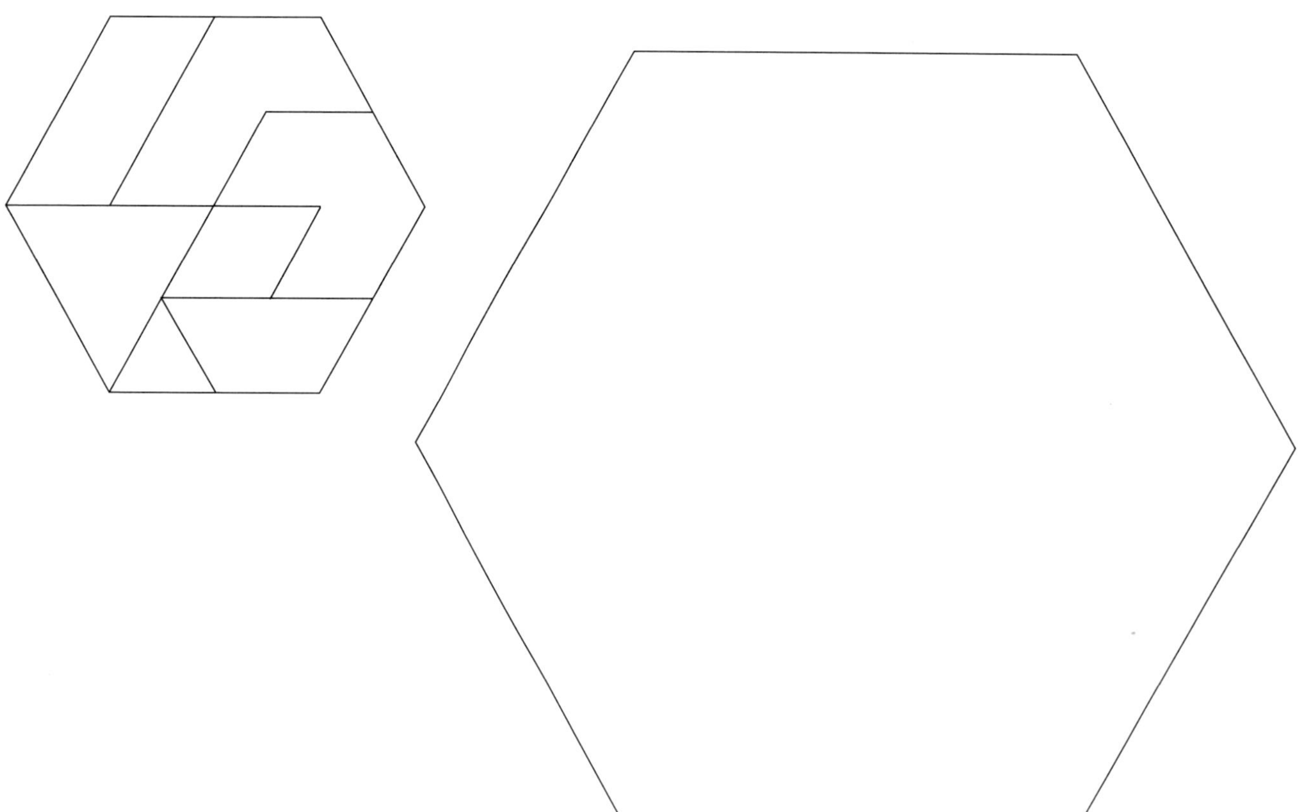

3. Agrandir le puzzle

Fiche 2

3. Agrandir le puzzle

Fiche 3

3. Agrandir le puzzle

Fiche 4

Prénom .... Date ....

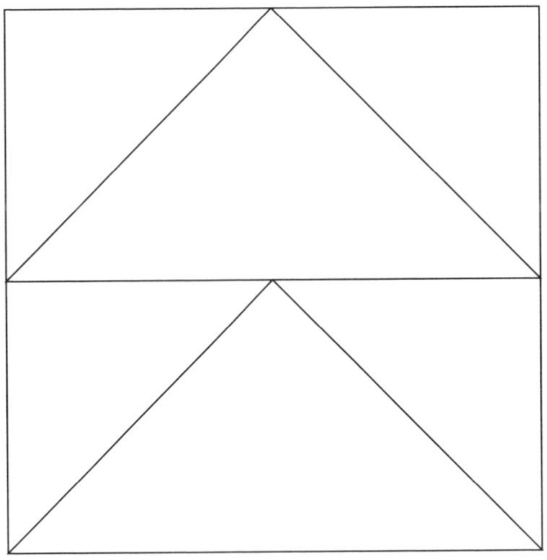

4. Tracer pareil

Fiche 1

Prénom .... Date ....

Carte 1

Carte 2

4. Tracer pareil

Fiche 2

Prénom .... Date ....

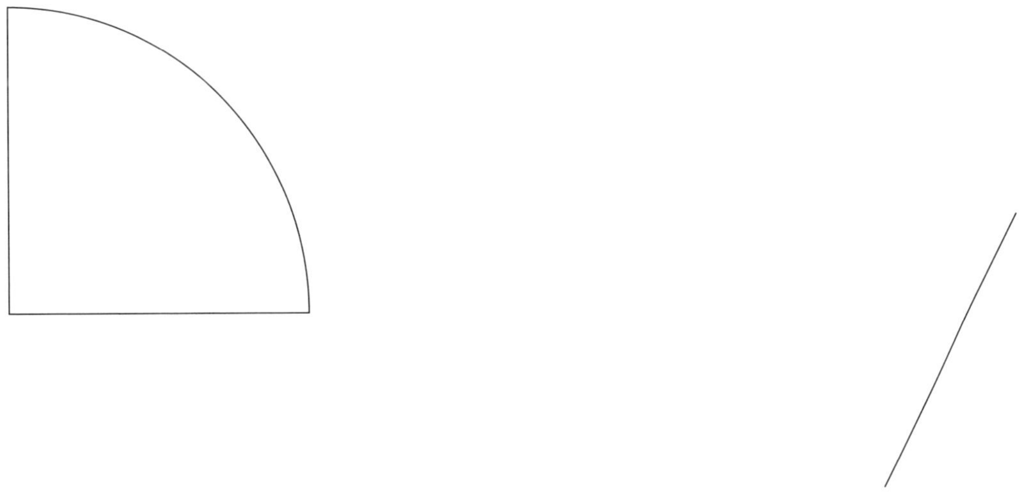

Carte 3

Carte 4

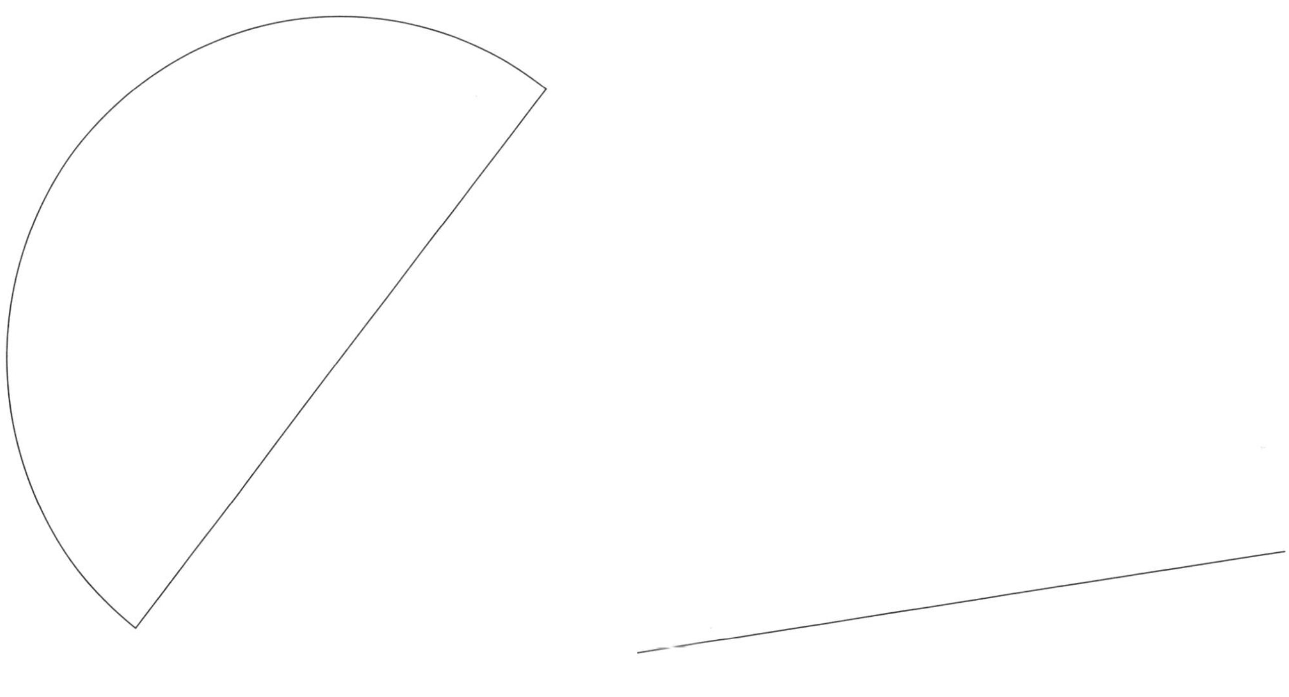

4. Tracer pareil

Fiche 3

Prénom .... Date ....

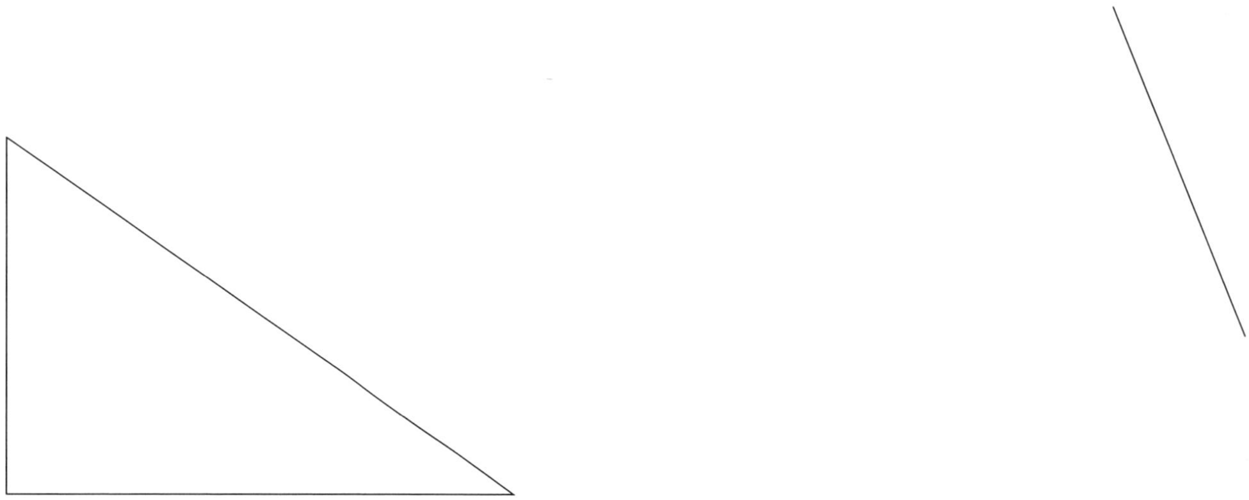

Carte 5

Carte 6

4. Tracer pareil

Fiche 4

Prénom .... Date ....

Carte 7

4. Tracer pareil

Fiche 5

Prénoms .... Date ....

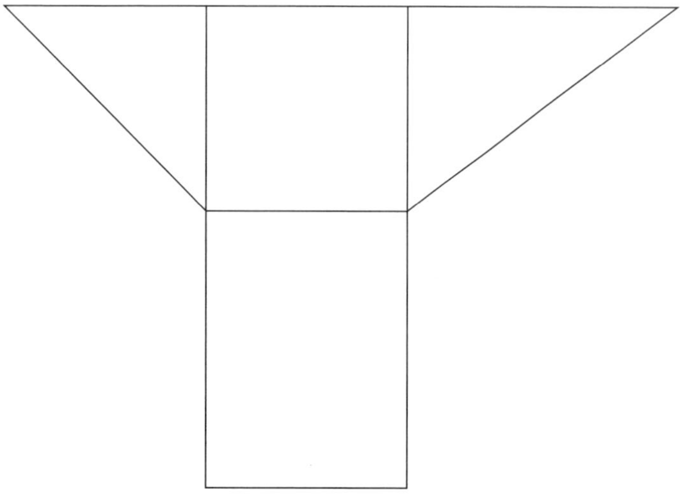

La figure à reproduire

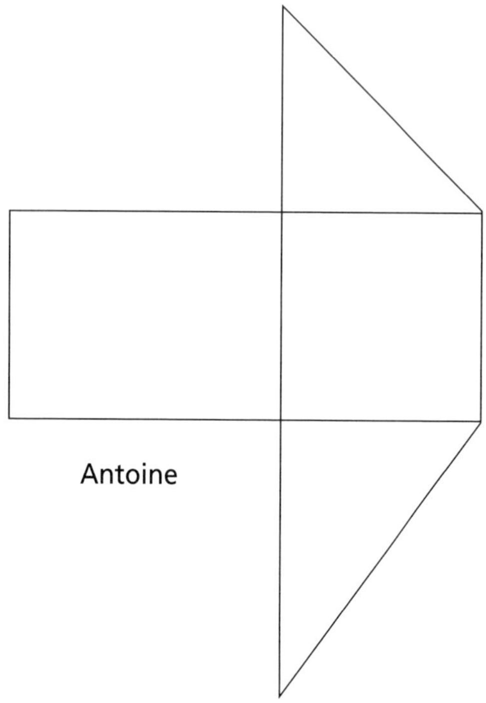

Antoine

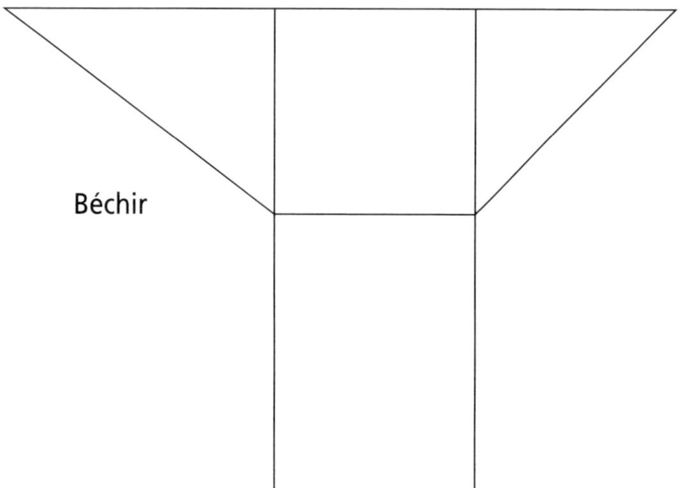

Béchir

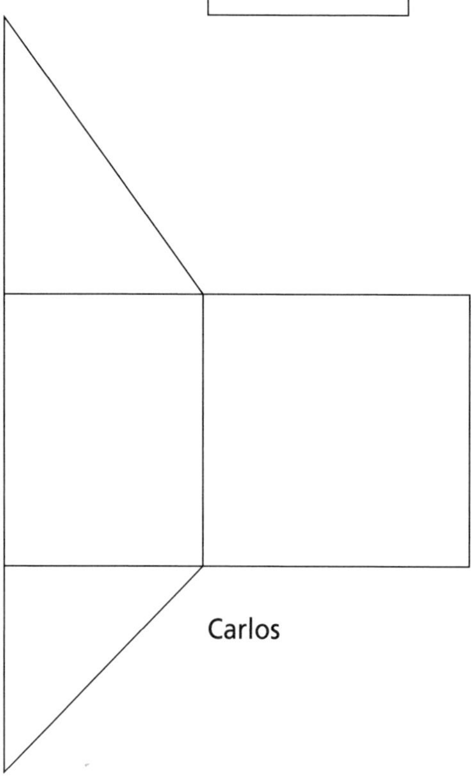

Carlos

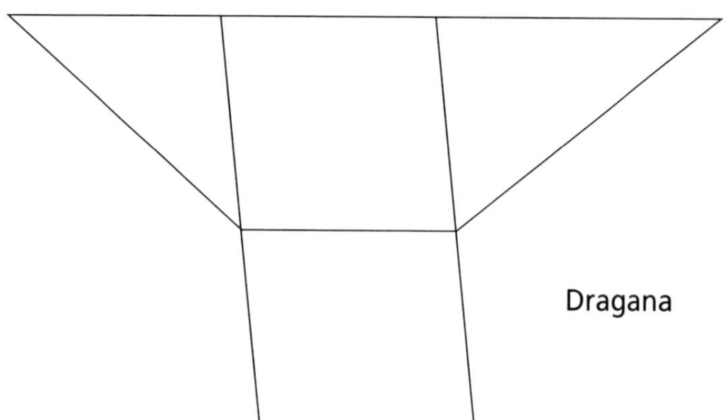

Dragana

4. Tracer pareil

Fiche 6

Prénoms .... Date ....

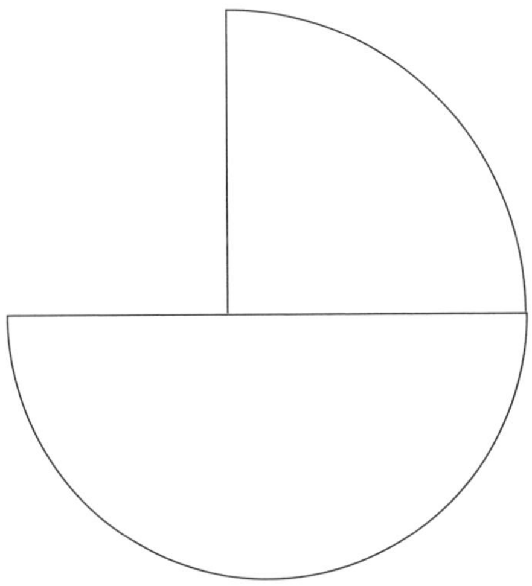

La figure à reproduire

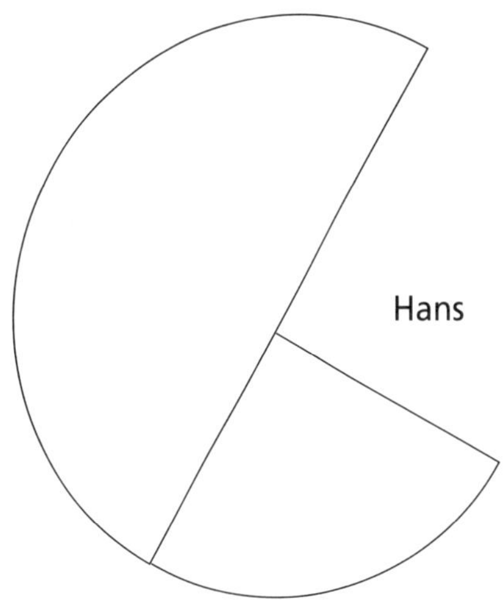

Hans

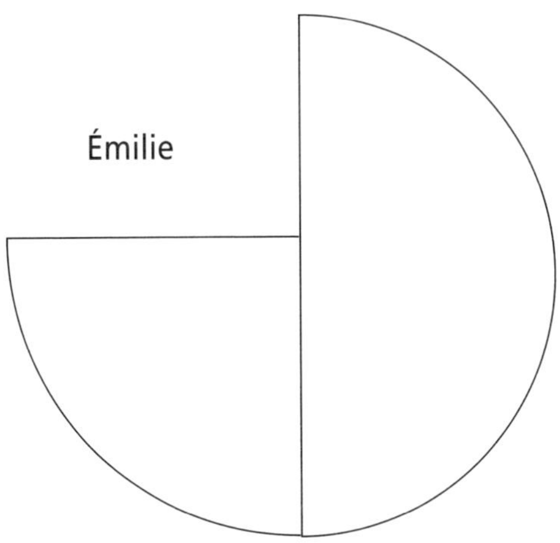

Émilie

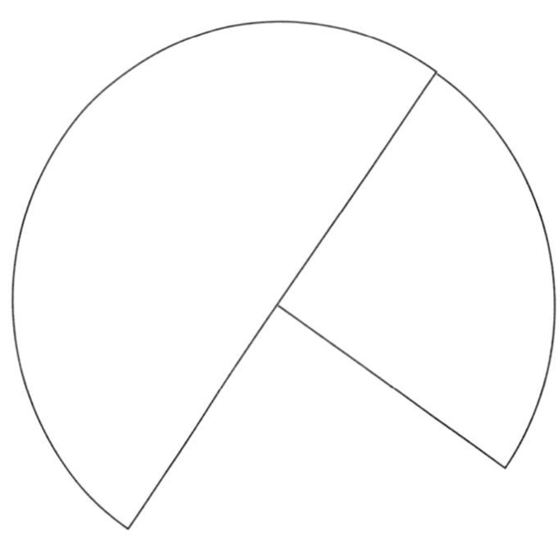

Gaétan

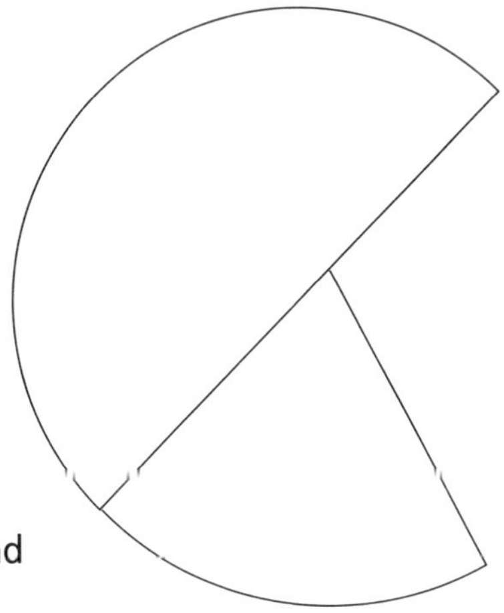

Fouad

4. Tracer pareil

Fiche 7

Prénoms .... Date ....

La figure à reproduire

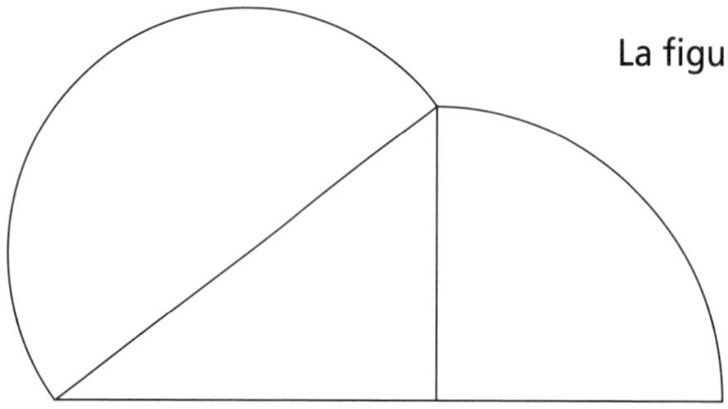

Irina

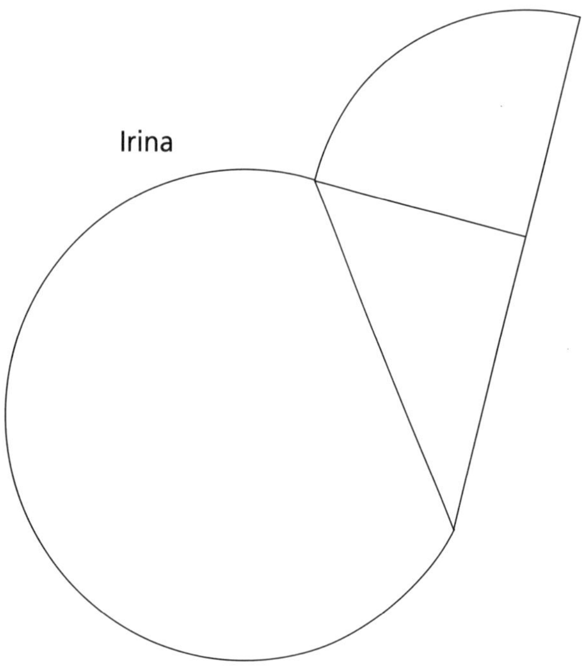

Judith

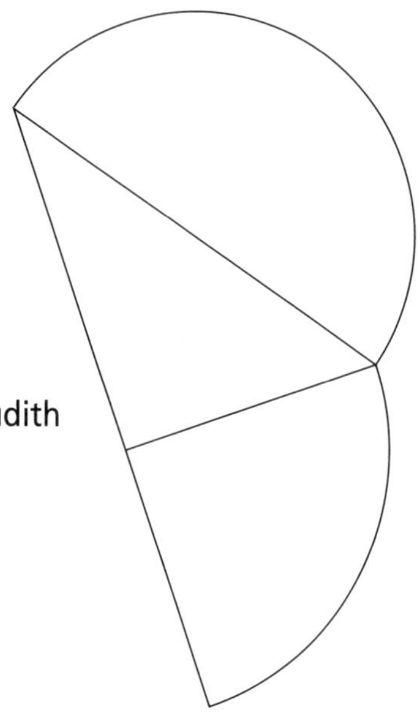

Kamel

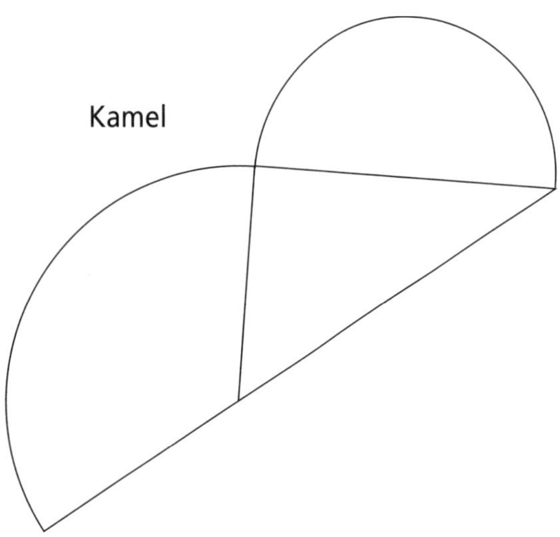

Laëtitia

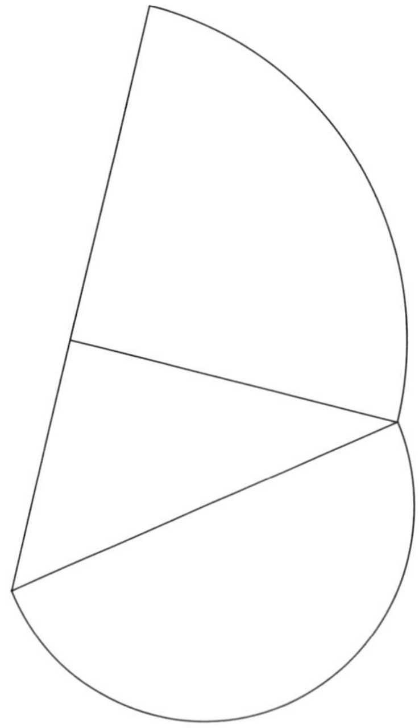

4. Tracer pareil

Fiche 8

Prénom .... Date ....

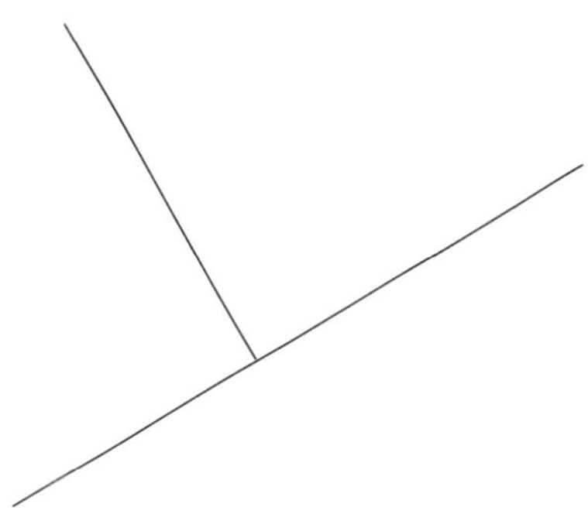

4. Tracer pareil

Fiche 9

Prénom .... Date ....

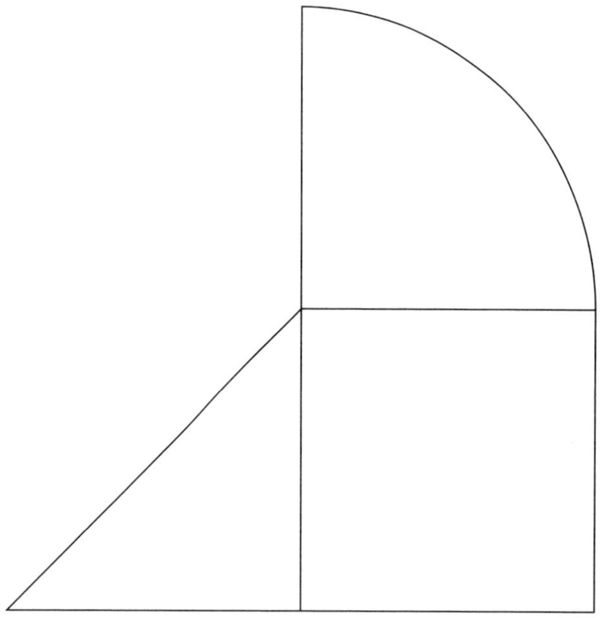

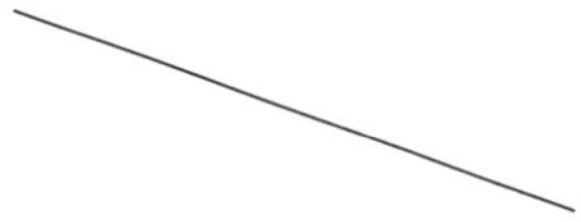

5. Polycubes pareils

Fiche 1

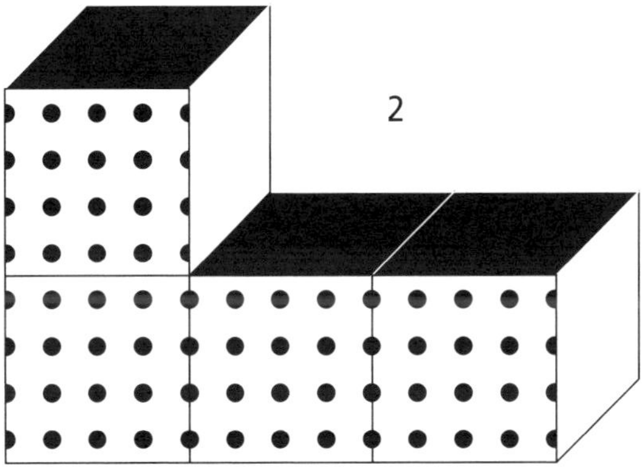

2

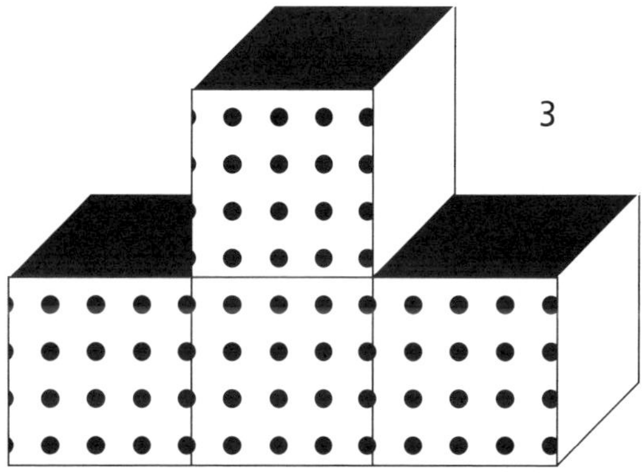

3

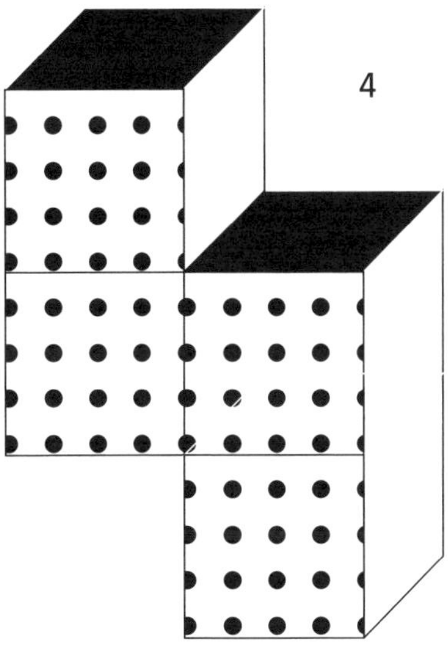

4

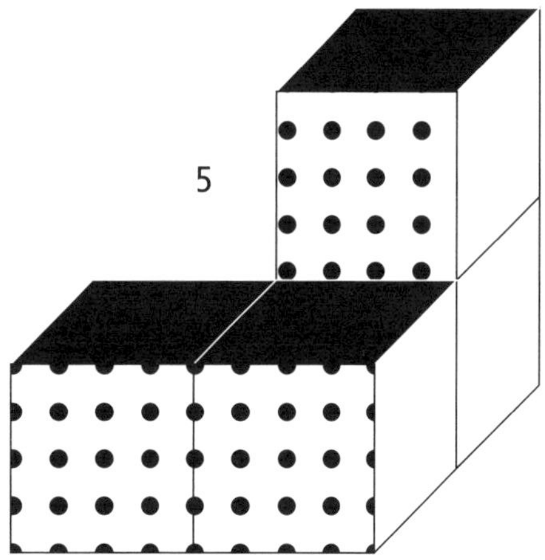

5

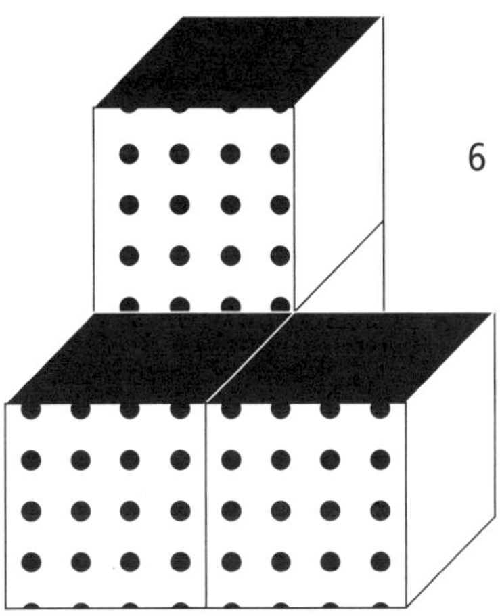

6

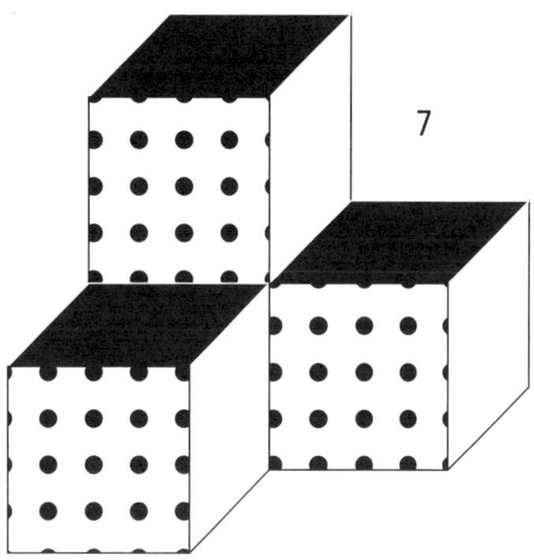

7

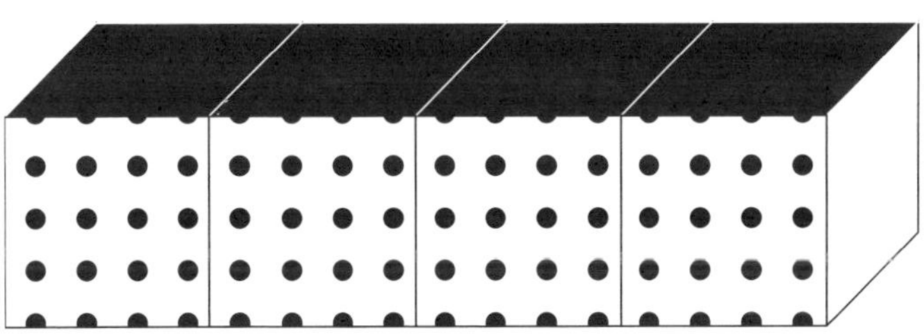

8

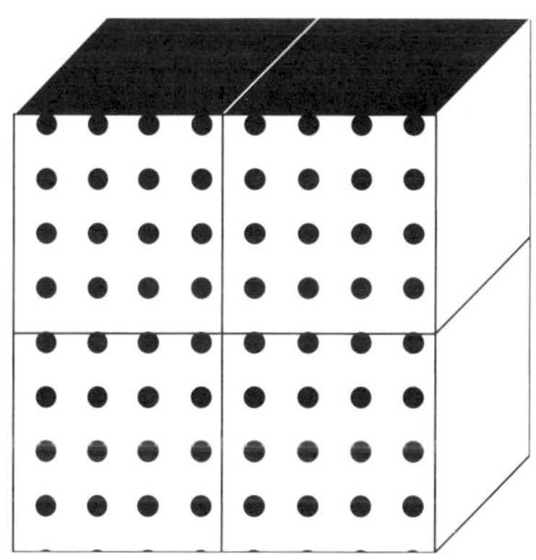

9

5. Polycubes pareils

Fiche 2

5. Polycubes pareils

Fiche 3

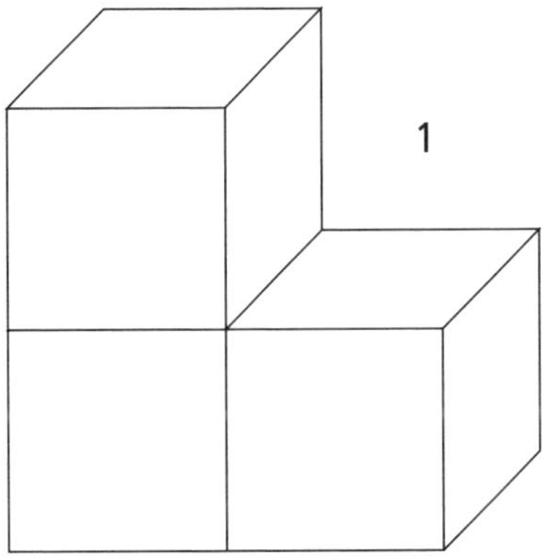

1

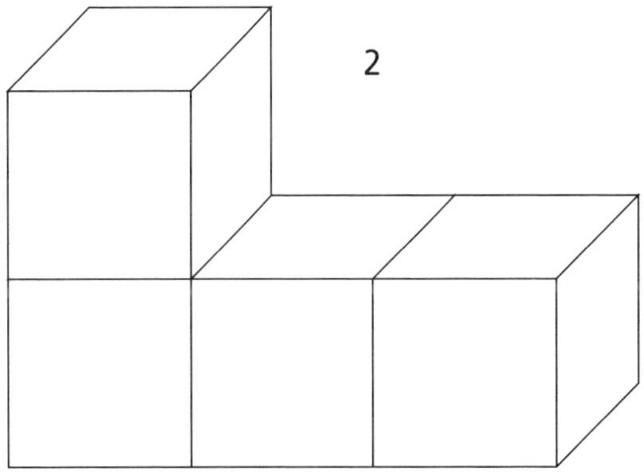

2

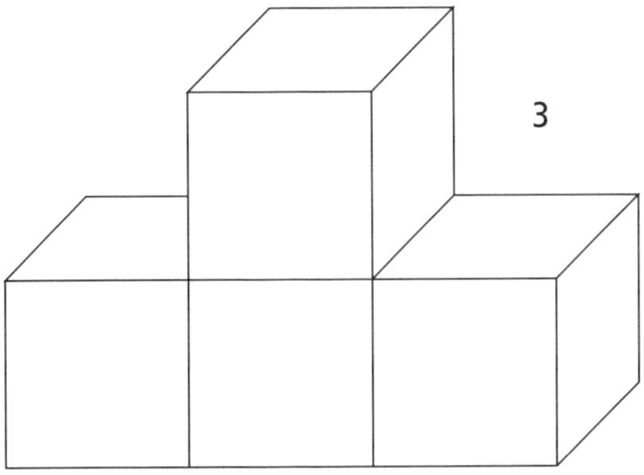

3

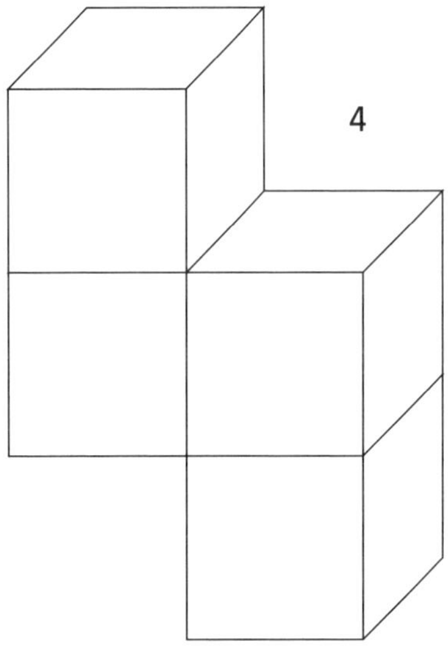

4

5

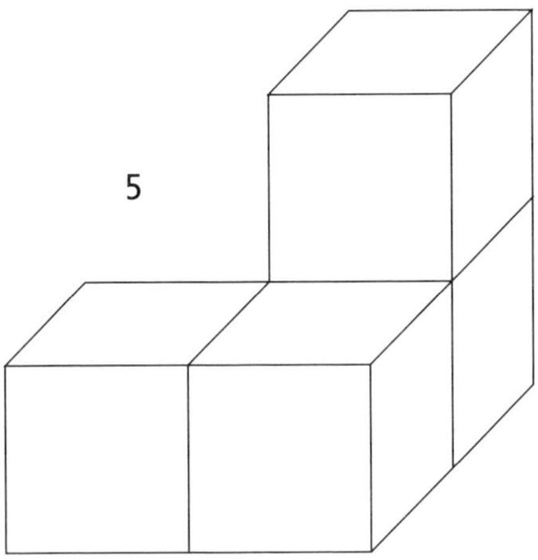

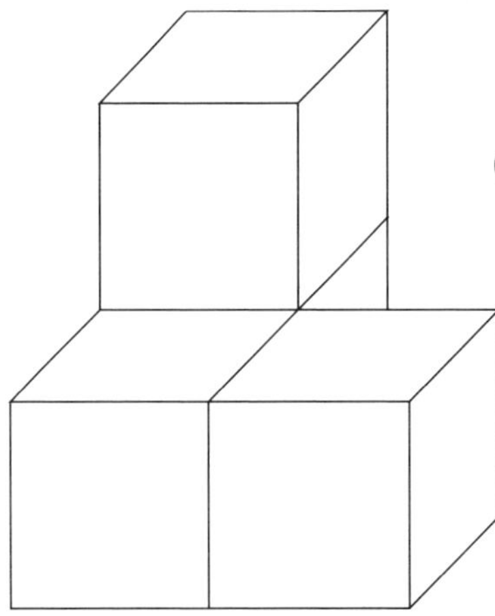

6

7

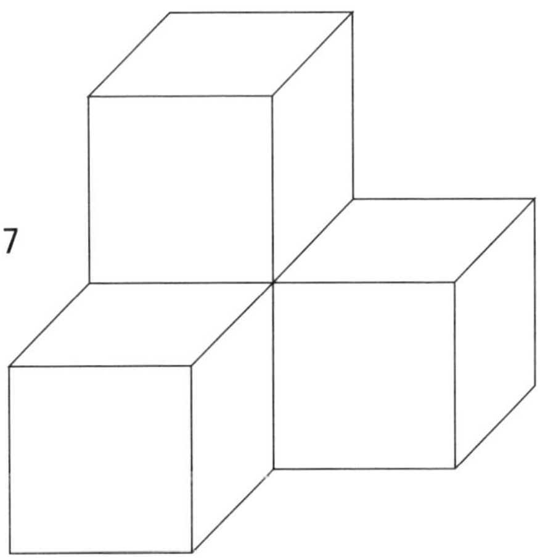

Les 7 pièces
du cube SOMA

5. Polycubes pareils

Fiche 4

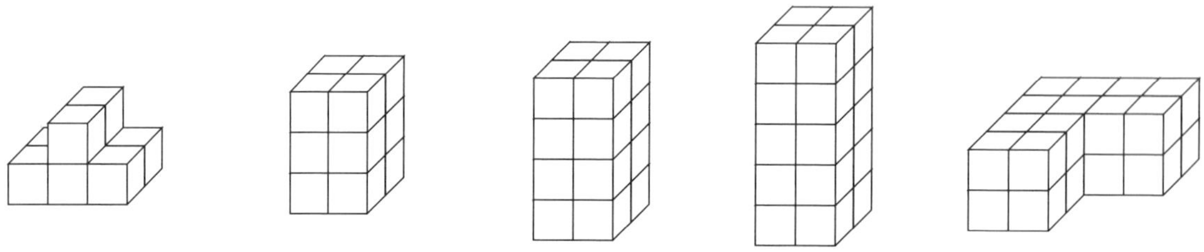

Avec 2 pièces 3 pièces 4 pièces 5 pièces 6 pièces

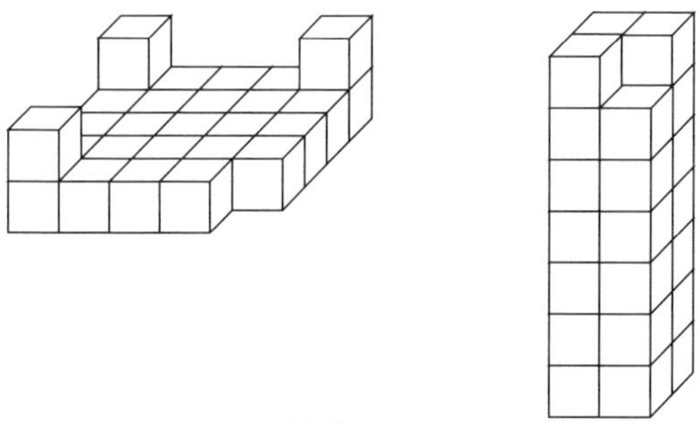

Avec les 7 pièces du cube SOMA

5. Polycubes pareils

Fiche 5

Pour ranger le cube SOMA

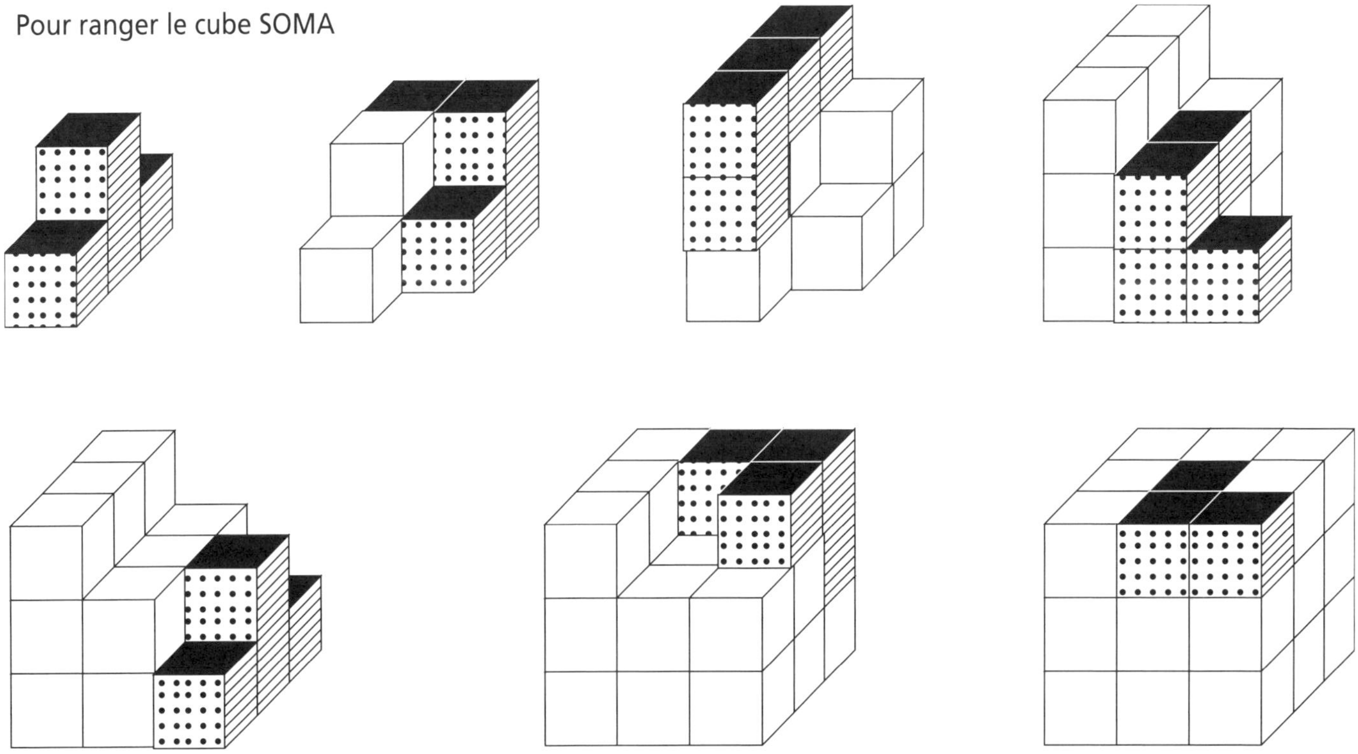

Thème 4 Comparaison

5. Polycubes pareils

Fiche 5

Pour ranger le cube SOMA

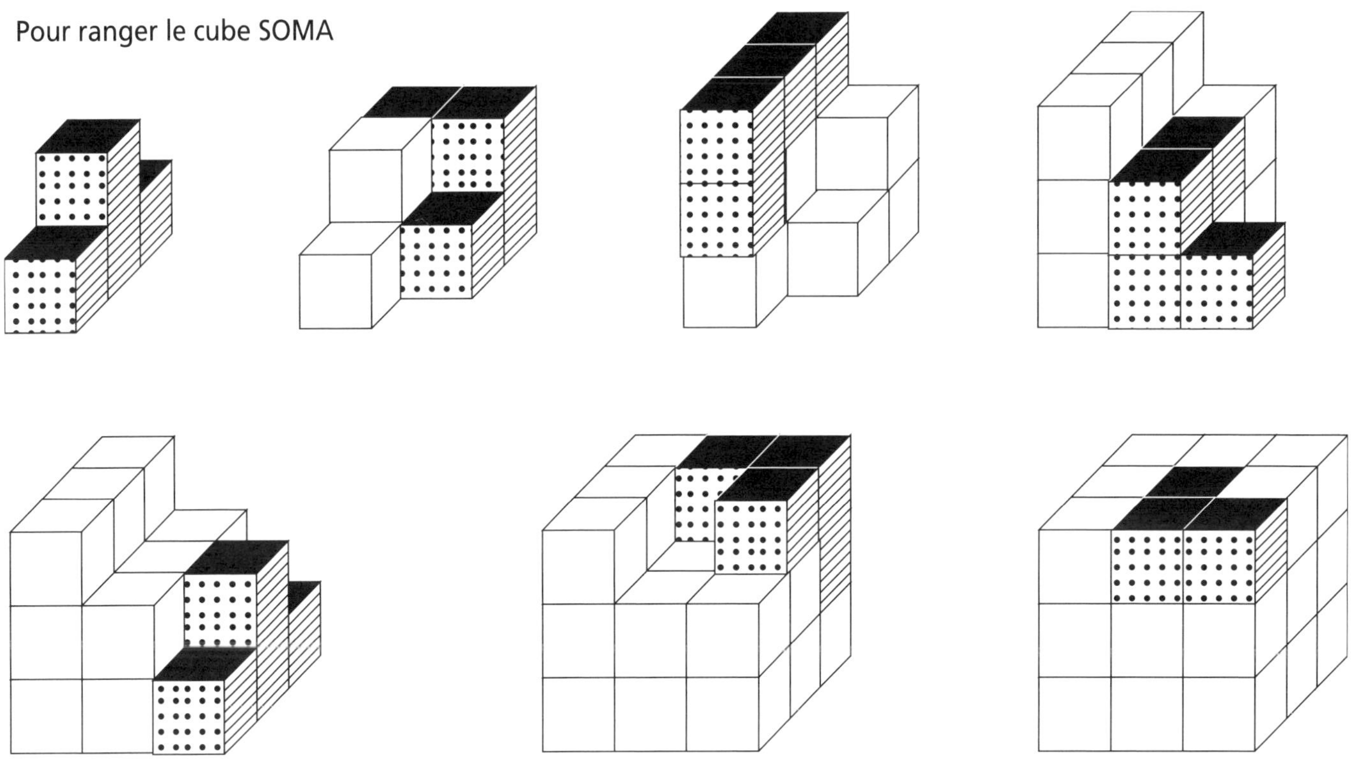

5. Polycubes pareils

Fiche 6

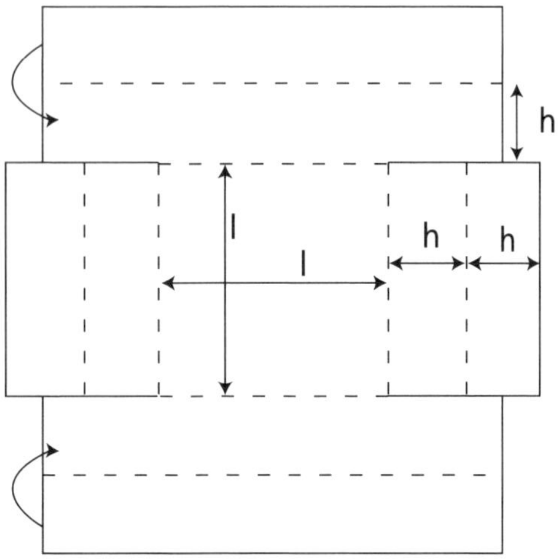

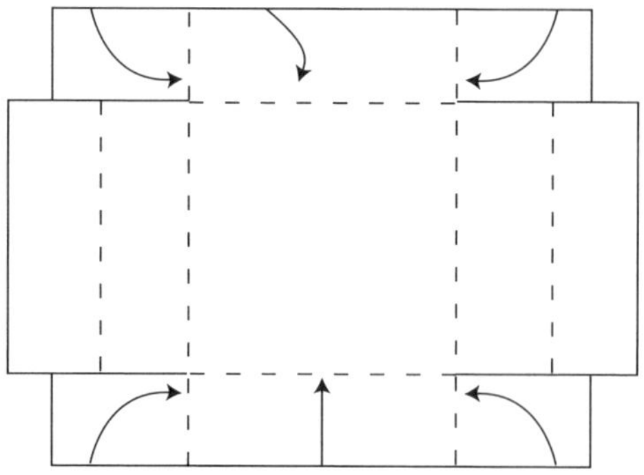

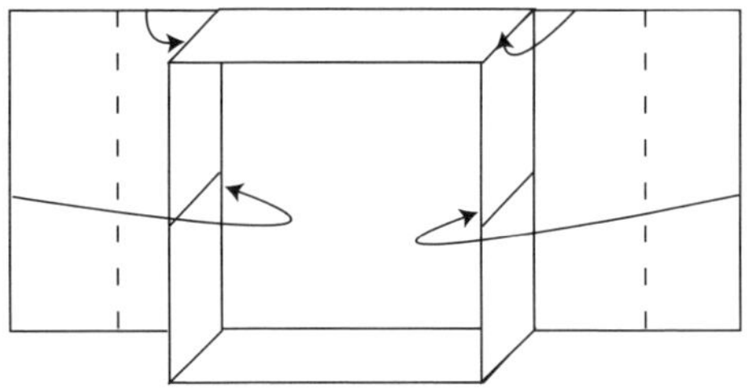

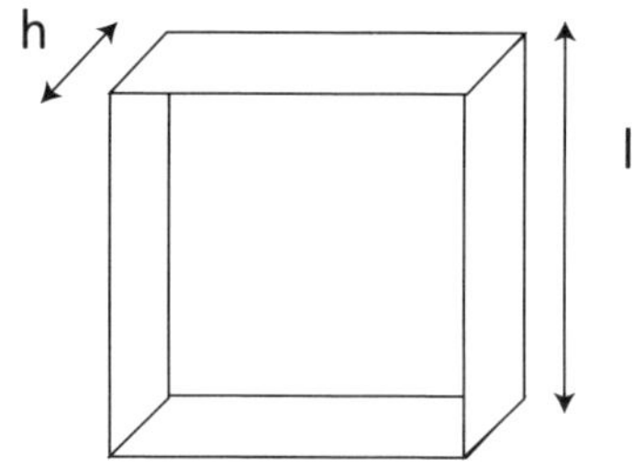

Voilà un modèle pour une boîte et son couvercle, nécessitant une feuille A3 pour la boîte, et une feuille A4 pour son couvercle.
La boîte doit être suffisamment large pour que le cube y entre facilement (mesurer le cube, ajouter 2 mm à l'arête, voilà !). Le couvercle, pour s'emboîter, doit faire 1 mm de plus.
Pour les hauteurs, faites des essais (hauteur de la boîte : 3/4 et 4/5 de la hauteur du cube, hauteur du couvercle à environ 1/3 de la hauteur du cube).

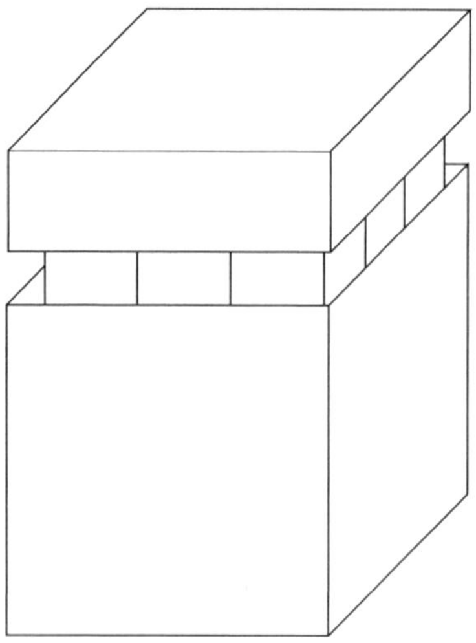

6. Empreintes

Fiche 1

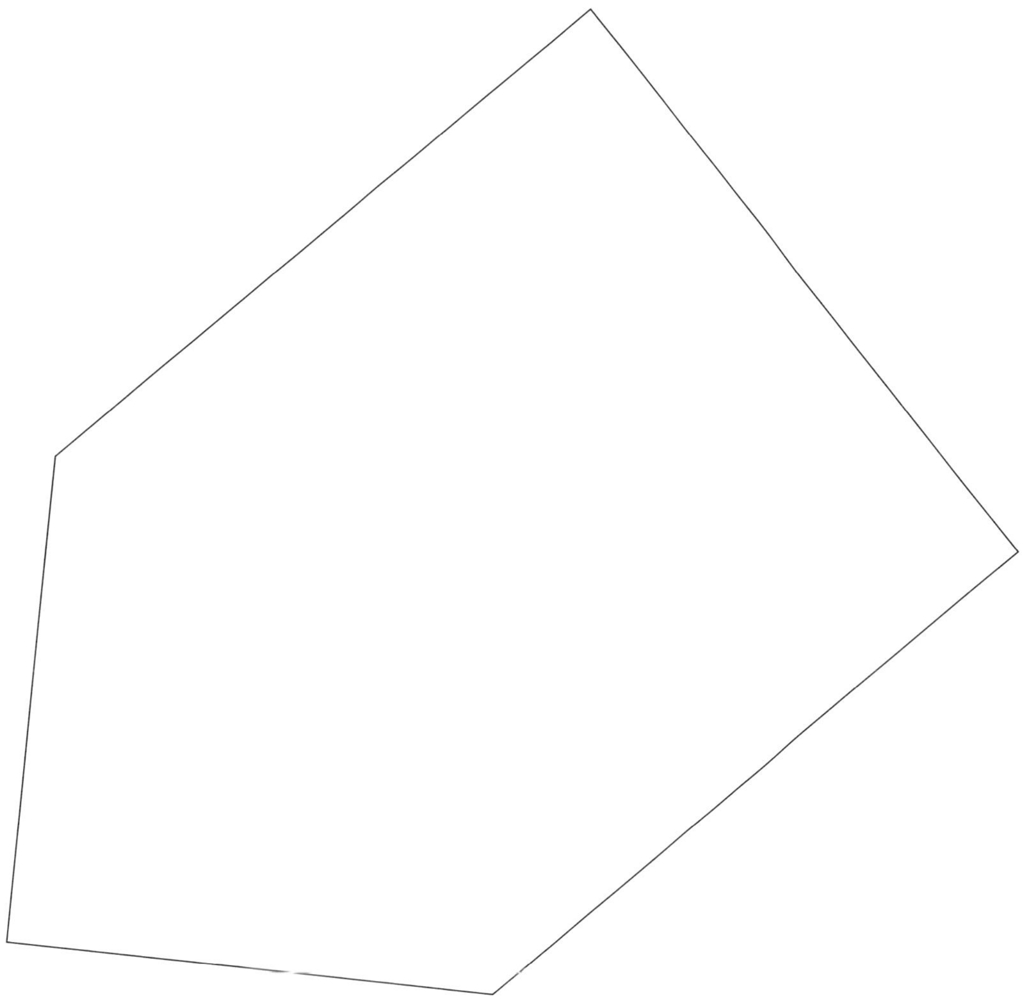

6. Empreintes

Fiche 2

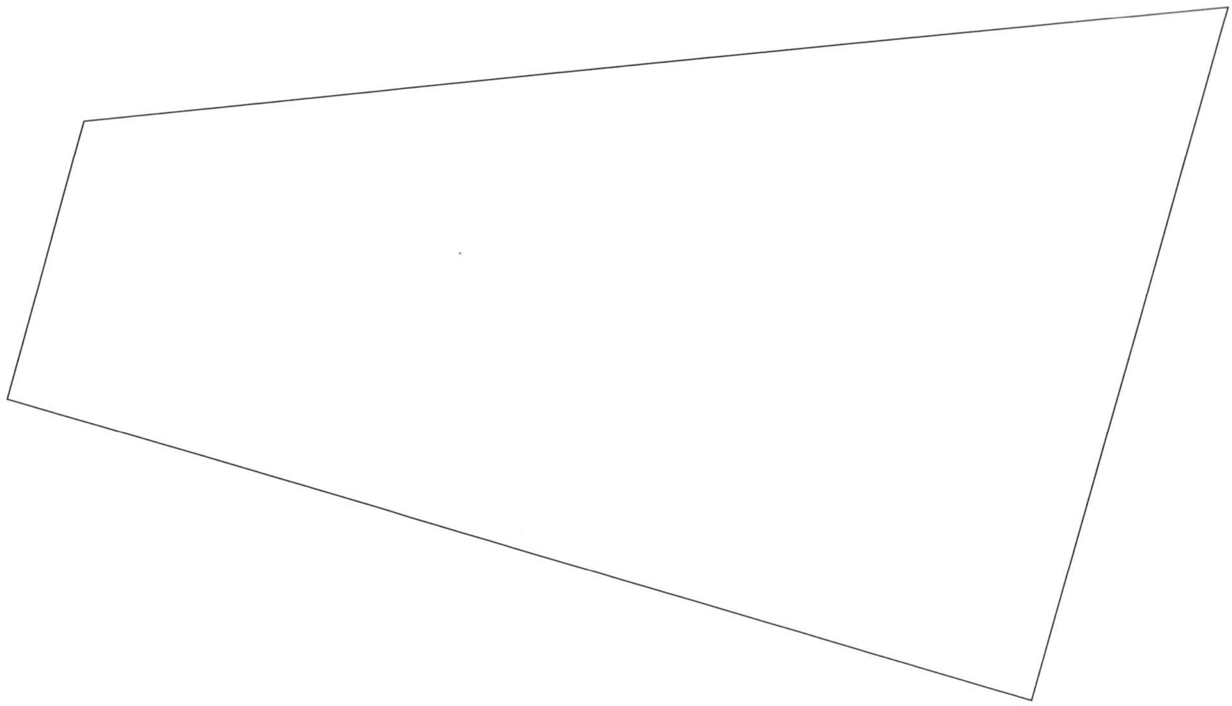

6. Empreintes

Fiche 3

6. Empreintes

Fiche 4

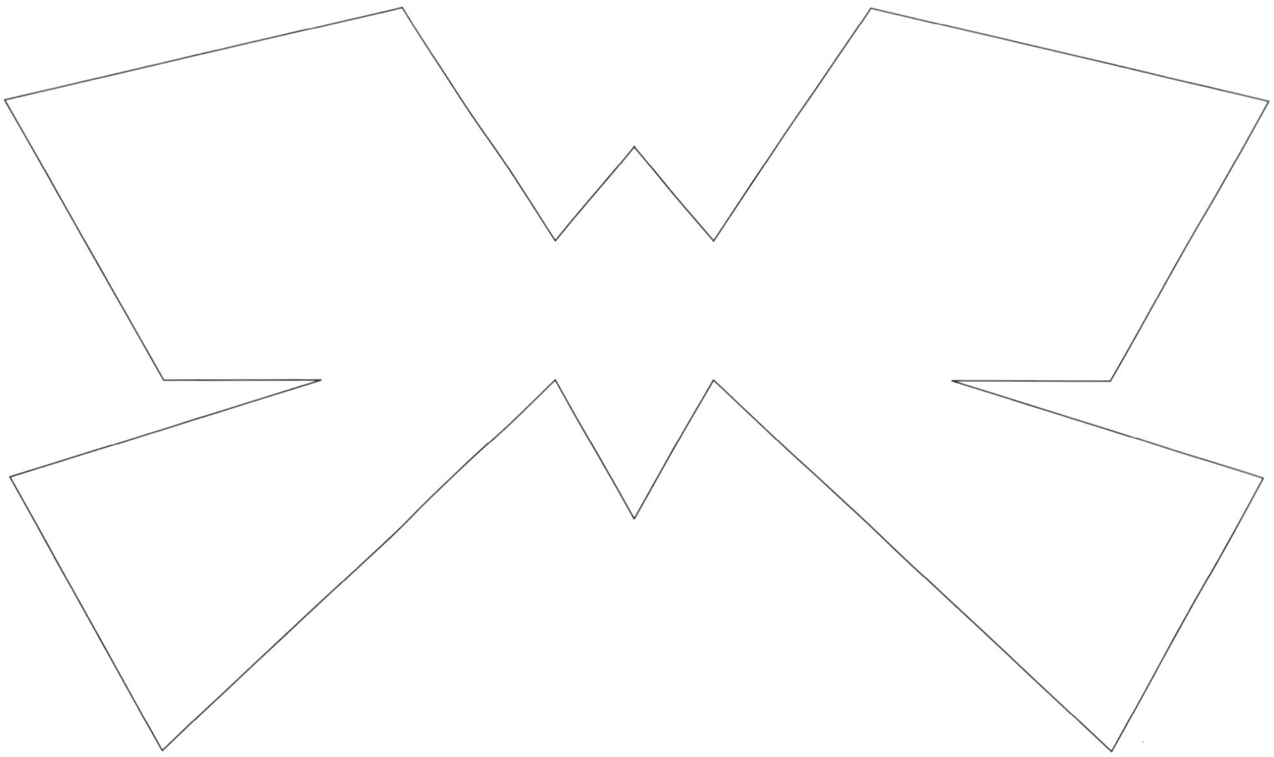

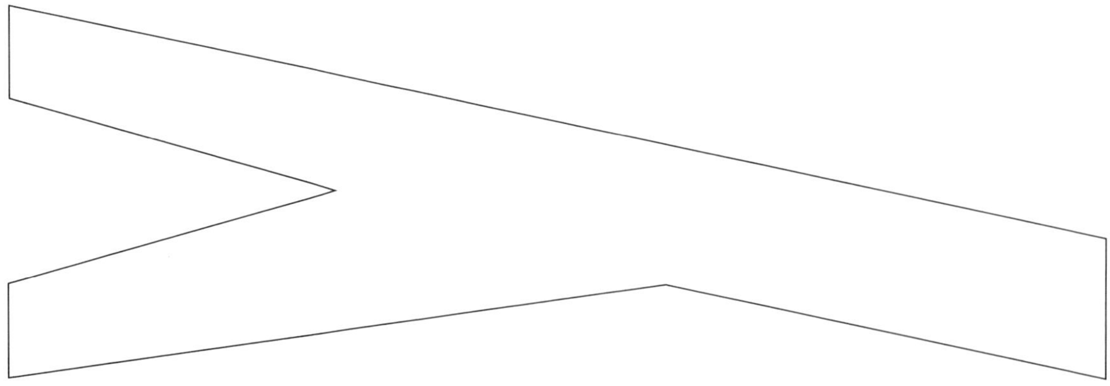

6. Empreintes

Fiche 5

Prénom .... Date ....

6. Empreintes

Fiche 6

Prénom .... Date ....

6. Empreintes

Fiche 7

Prénom .... Date ....

6. Empreintes

Fiche 8

Prénom .... Date ....

Thème 4 **Comparaison**

7. Puzzle (2)

Fiche 1

Prénoms .... Date ....

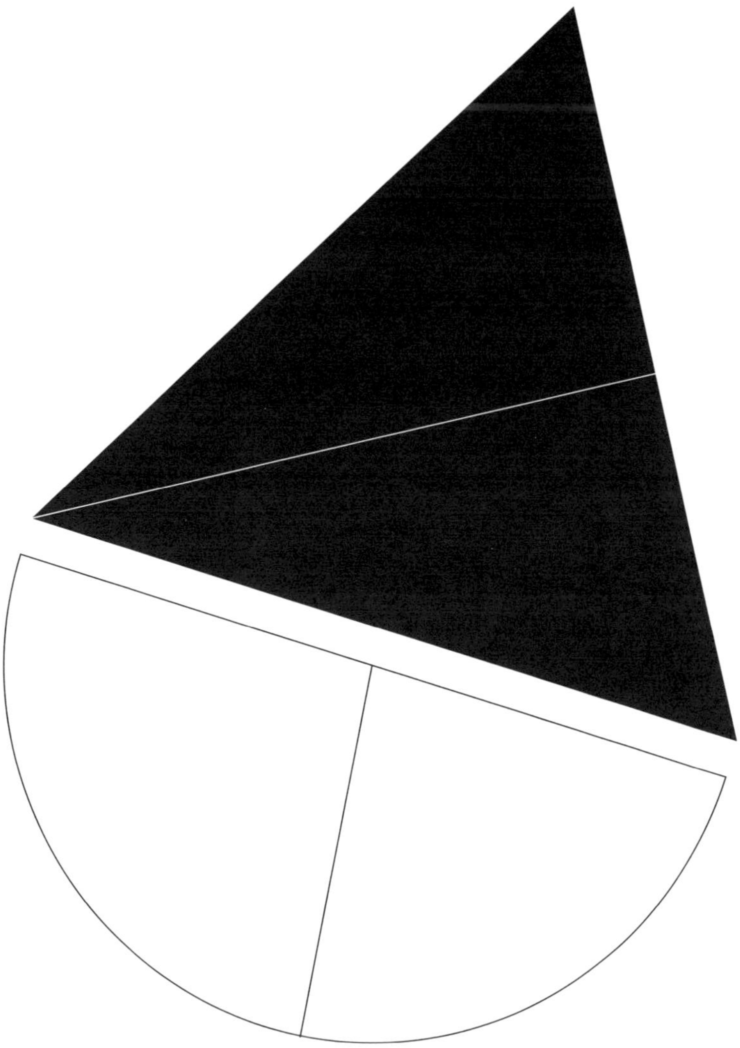

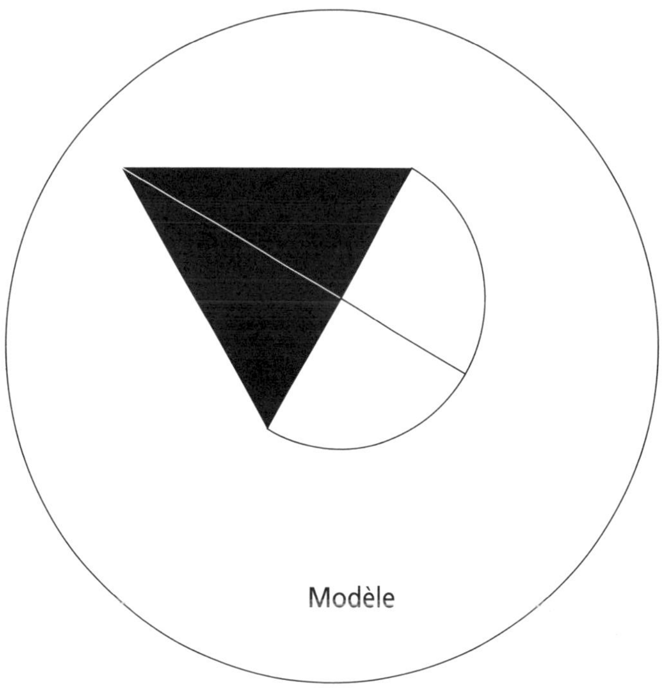

7. Puzzle (2)

Fiche 2

Prénoms .... Date ....

7. Puzzle (2)

Fiche 3

Prénom .... Date ....

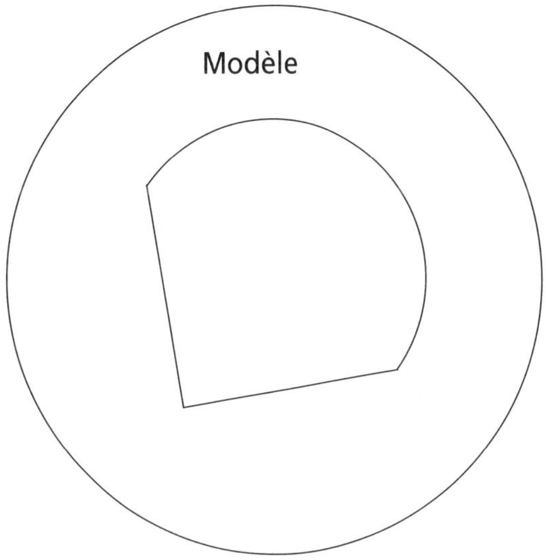

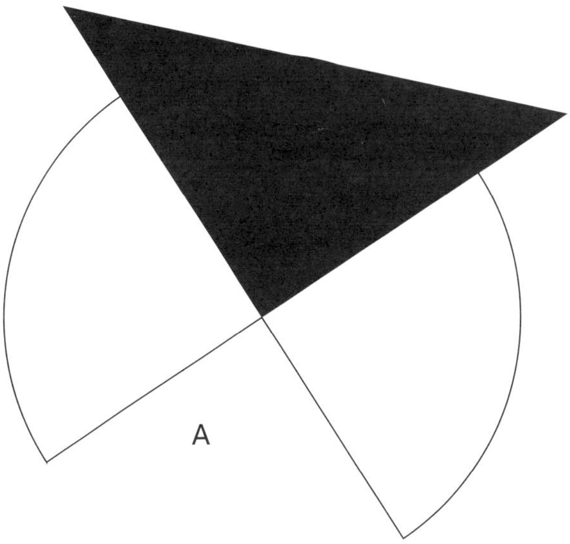

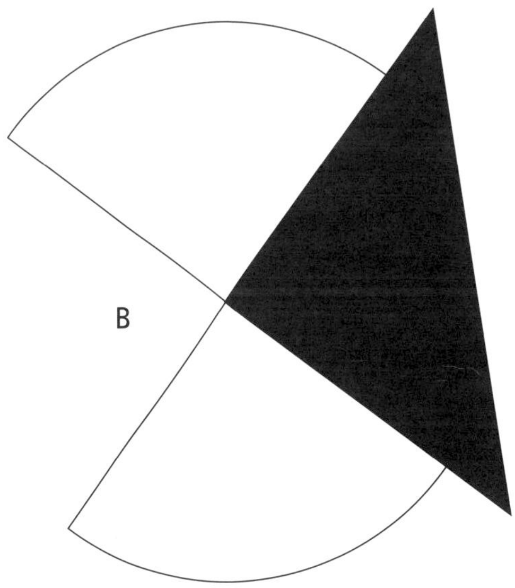

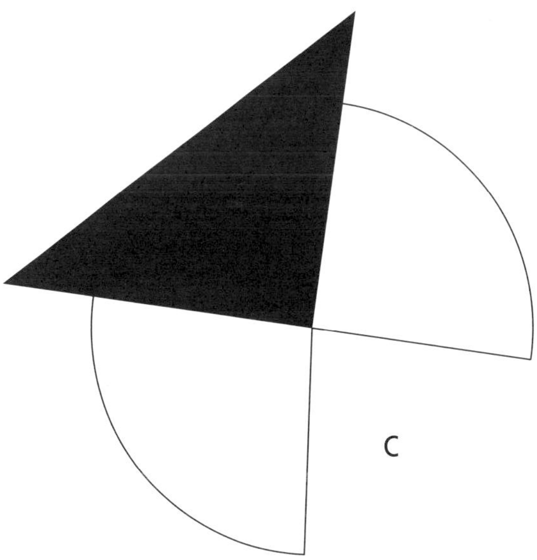

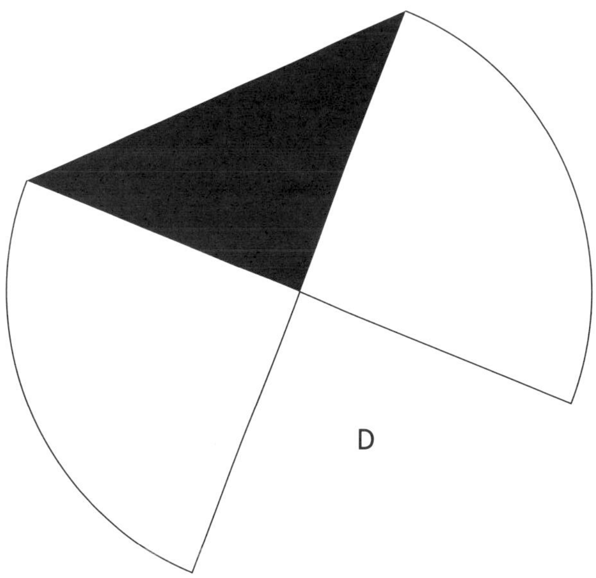

8. Attrape (1)

Fiche 1

Prénoms .... Date ....

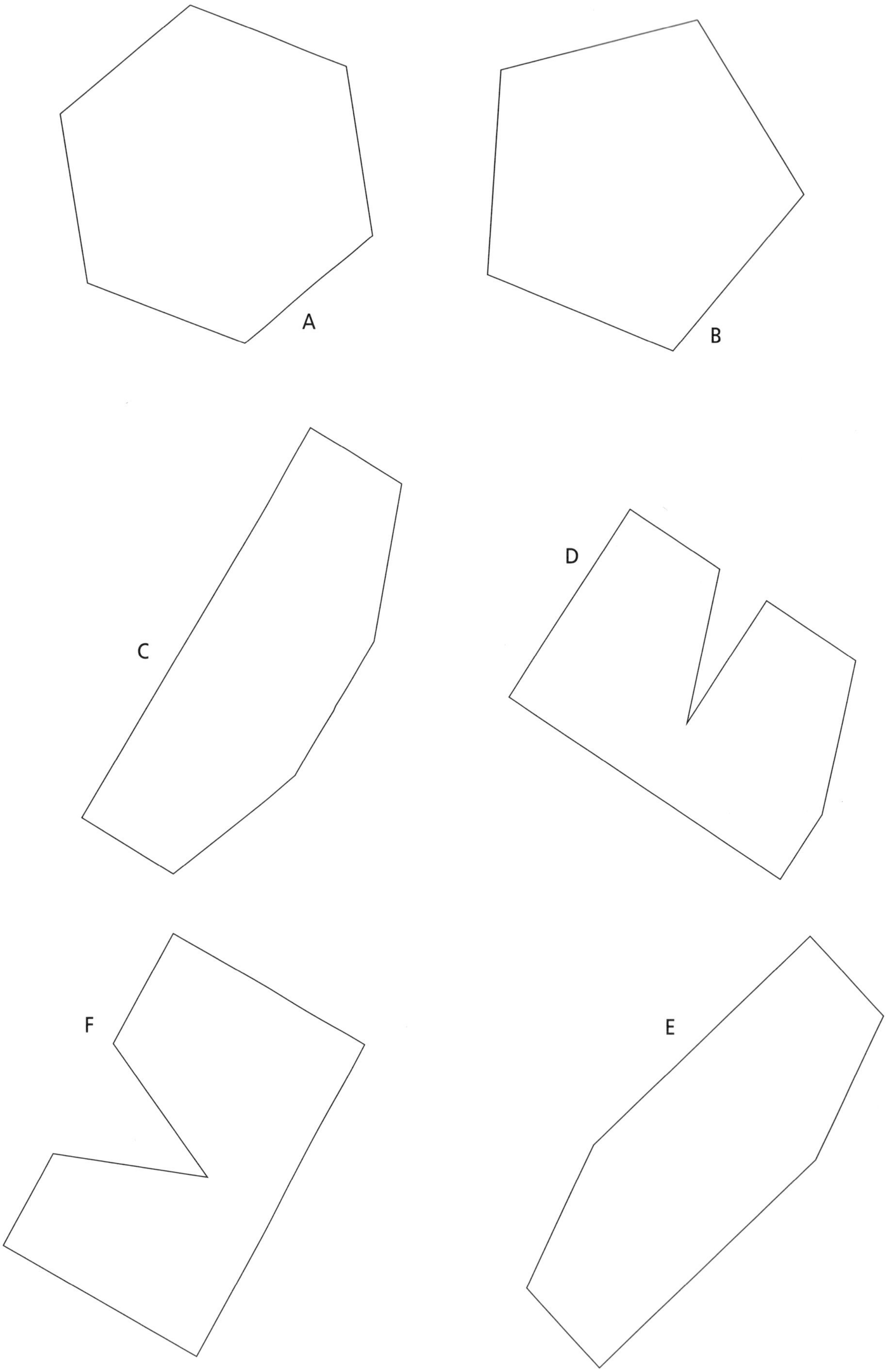

8. Attrape (1)

Fiche 2

Prénoms .... Date ....

Thème 4 **Comparaison**

8. Attrape (1)

Fiche 3

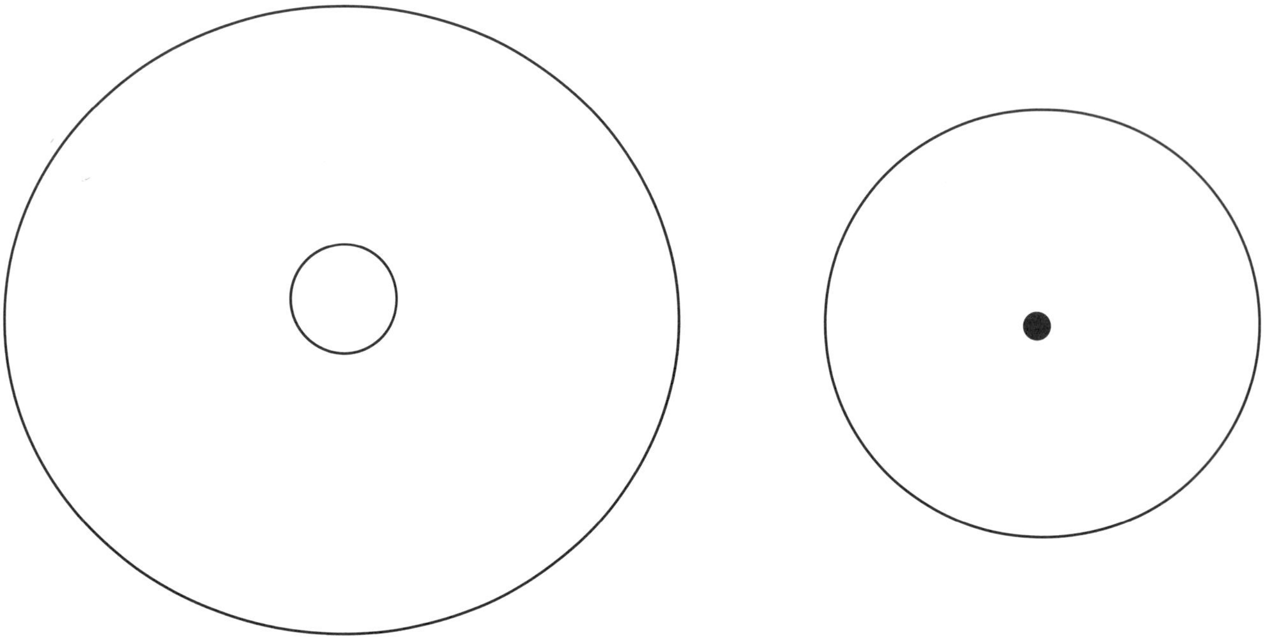

Thème 4 **Comparaison**

8. Attrape (1)

Fiche 3

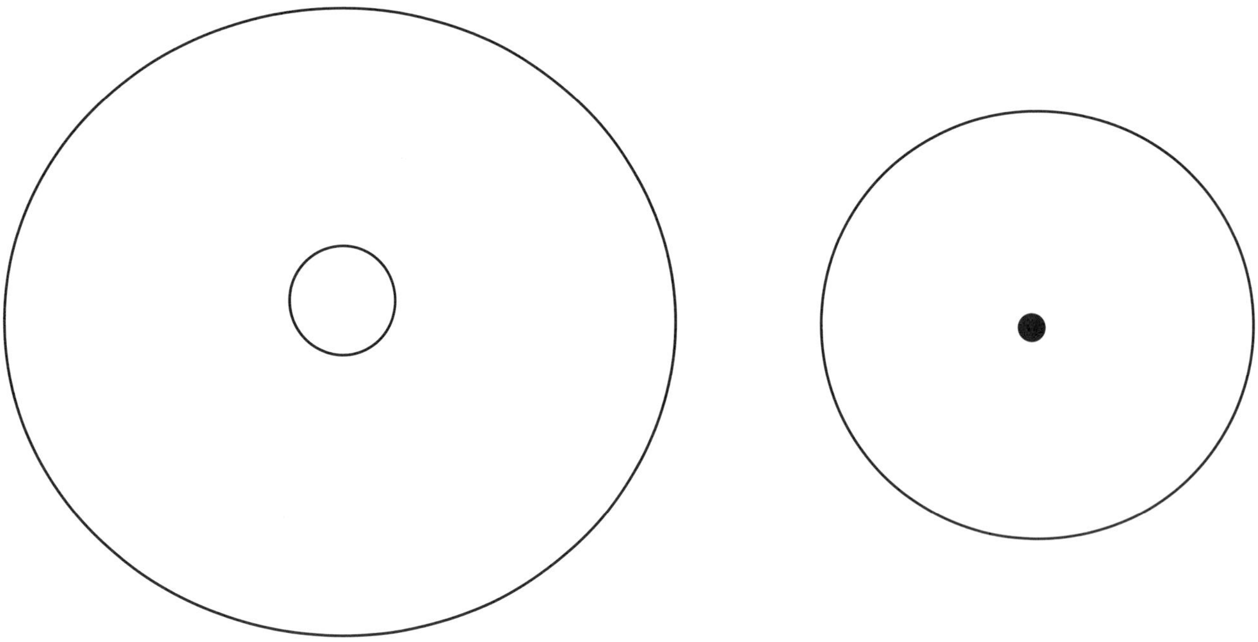

8. Attrape (1)

Fiche 4

Prénom .... Date ....

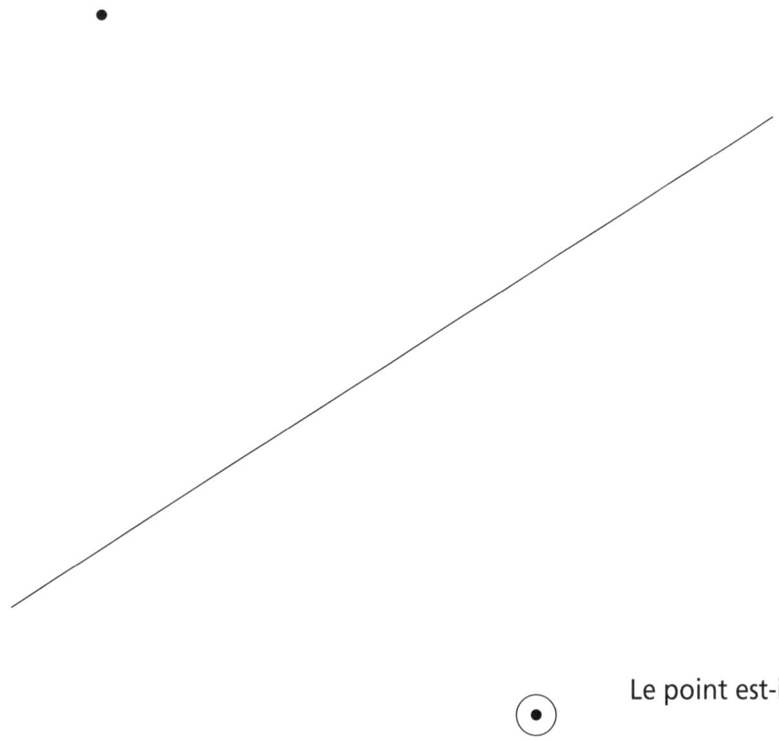

Le point est-il bien placé ?

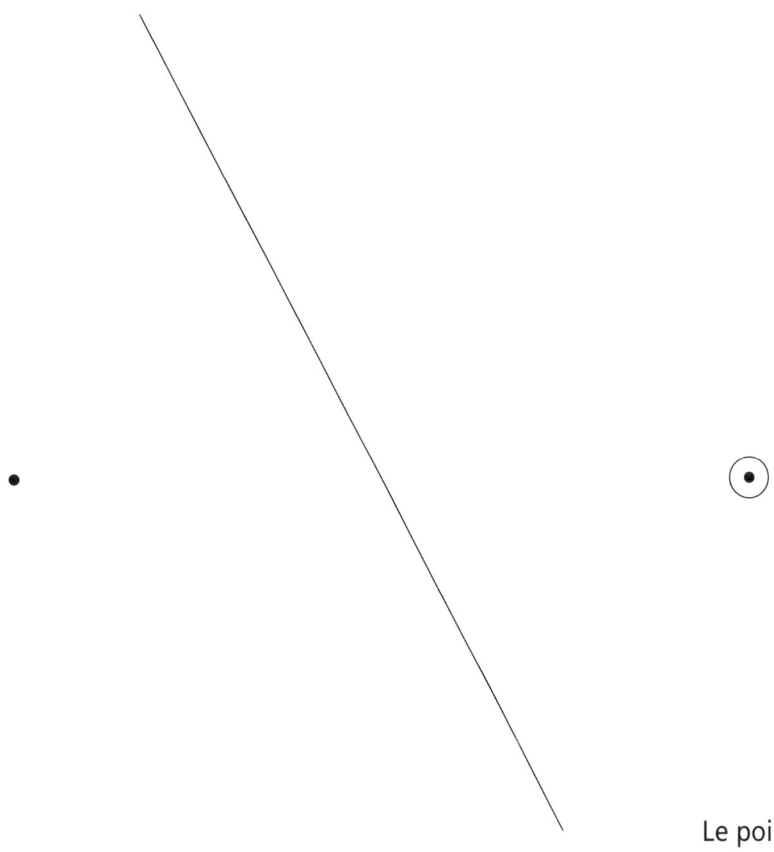

Le point est-il bien placé ?

8. Attrape (1)

Fiche 5

Prénom .... Date ....

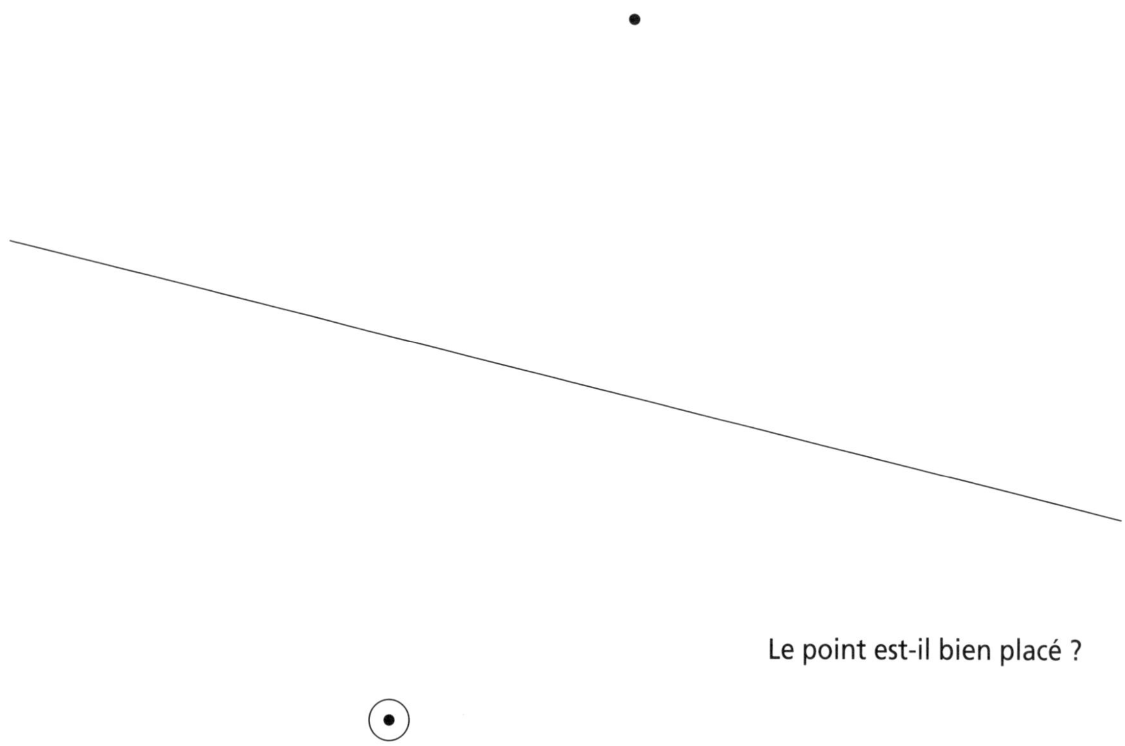

Le point est-il bien placé ?

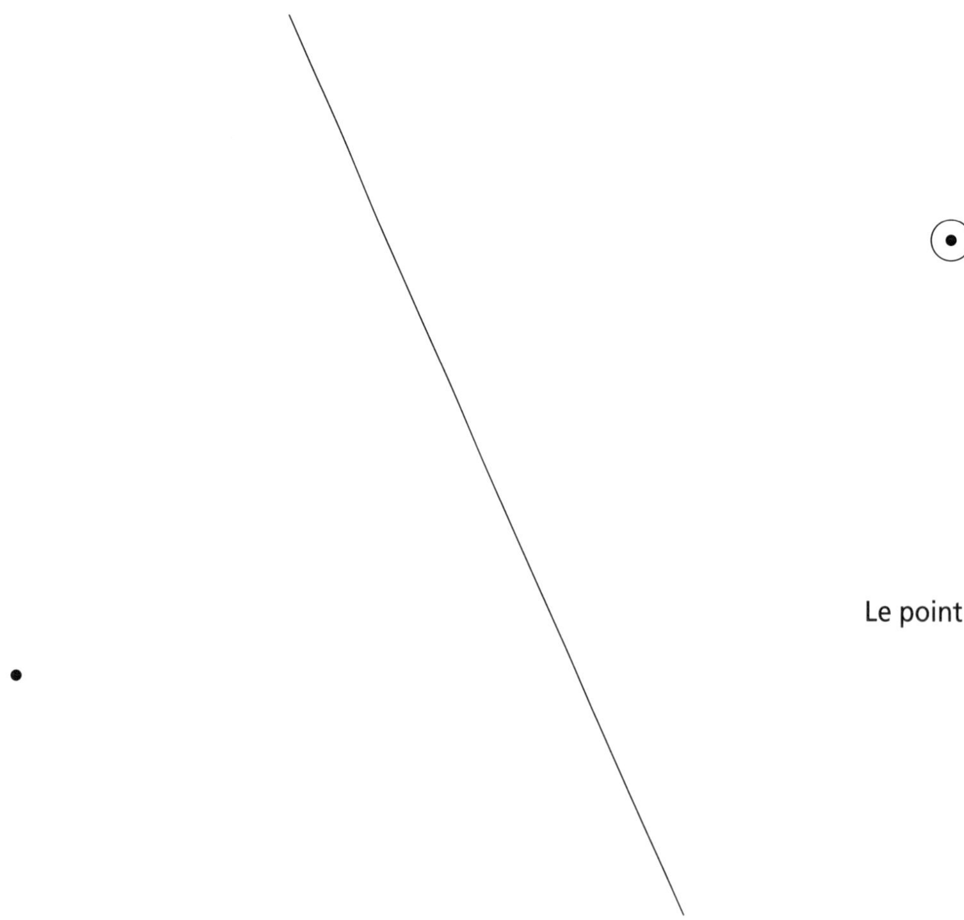

Le point est-il bien placé ?

8. Attrape (1)

Fiche 6

Prénom .... Date ....

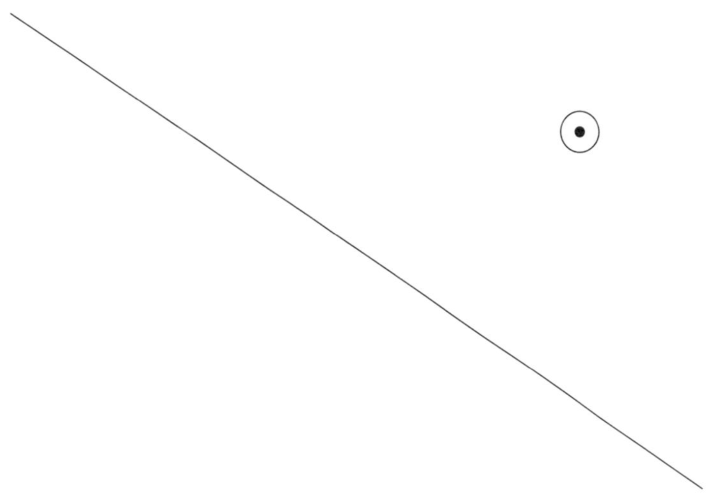

Place bien le point

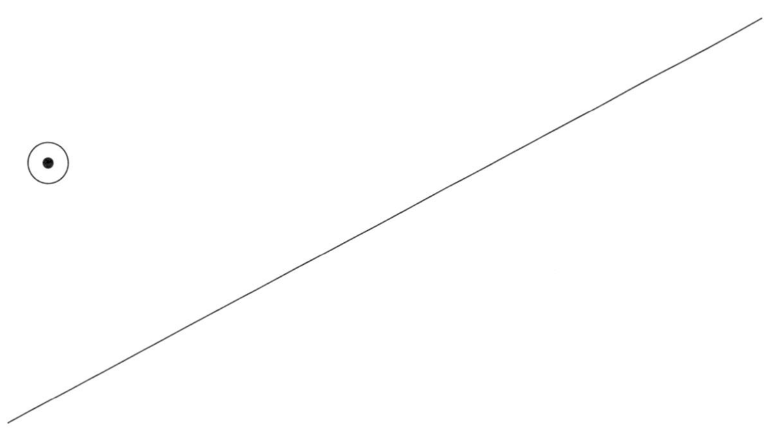

Place bien le point

8. Attrape (1)

Fiche 7

Prénom .... Date ....

Trace un trait
où on doit placer
le géomiroir

Trace un trait
où on doit placer
le géomiroir

9. Pareil, pas pareil ? (2)

Fiche 1

9. Pareil, pas pareil ? (2)

Fiche 2

Prénoms .... Date ....

A

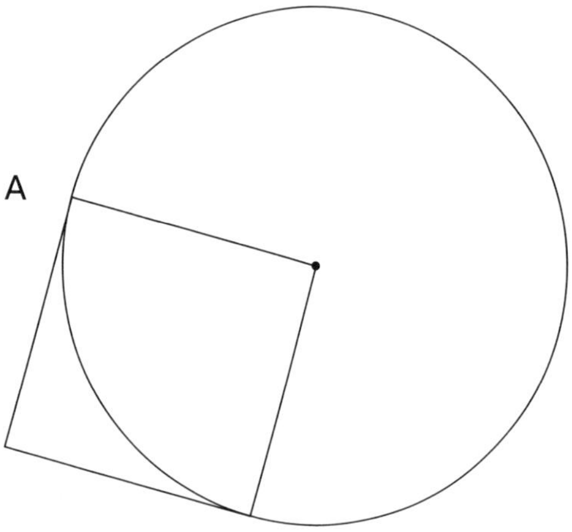

B

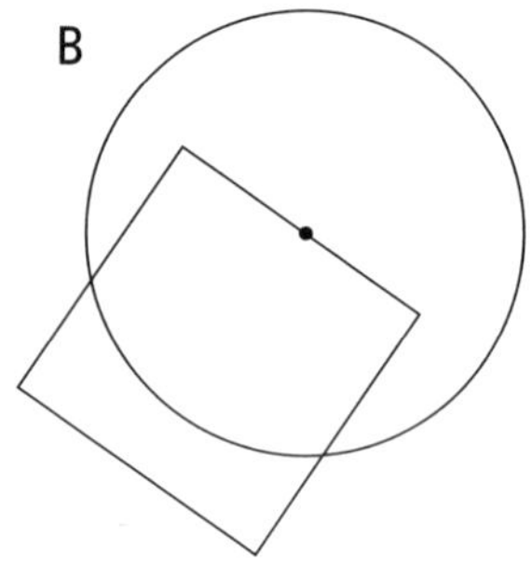

C

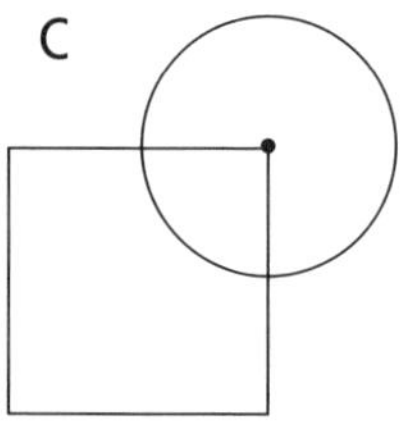

D

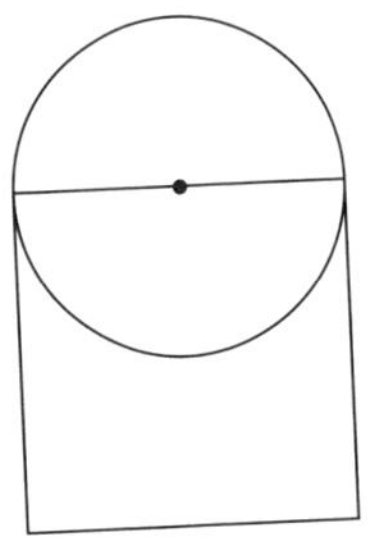

E

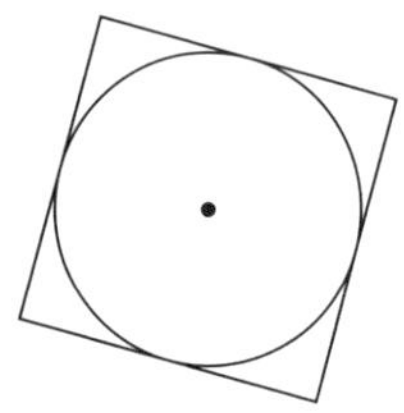

F

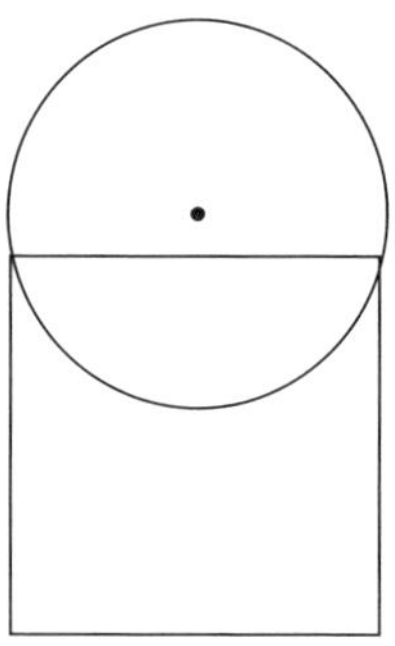

G

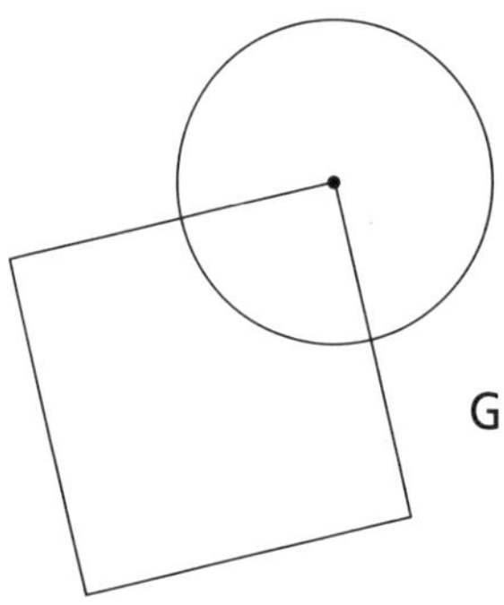

H

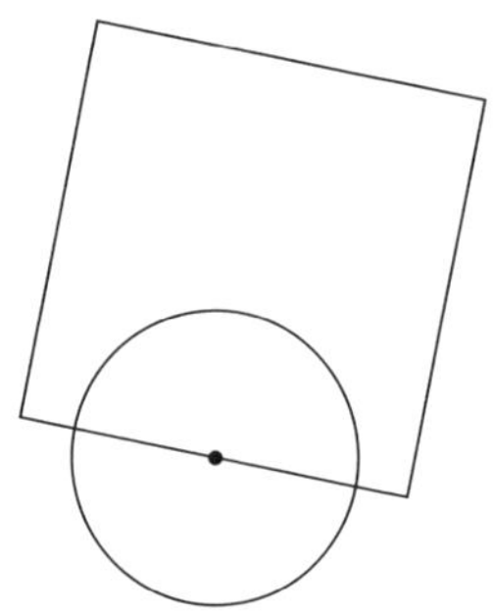

I

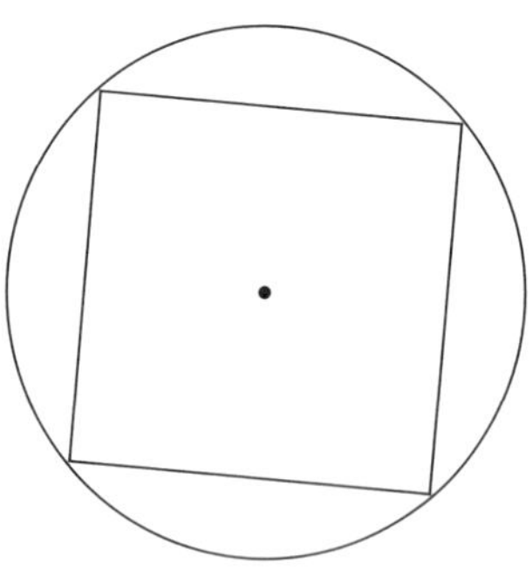

J

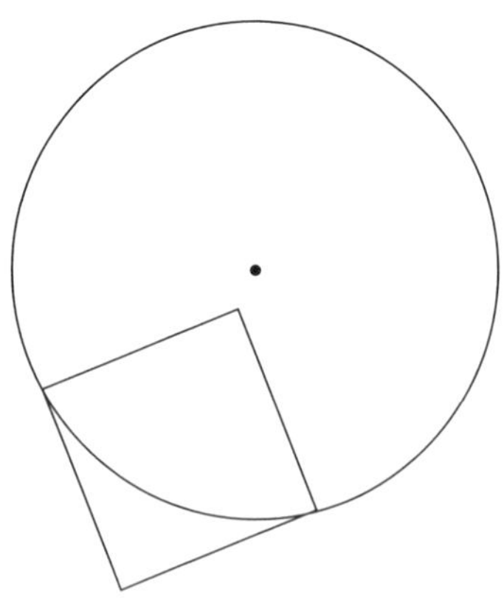

9. Pareil, pas pareil ? (2)

Fiche 3

Prénoms .... Date ....

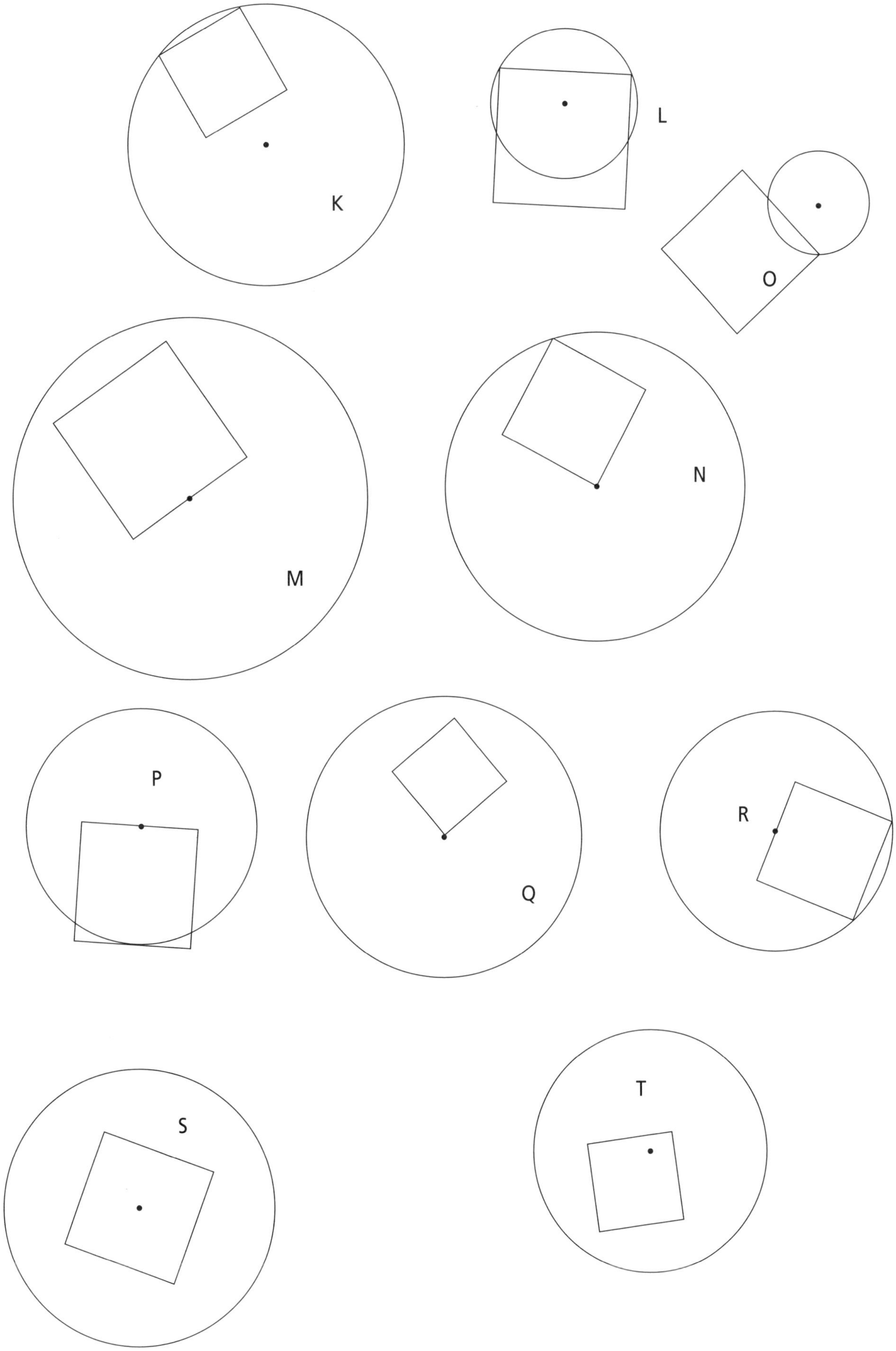

9. Pareil, pas pareil ? (2)

Fiche 4

Prénoms .... Date ....

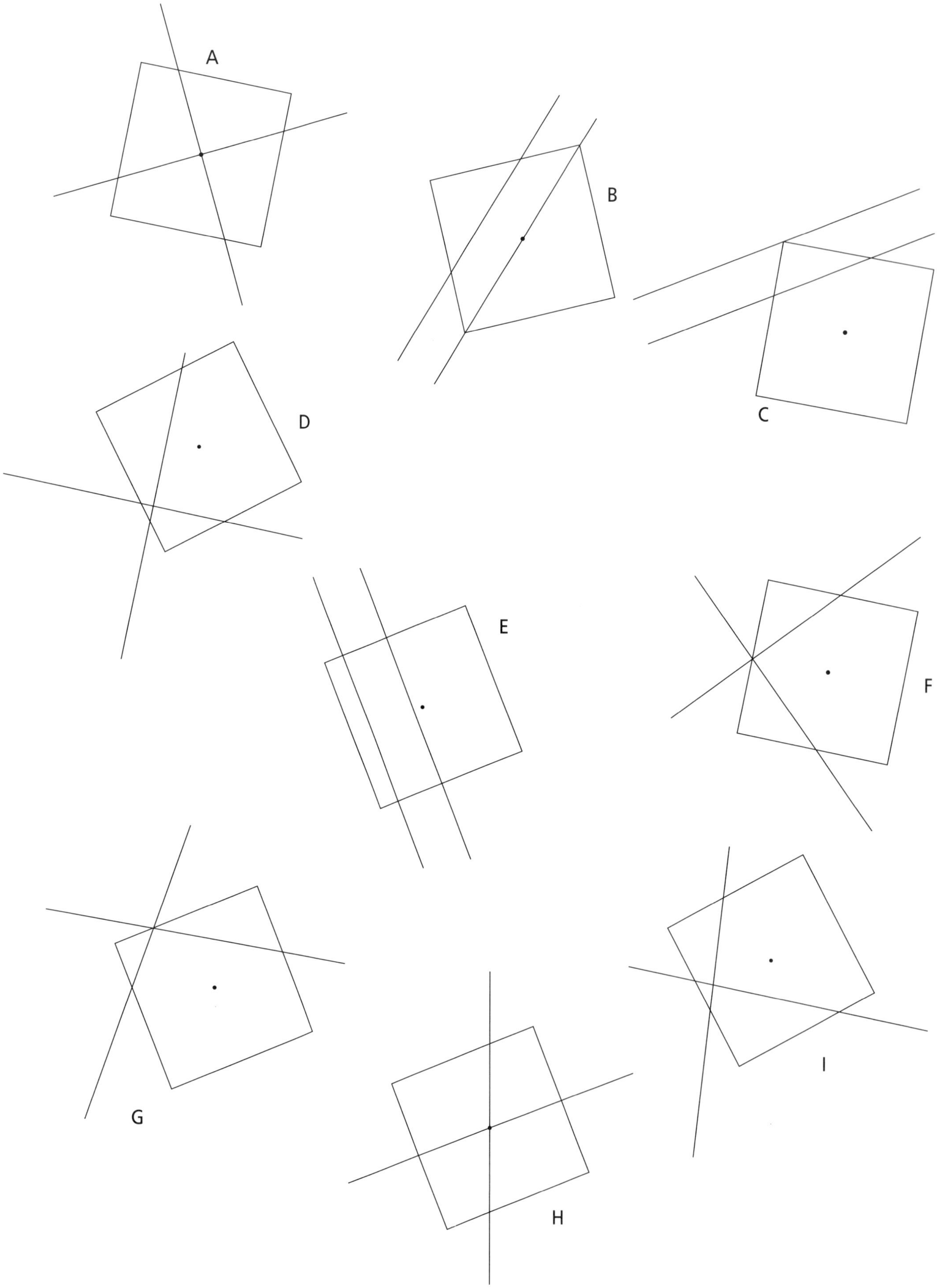

10. Agrandir la drôle de boîte

Fiche 1

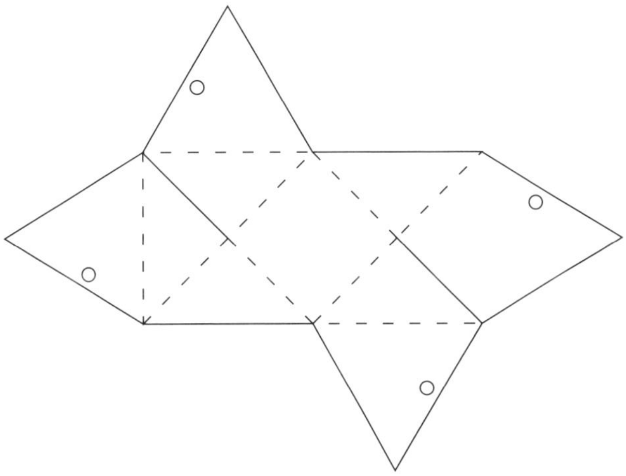

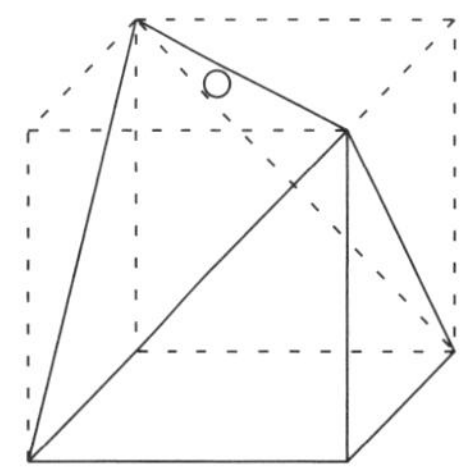

Comment plier et monter la boîte

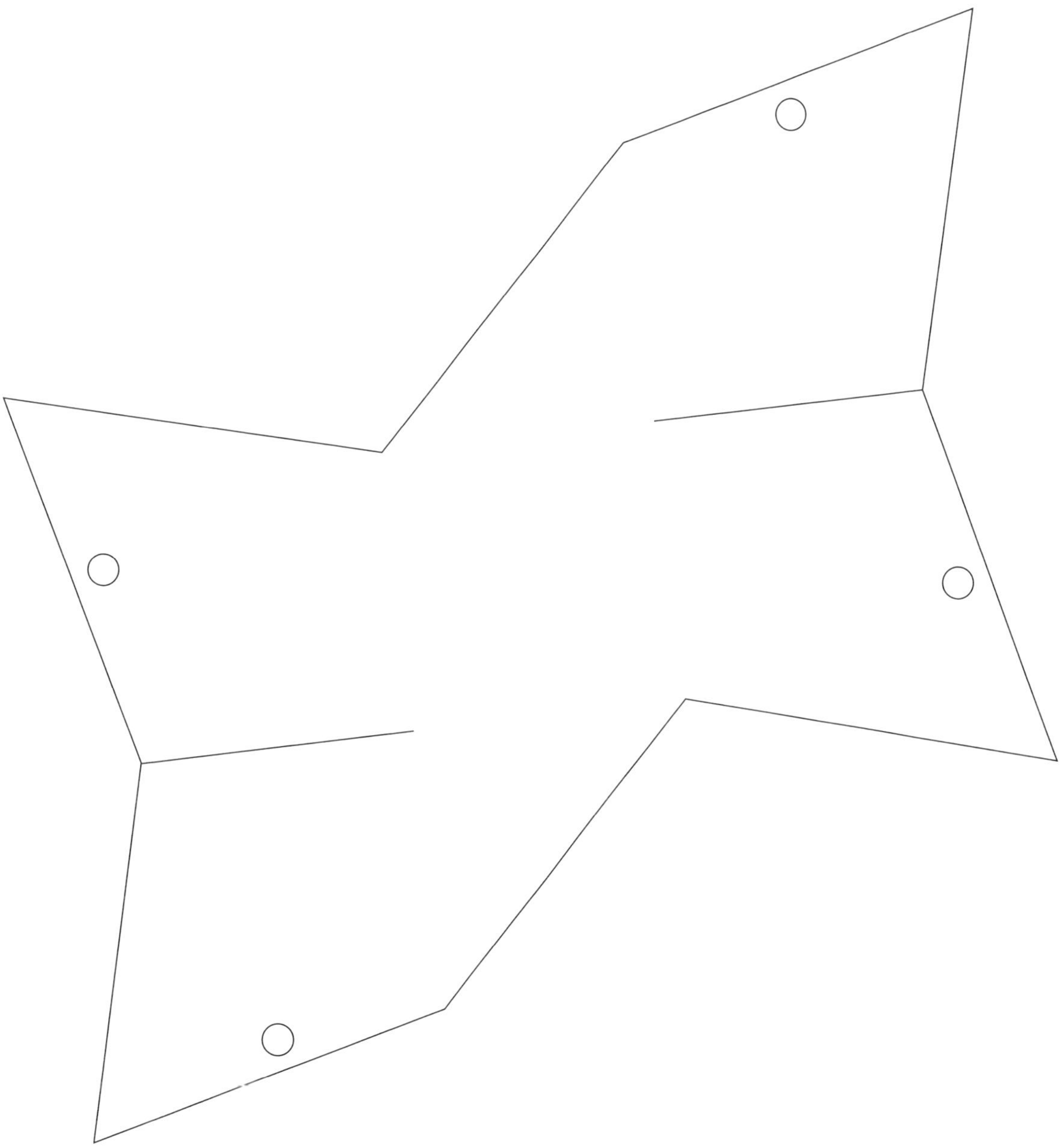

10. Agrandir la drôle de boîte

Fiche 2

Prénom .... Date ....

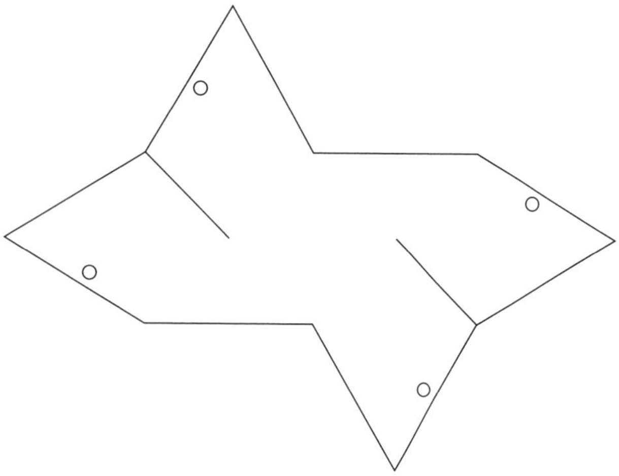
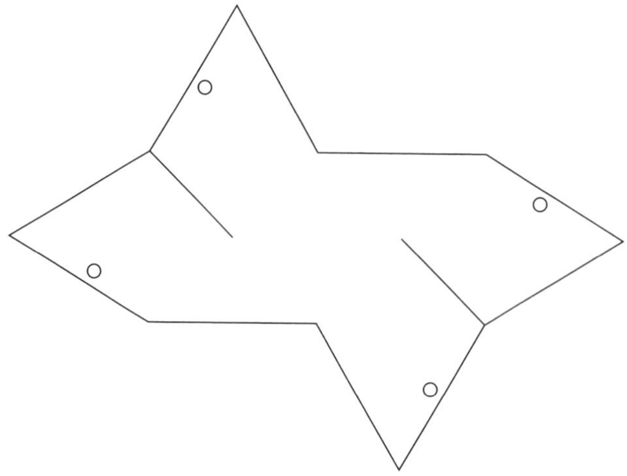
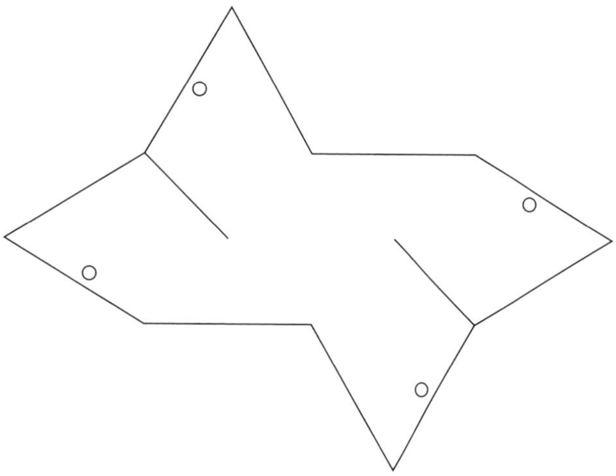
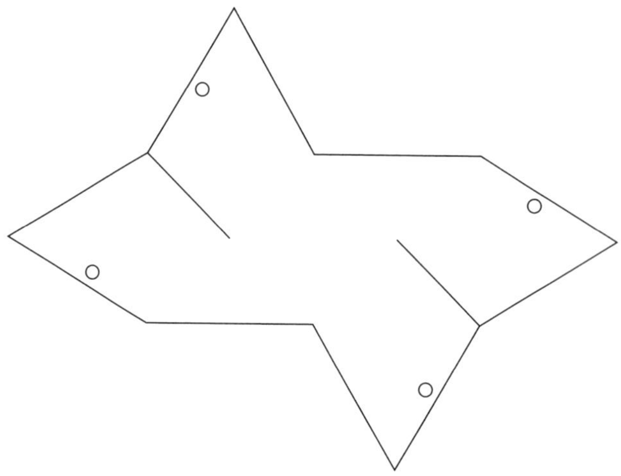
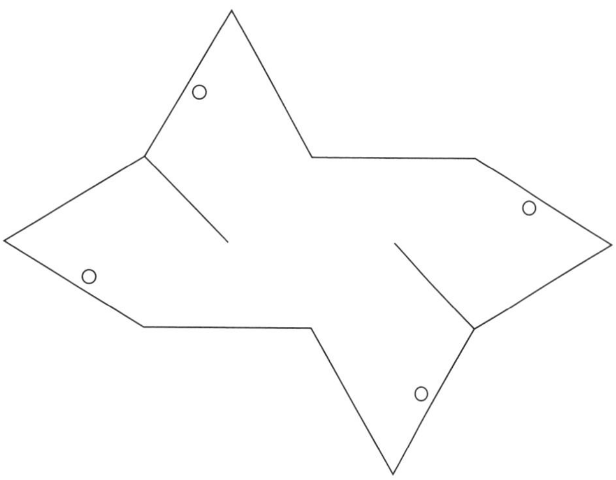
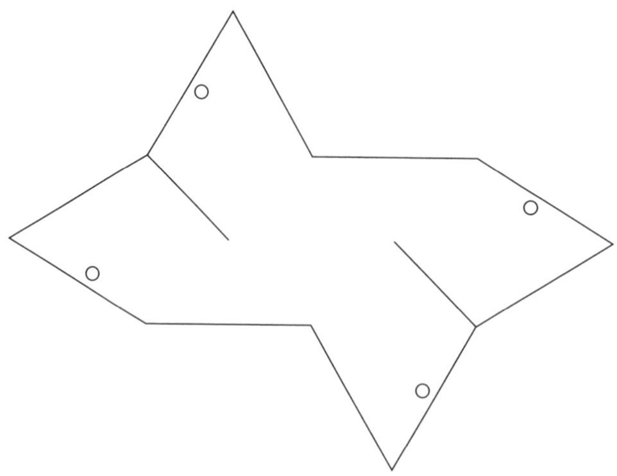

10. Agrandir la drôle de boîte

Fiche 3

Prénom .... Date ....

Le Tangram

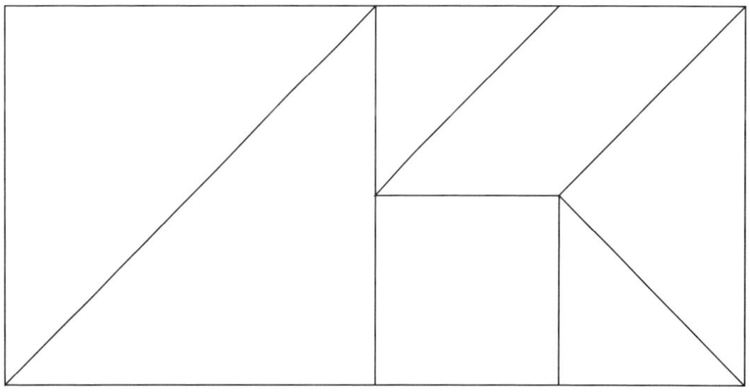

10. Agrandir la drôle de boîte

Fiche 4

Prénom .... Date ....

Le Tangram

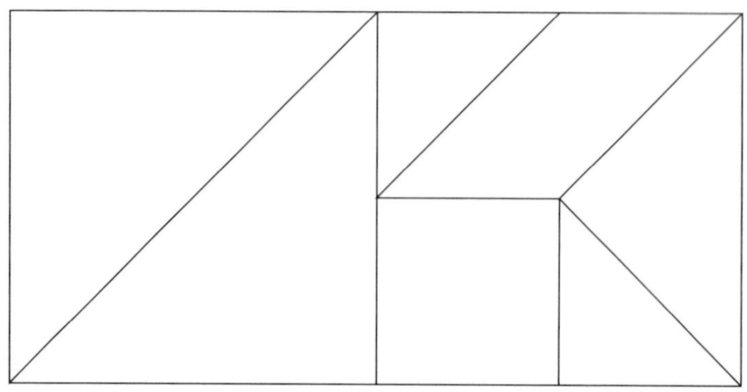

10. Agrandir la drôle de boîte

Fiche 5

Prénom .... Date ....

Le Brise-croix

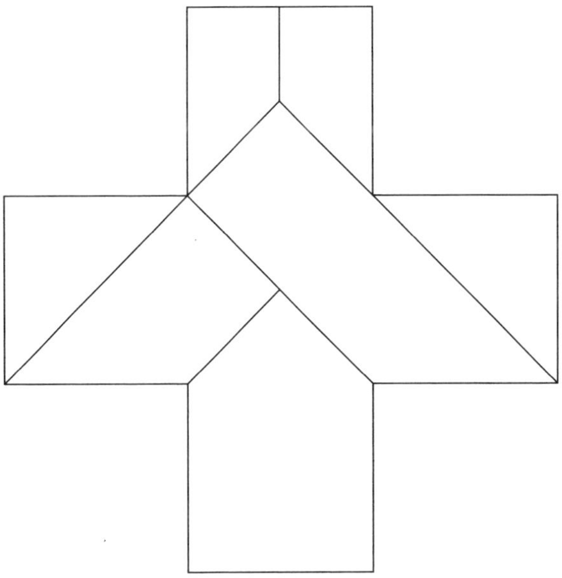

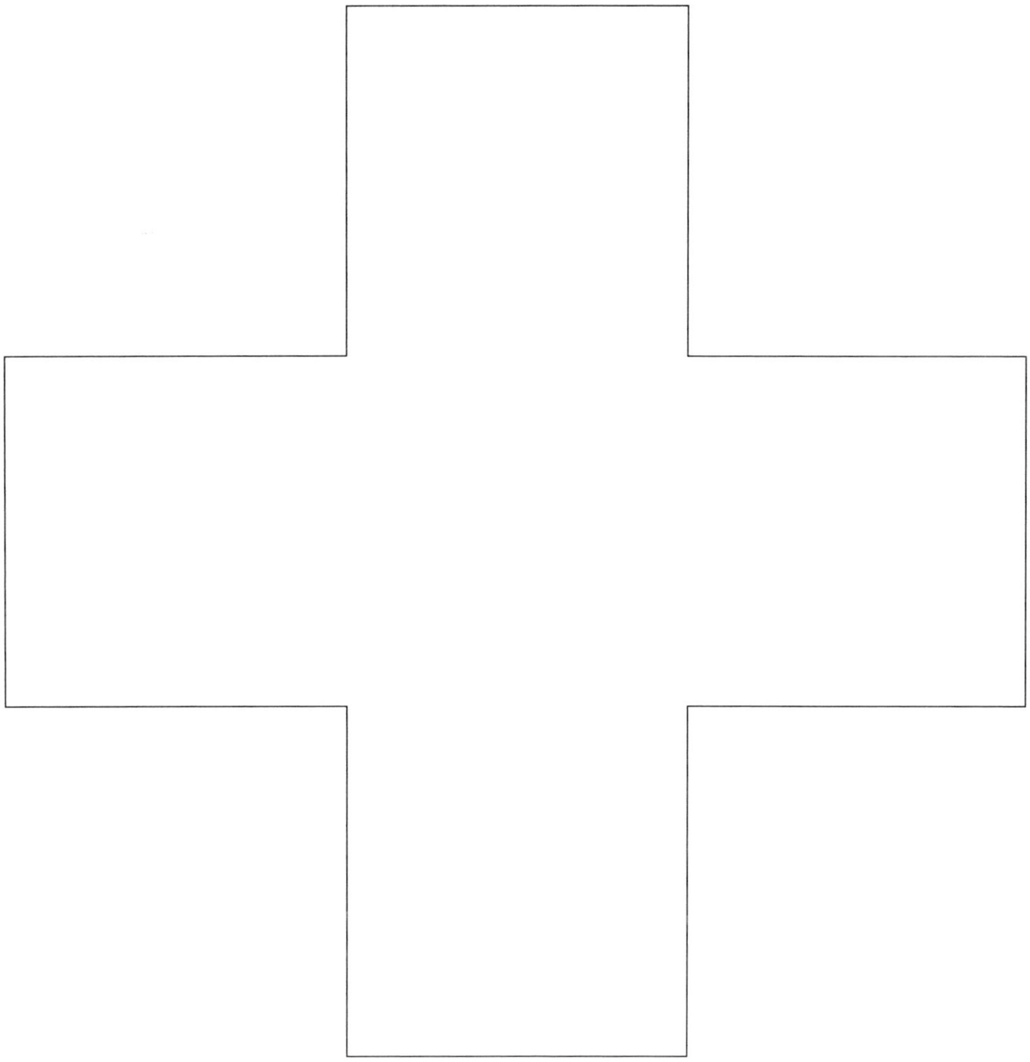

10. Agrandir la drôle de boîte

Fiche 6

Prénom .... Date ....

Le Brise-croix

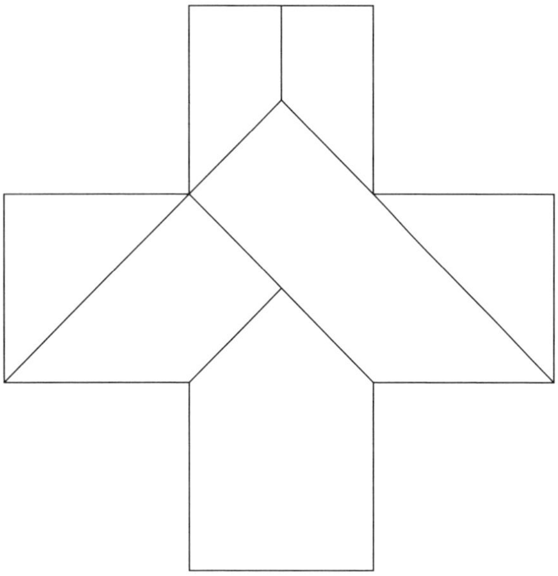

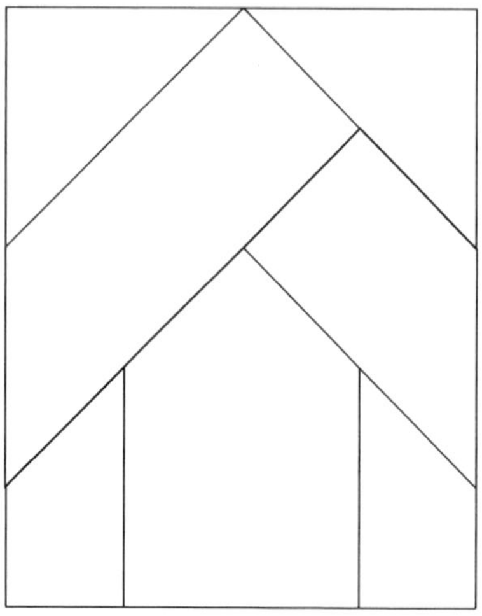

11. Attrape (2)

Fiche 1

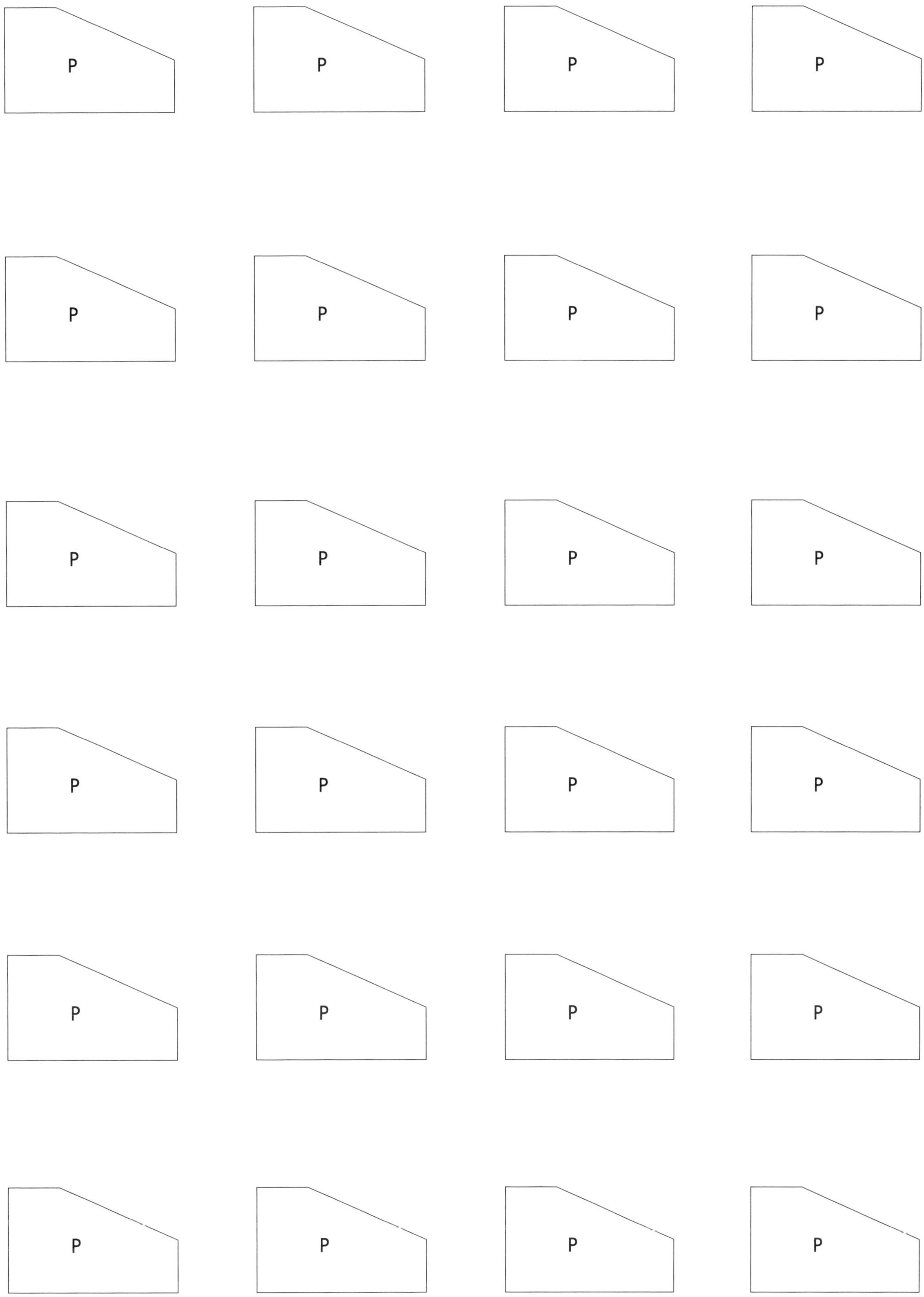

11. Attrape (2)

Fiche 2

Prénoms .... Date ....

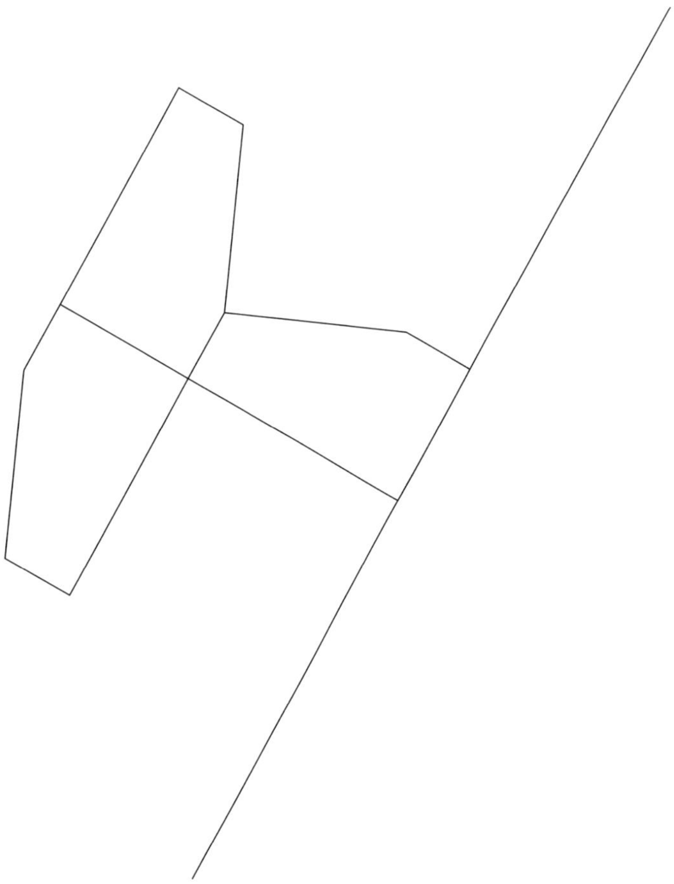

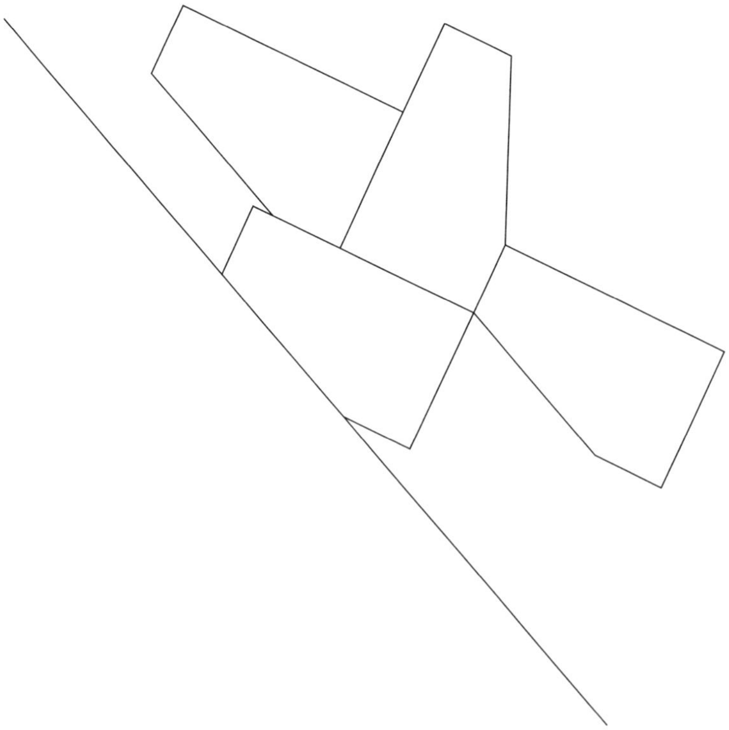

11. Attrape (2)

Fiche 3

Prénom .... Date ....

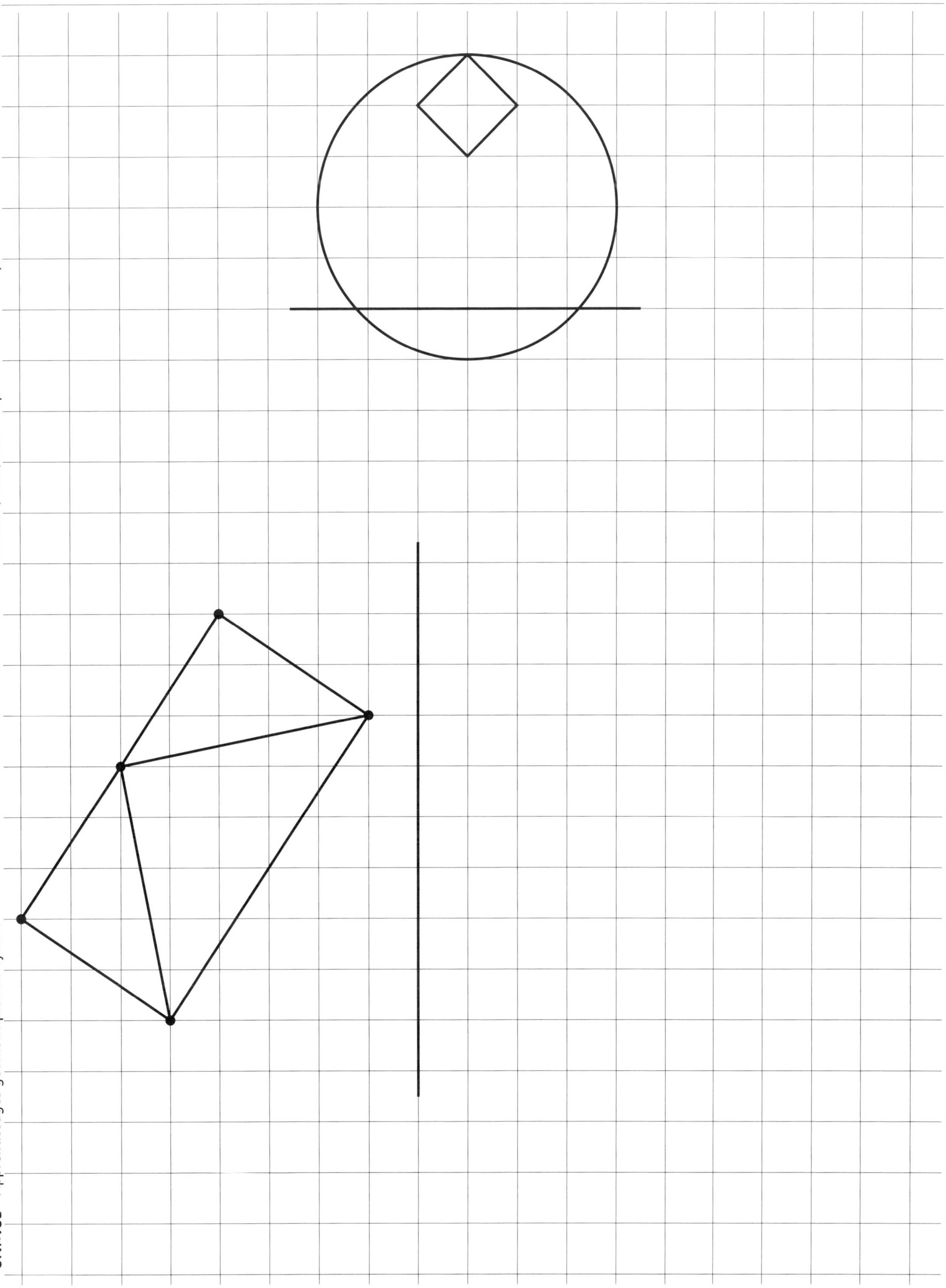

11. Attrape (2)

Fiche 4

Prénom .... Date ....

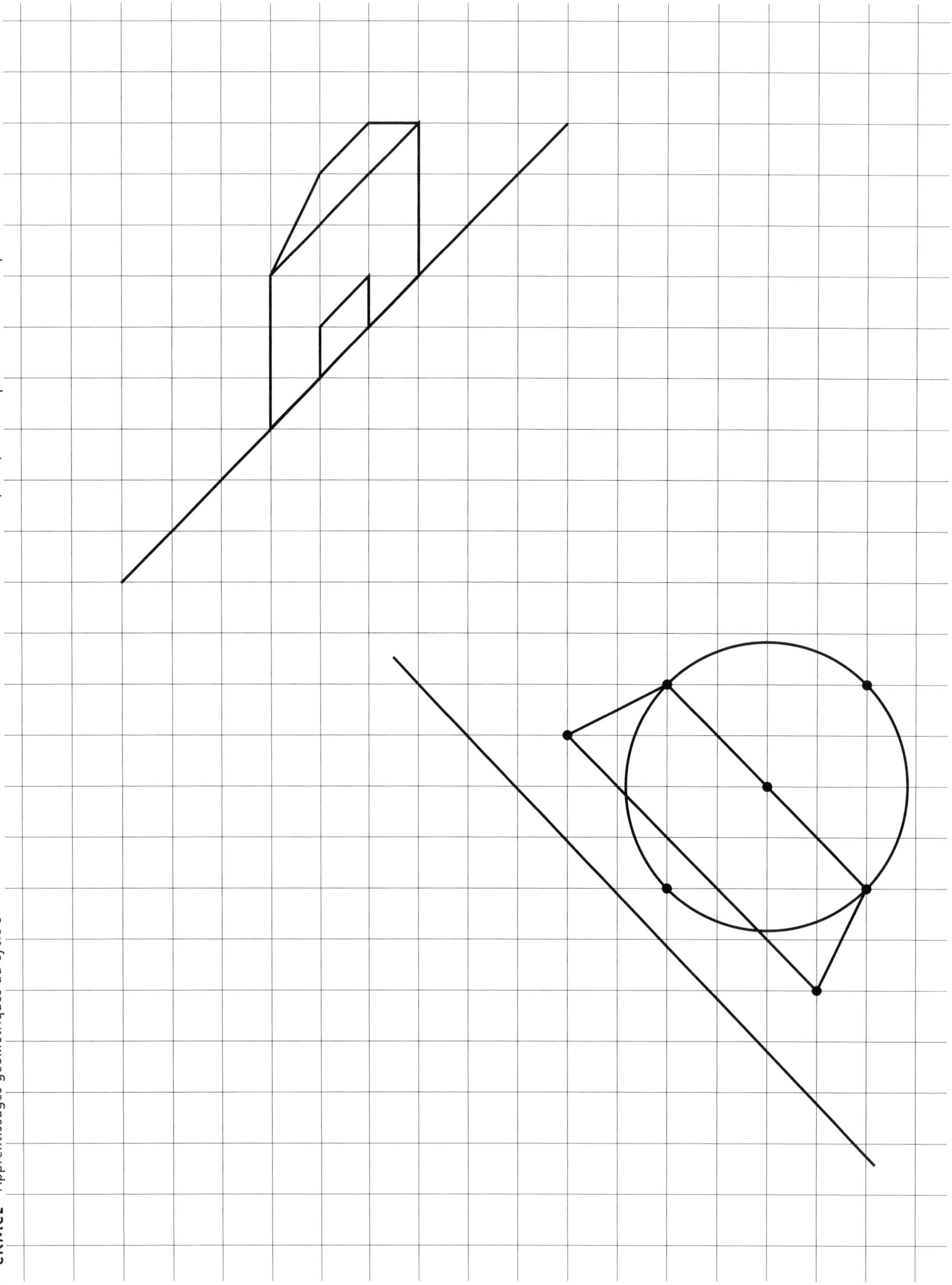

11. Attrape (2)

Fiche 5

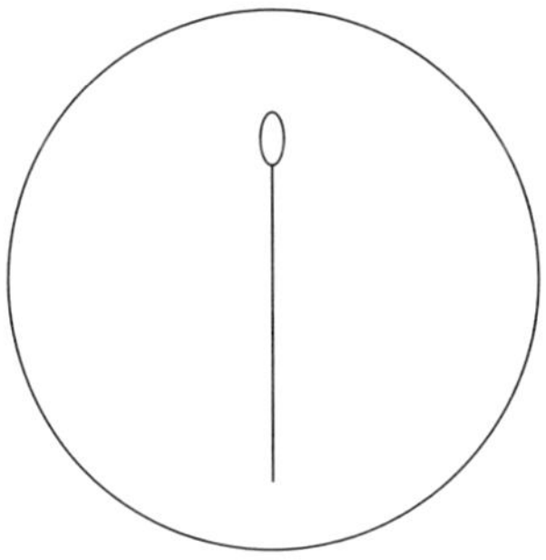

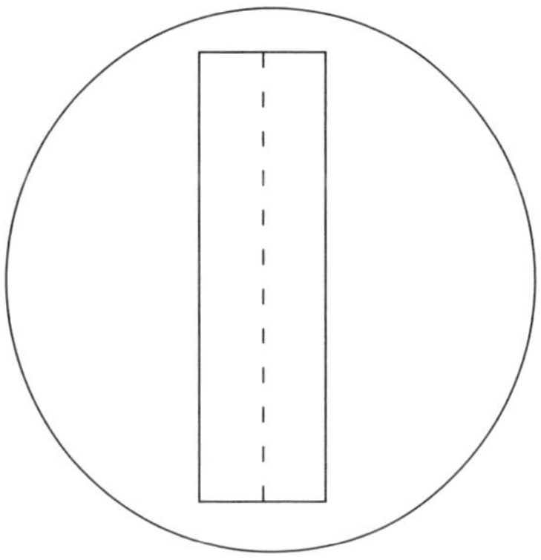

Thème 4 **Comparaison**

11. Attrape (2)

Fiche 5

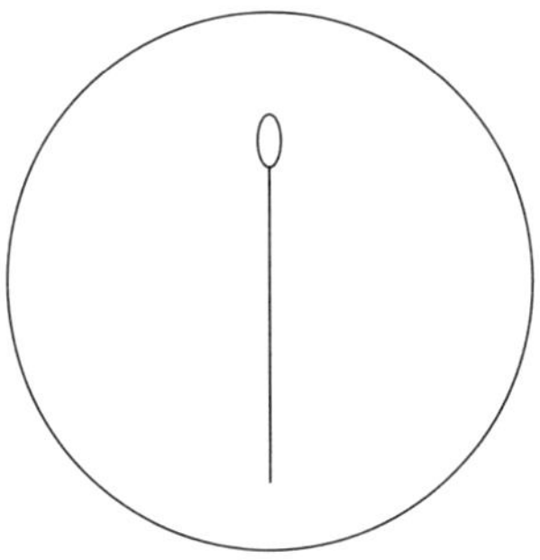

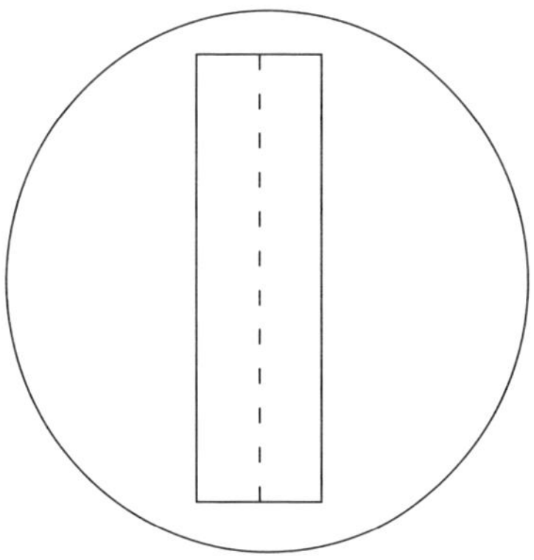

11. Attrape (2)

Fiche 6

Prénom .... Date ....

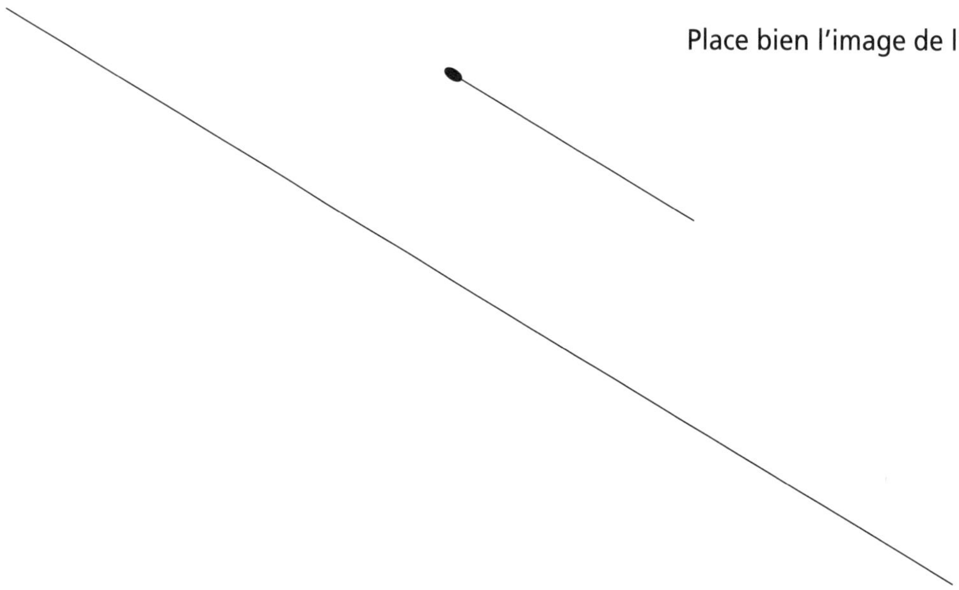

Place bien l'image de l'allumette

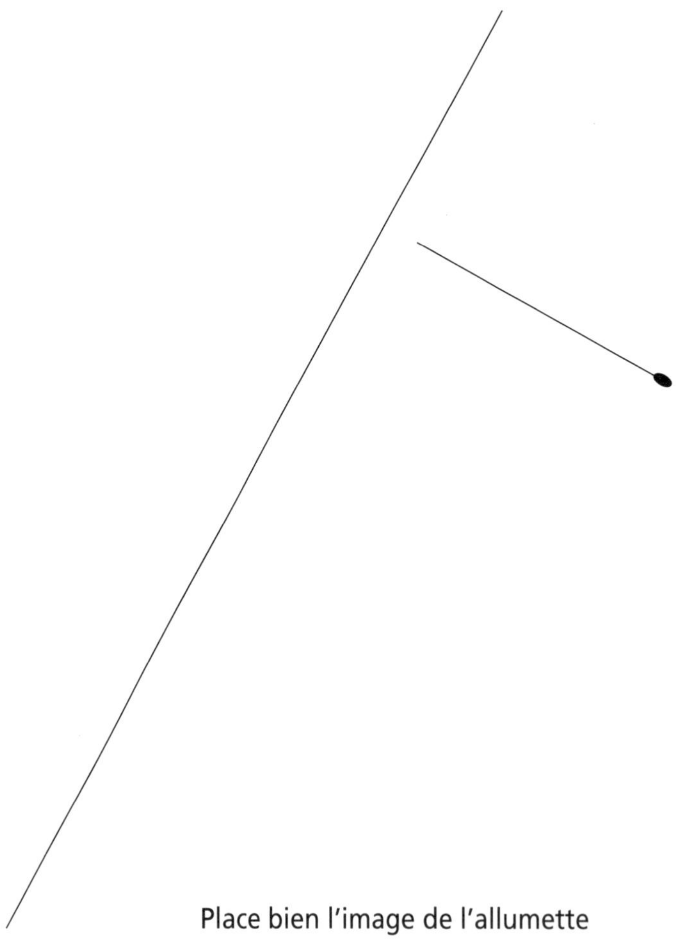

Place bien l'image de l'allumette

11. Attrape (2)

Fiche 7

Prénom .... Date ....

Place bien l'image de l'allumette

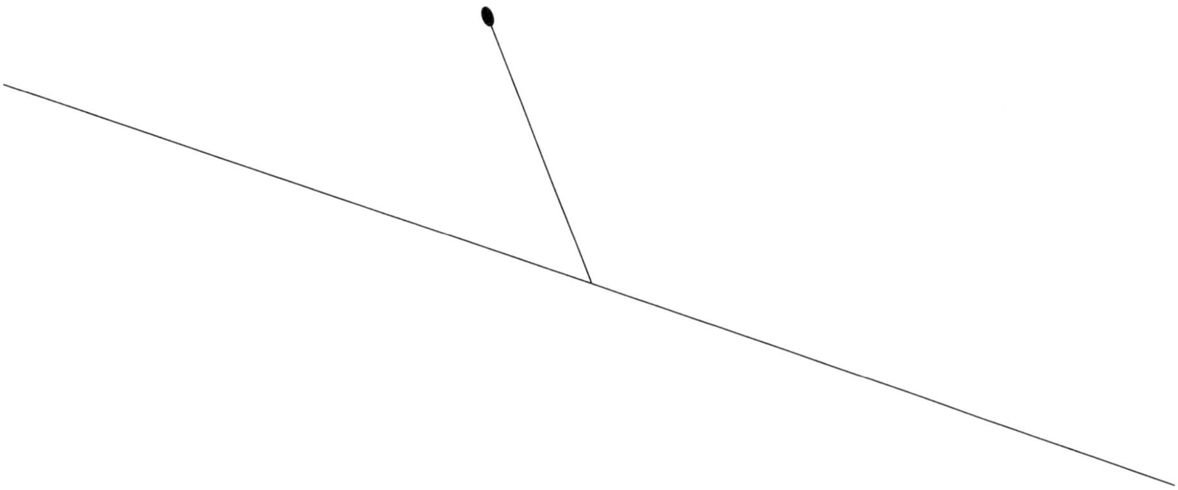

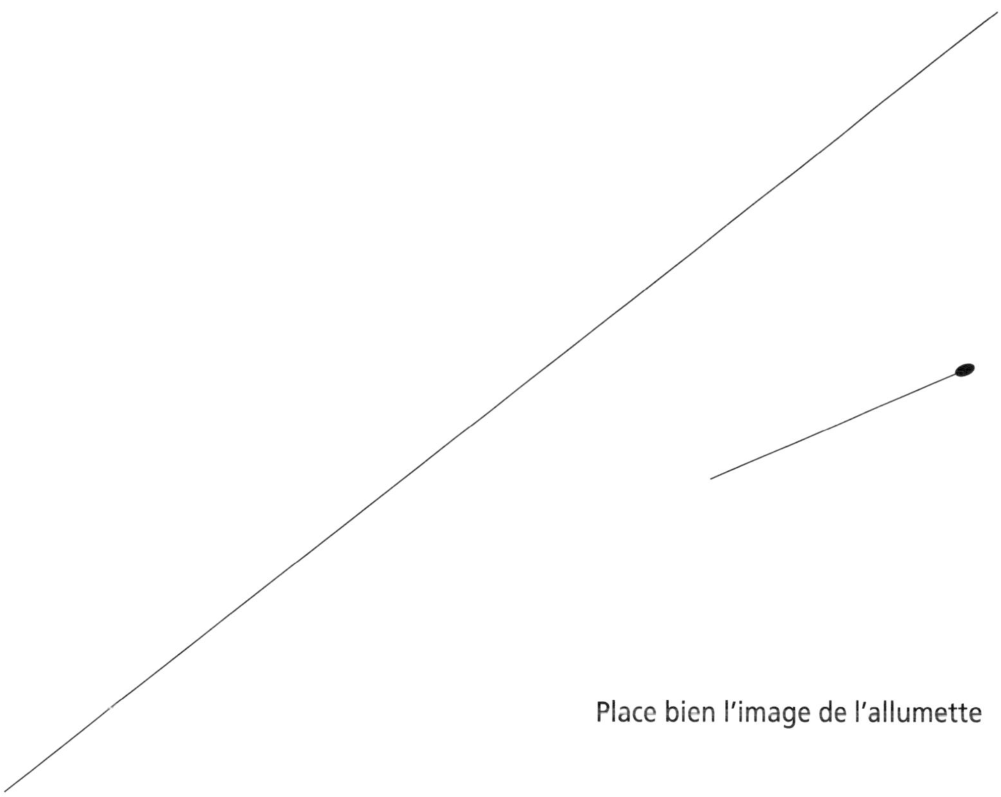

Place bien l'image de l'allumette

Thème 5

Figures du plan (objets 2D)

1. Deviner la figure

Fiche 1

Prénom .... Date ....

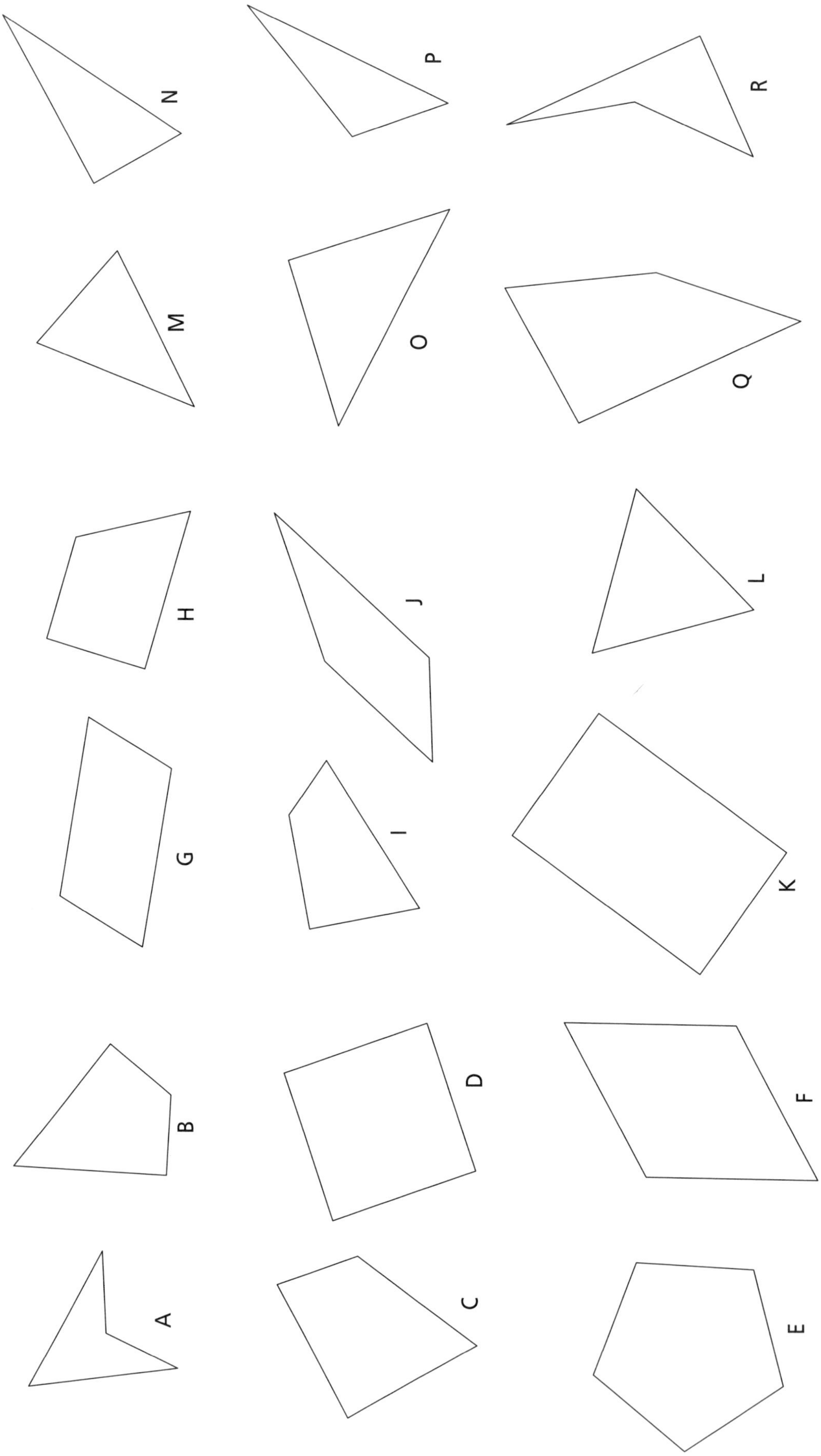

2. Tout un programme

Fiche 1

Prénom .... Date ....

Énoncé

1. Trace un segment AH de longueur 6 cm.
2. Trace le cercle de centre A et de rayon 6 cm.
3. Trace la droite d passant par H et perpendiculaire au segment AH.
4. Place un point B sur la droite d, à 4 cm de H.
5. Trace le cercle de centre H et de rayon le segment HB.
6. Marque les points I et J, intersections des deux cercles.
7. Marque le point L, intersection du cercle de centre H et du segment AH.
8. Place le point M tel que le segment LM soit un diamètre du cercle de centre H.

Observe bien le dessin obtenu et réponds aux questions suivantes :
Le quadrilatère AIMJ est-il un losange ? Pourquoi ?

Dessin à obtenir

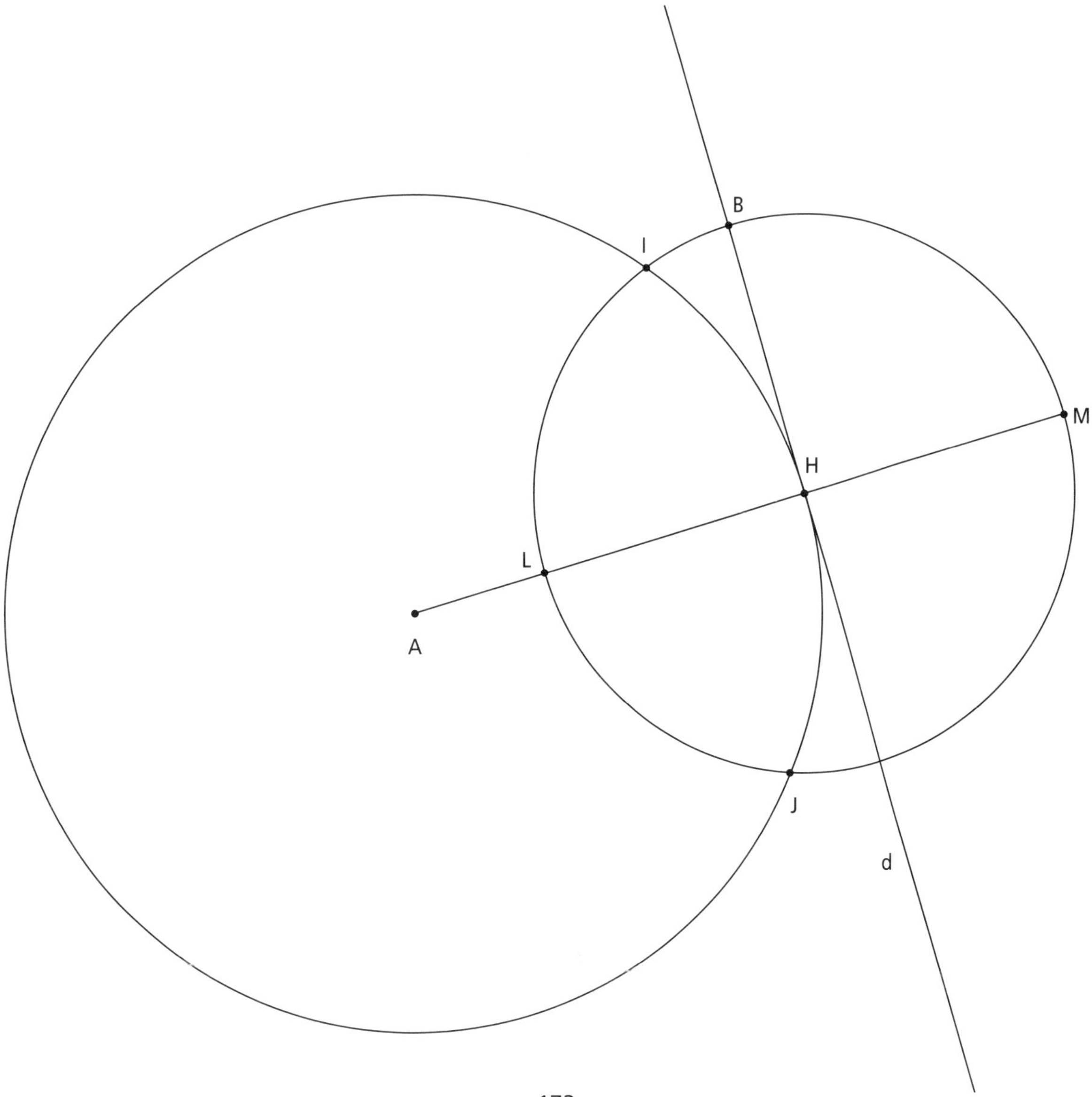

2. Tout un programme

Fiche 2

Prénom .... Date ....

Énoncé

1. Trace un carré de 8 cm de côté.
2. Place les milieux de chacun des côtés.
3. Joins ces milieux pour obtenir un nouveau quadrilatère.
4. Continue la construction en suivant le procédé : « Place les milieux de chacun des côtés et joins-les pour obtenir un nouveau quadrilatère » jusqu'à ce que tu obtiennes un quadrilatère dont tous les côtés mesurent 1 cm.

Combien de quadrilatères as-tu tracés ?
Observe bien le dessin obtenu et écris toutes les propriétés que tu remarques sur ton cahier de brouillon.

Dessin à obtenir

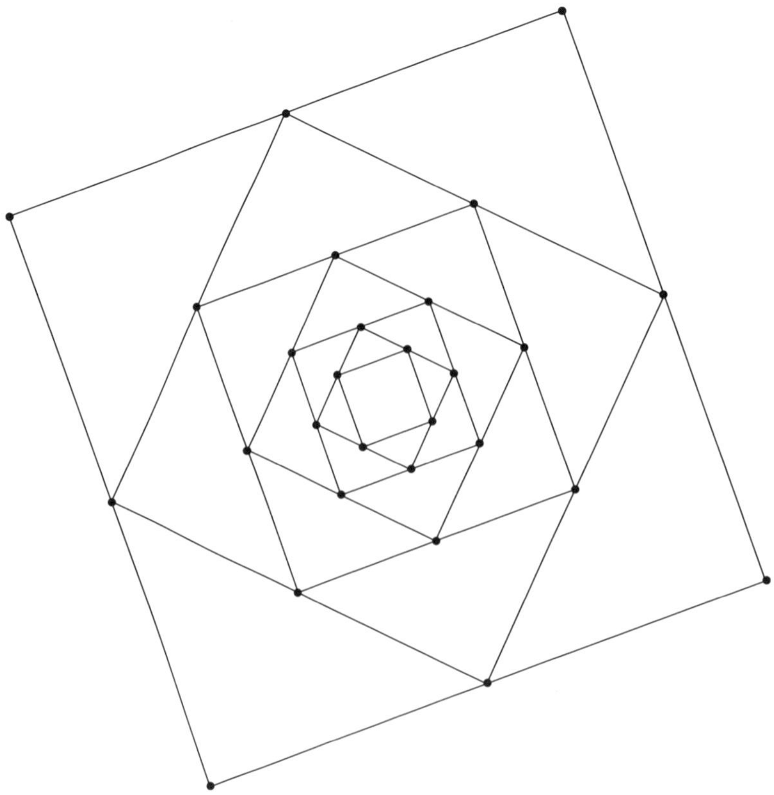

2. Tout un programme

Fiche 3

Prénom .... Date ....

Voici un programme de construction et trois dessins. Tu dois retrouver celui (ceux) qui correspond(ent) au programme.

1. Place un point O sur ta feuille.
2. Trace un cercle de centre O.
3. Trace un diamètre de ce cercle et nomme ses extrémités A et B.
4. Place un point M sur ce cercle de centre O et trace le triangle AMB.
5. Trace la droite MO ; elle coupe le cercle de centre O en un point N.
6. Trace le cercle de centre A passant par N et le cercle de centre B passant par N.

Dessin 1

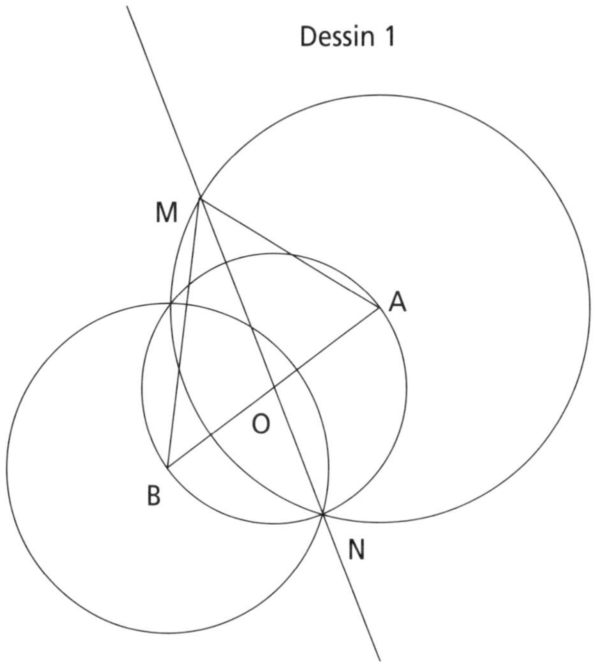

Dessin 2

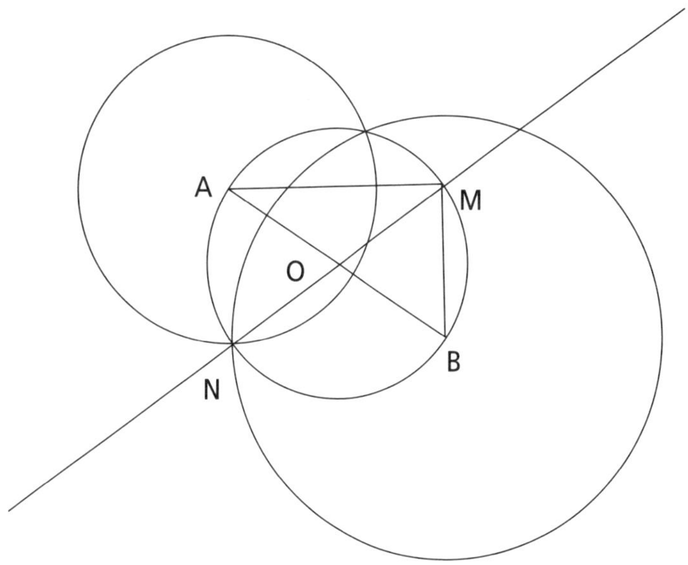

Dessin 3

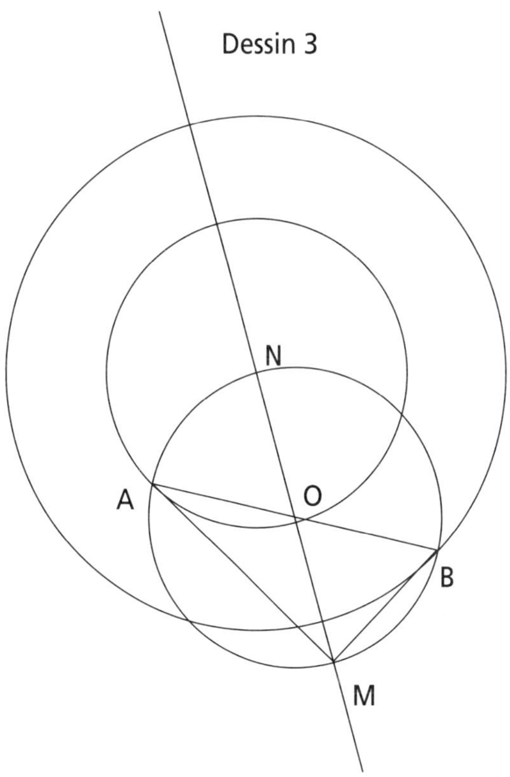

2. Tout un programme

Fiche 4

Prénom .... Date ....

Message 1 1. Trace un segment AB de 2 cm de long. 2. Trace un segment AC de 2 cm de long, perpendiculaire au segment AB. 3. Trace un segment BD de 2 cm de long, perpendiculaire au segment AB, en plaçant D du même côté que C par rapport au segment AB. 4. Joins les points C et D.	Dessin a 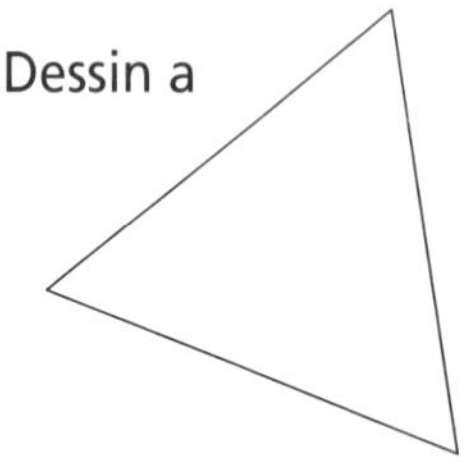
Message 2 1. Trace un carré dont les côtés ont pour longueur 1 cm. 2. Sur chacun des côtés, construis un autre carré. 3. Efface le premier carré.	Dessin b 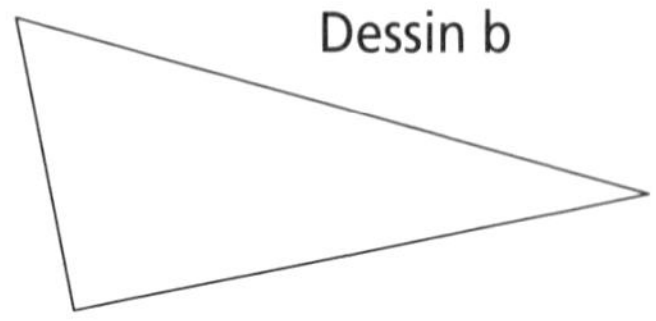
Message 3 1. Trace un segment AB de 3 cm de long. 2. Trace un segment AC de 1,5 cm de long, perpendiculaire au segment AB. 3. Trace un segment BD de 1,5 cm de long, perpendiculaire au segment AB, en plaçant D du même côté que C par rapport au segment AB. 4. Joins les points C et D.	Dessin c 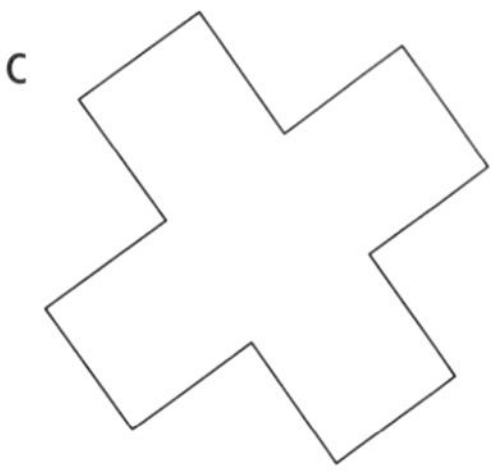
Message 4 1. Trace un segment AB de 3 cm de long. 2. Trace un demi-cercle de centre A et de rayon 3 cm au-dessus de la droite AB. 3. Trace un demi-cercle de centre B et de rayon 3 cm au-dessus de la droite AB. Ces deux cercles se coupent en un point que l'on appelle C. 4. Joins les points A et B au point C et efface les demi-cercles qui ont permis la construction du point C.	Dessin d 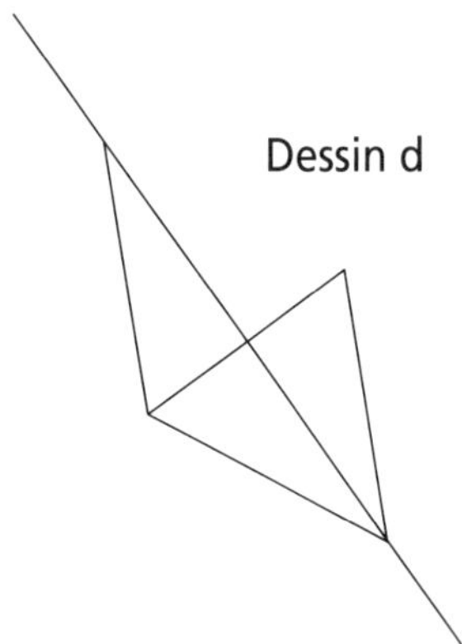
Message 5 1. Trace un segment AB de 4 cm de long. 2. Trace un segment AC de 2 cm de long, perpendiculaire au segment AB. 3. Joins les points C et B.	Dessin e 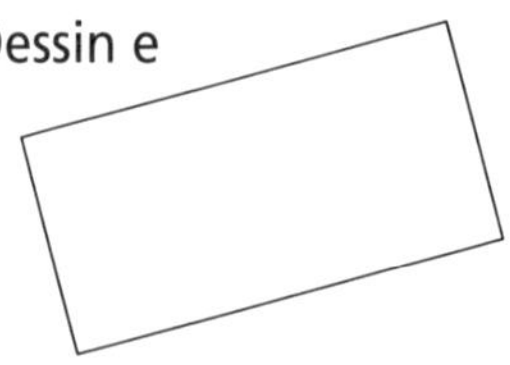
Message 6 1. Trace un segment AB de 2 cm de long. 2. Nomme O le milieu du segment AB. 3. Trace la droite perpendiculaire en O au segment AB. 4. Place sur cette perpendiculaire les points C et D tels que O soit le milieu du segment CD et que ce segment ait pour longueur 4 cm. 5. Joins deux à deux les points A et C, B et D, D et A.	Dessin f 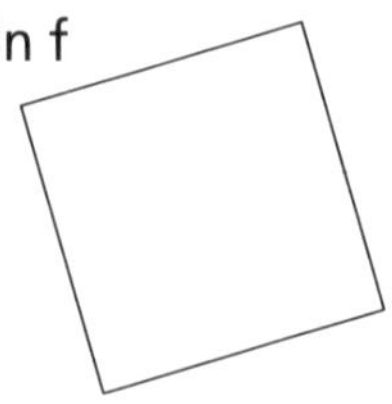

Thème 5 **Figures du plan (objets 2D)**

2. Tout un programme

Fiche 5

Prénom .... Date ....

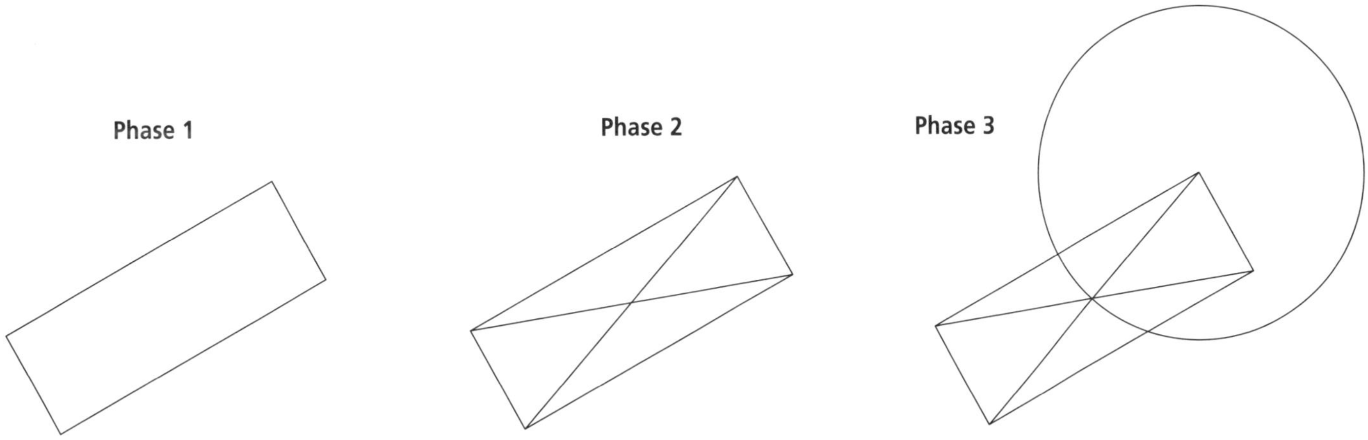

Thème 5 **Figures du plan (objets 2D)**

2. Tout un programme

Fiche 6

Prénom .... Date ....

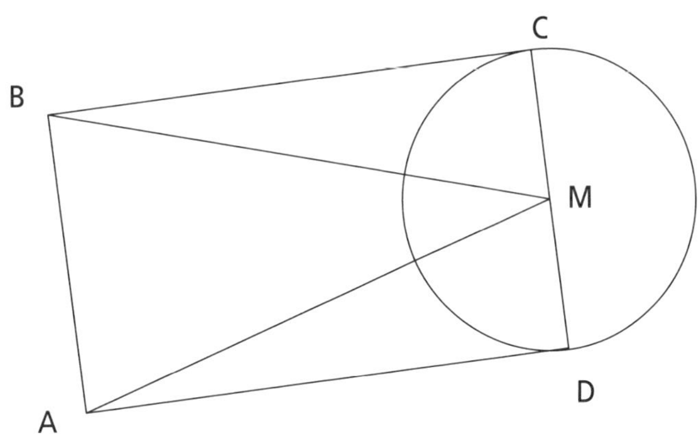

2. Tout un programme

Fiche 7

Prénom .... Date ....

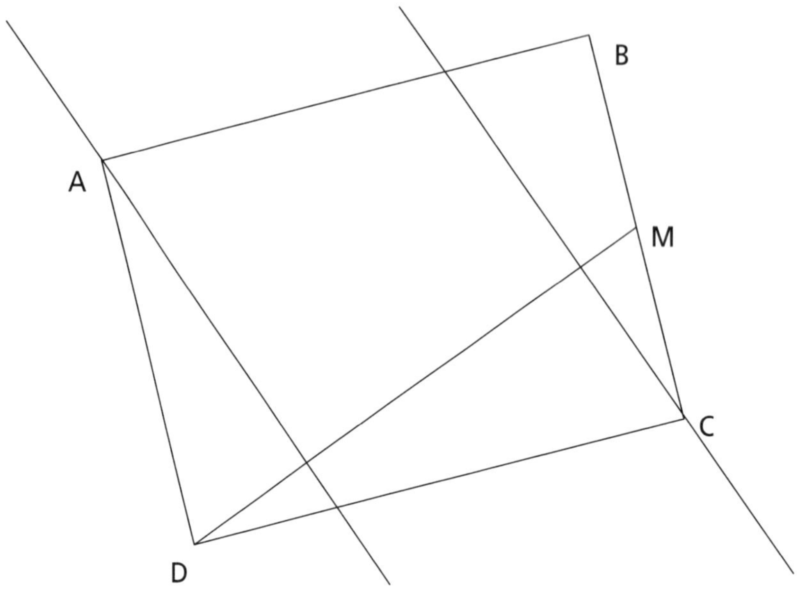

Thème 5 **Figures du plan (objets 2D)**

2. Tout un programme

Fiche 8

Prénom .... Date ....

2. Tout un programme

Fiche 9

Prénom .... Date ....

Programme de construction

Début du dessin

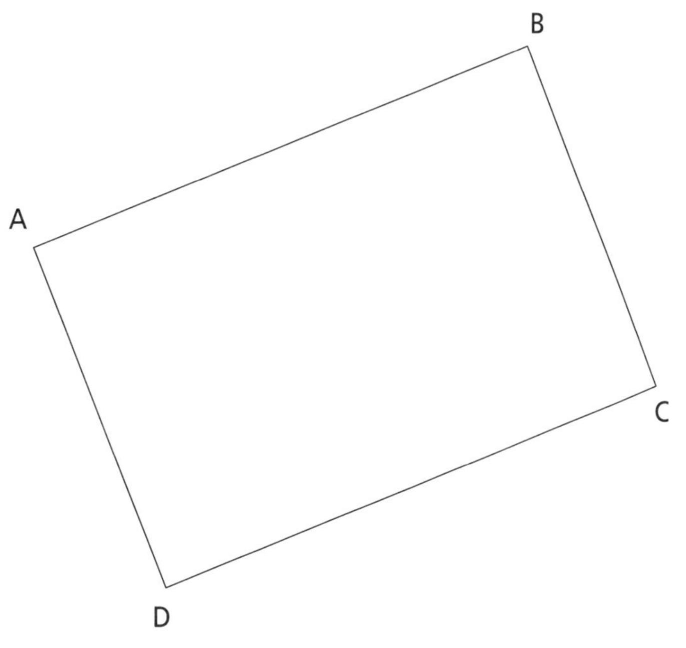

2. Tout un programme

Fiche 10

Prénom .... Date ....

Programme de construction

Début du dessin

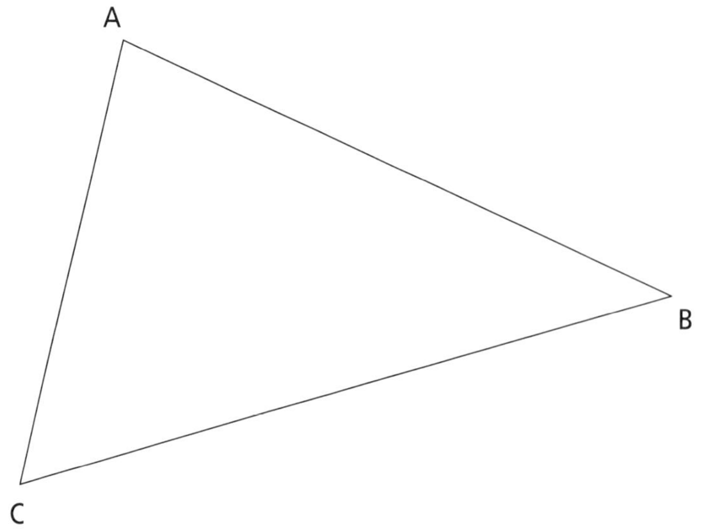

2. Tout un programme

Prénom .... Date ....

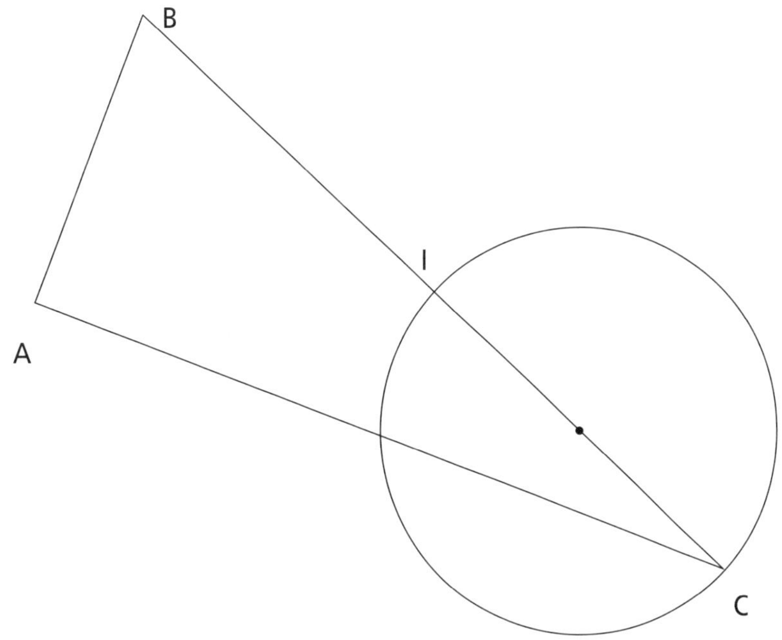

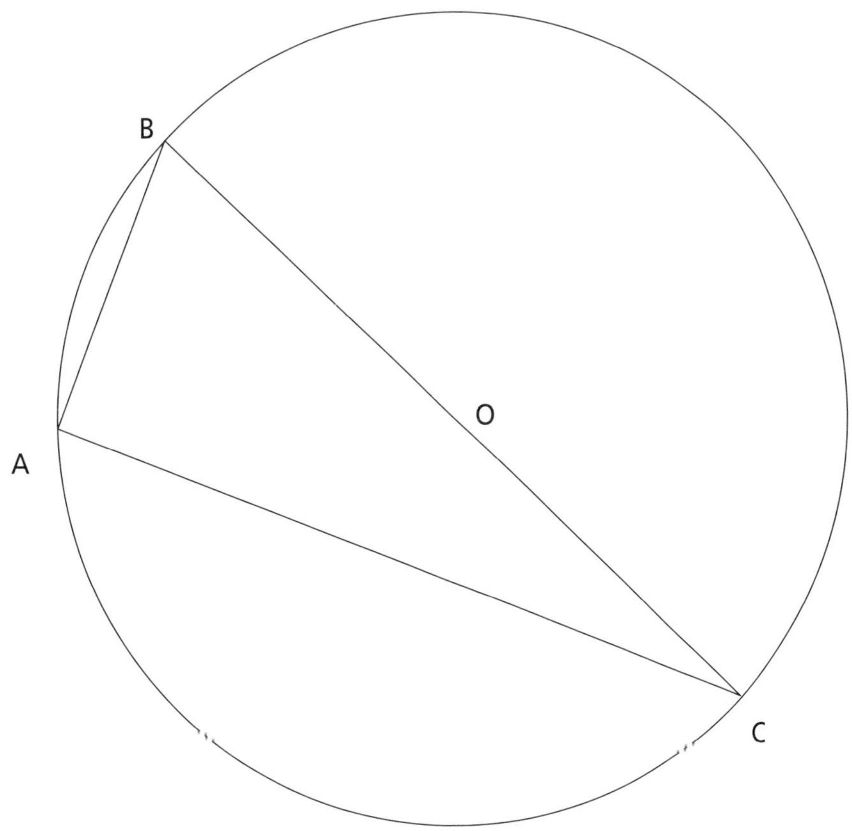

5. Le cercle et les cercles

Fiche 1

Prénom .... Date ....

5. Le cercle et les cercles

Fiche 2

Prénom .... Date ....

Avec quel écartement ouvrir le compas ? ....
Explique ton choix :

Place le centre du cercle à dessiner en marquant un point.
Explique comment tu places ce centre :

5. Le cercle et les cercles

Fiche 3

Prénoms .... Date ....

Voici des réponses d'un élève :
(Maître) – Avec quel écartement ouvrir le compas ?
(Élève) – *J'ouvre le compas à 2 cm d'écartement.*
(Maître) – Explique comment tu places le centre du nouveau cercle.
(Élève) – *Je trace un segment qui va d'un point sur le petit cercle à un point sur le grand cercle. Je prends le milieu du segment, c'est le centre du cercle.*
Si on fait comme cela est écrit, est-on sûr de réussir ?
Explique ta réponse :

5. Le cercle et les cercles

Fiche 4

Prénoms .... Date ....

Voici une réponse d'un élève :
(Maître) – Explique comment tu places le centre du nouveau cercle.
(Élève) – *J'ai pris le point en mesurant 5 cm à partir du centre des cercles.*
Cet élève a-t-il bien placé le centre ?
Explique ta réponse :

Thème 6

Objets de l'espace (objets 3D)

1. Deviner le solide

Fiche 1

Prénom .... Date ....

Jeu du portrait

En te servant des questions et des réponses OUI ou NON, trouve de quel solide il s'agit.

Tu écris son nom à la ligne réponse.

1. A-t-il 12 arêtes ? .... OUI
   A-t-il 8 sommets ? .... OUI
   Toutes ses faces sont-elles des rectangles ? .... OUI
   Réponse : c'est le solide n°........
2. Toutes ses faces ont-elles la même forme ?.................... OUI
   A-t-il 8 sommets ?.. NON
   A-t-il 6 arêtes ? .... OUI
   Réponse : c'est le solide n°........
3. A-t-il des faces triangulaires ? .... OUI
   A-t-il 6 sommets ?.. NON
   A-t-il 8 arêtes ? .... OUI
   Réponse : c'est le solide n°........
4. A-t-il 6 faces ? .... OUI
   A-t-il des faces rectangulaires ?.............................. NON
   A-t-il des faces triangulaires ? .... OUI
   Réponse : c'est le solide n°........

Thème 6 **Objets de l'espace (objets 3D)**

1. Deviner le solide

Fiche 1

Prénom .... Date ....

Jeu du portrait

En te servant des questions et des réponses OUI ou NON, trouve de quel solide il s'agit.

Tu écris son nom à la ligne réponse.

1. A-t-il 12 arêtes ? .... OUI
   A-t-il 8 sommets ? .... OUI
   Toutes ses faces sont-elles des rectangles ? .... OUI
   Réponse : c'est le solide n°........
2. Toutes ses faces ont-elles la même forme ?.................... OUI
   A-t-il 8 sommets ?.. NON
   A-t-il 6 arêtes ? .... OUI
   Réponse : c'est le solide n°........
3. A-t-il des faces triangulaires ? .... OUI
   A-t-il 6 sommets ?.. NON
   A-t-il 8 arêtes ? .... OUI
   Réponse : c'est le solide n°........
4. A-t-il 6 faces ? .... OUI
   A-t-il des faces rectangulaires ?.............................. NON
   A-t-il des faces triangulaires ? .... OUI
   Réponse : c'est le solide n°........

2. Habiller le solide

Fiche 1

Figures à découper

3. Construire un solide

Fiche 1

Faces à découper

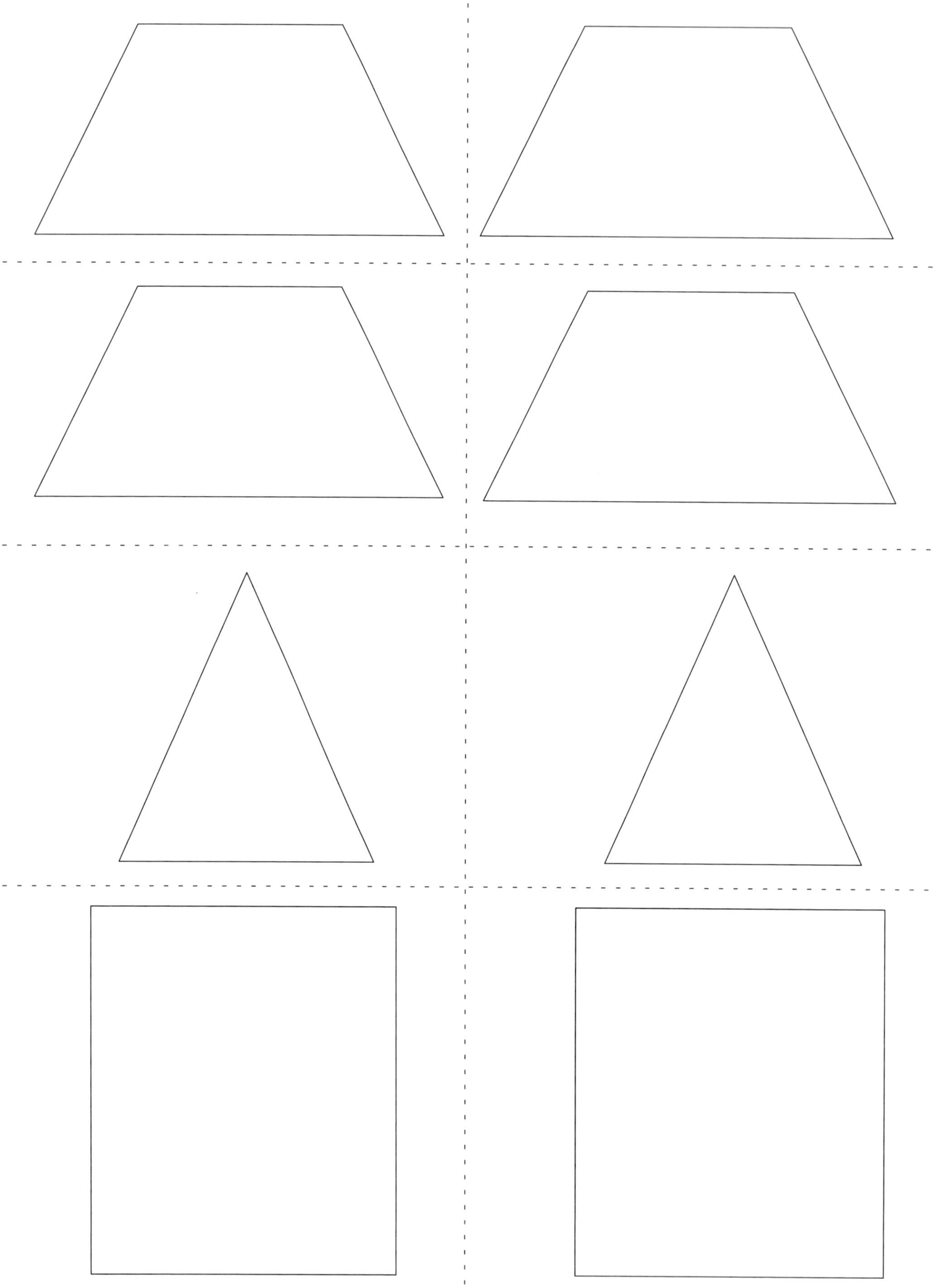

3. Construire un solide

Fiche 2

Faces à découper

5. Assemblons les faces

Fiche 1

Prénom .... Date ....

Assemblages : quels sont les patrons du solide ?

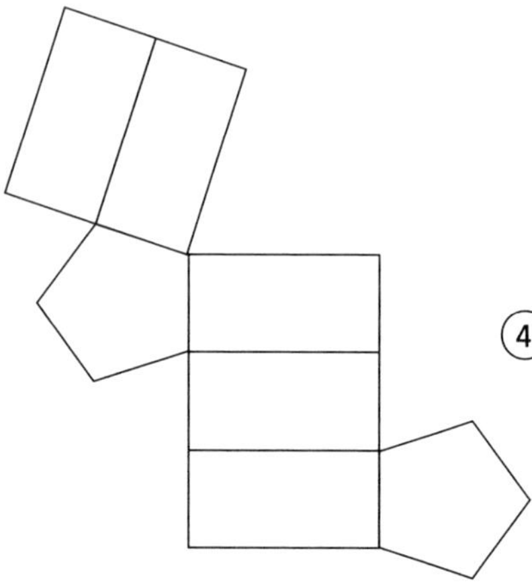

(4)

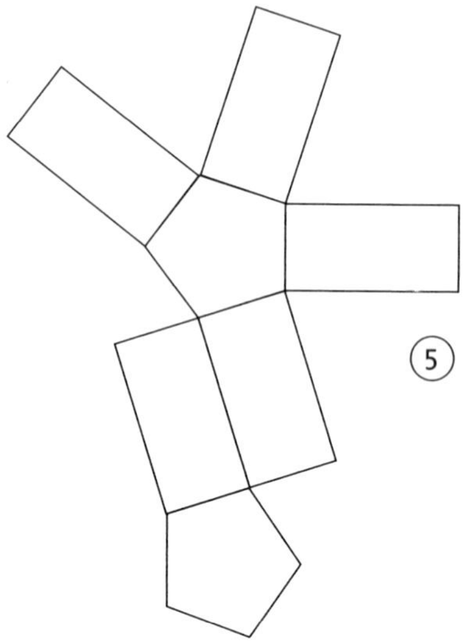

(5)

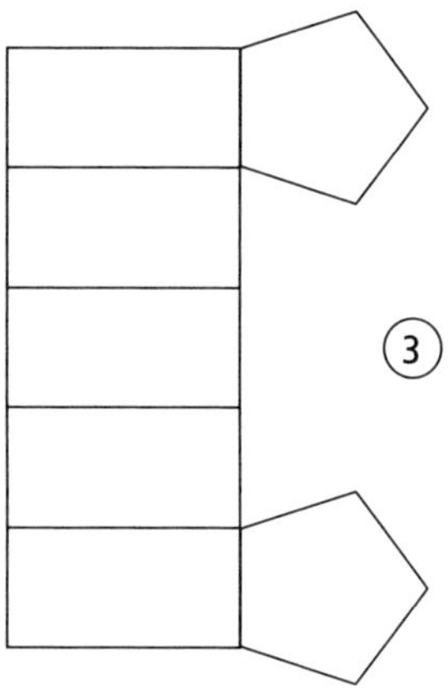

(3)

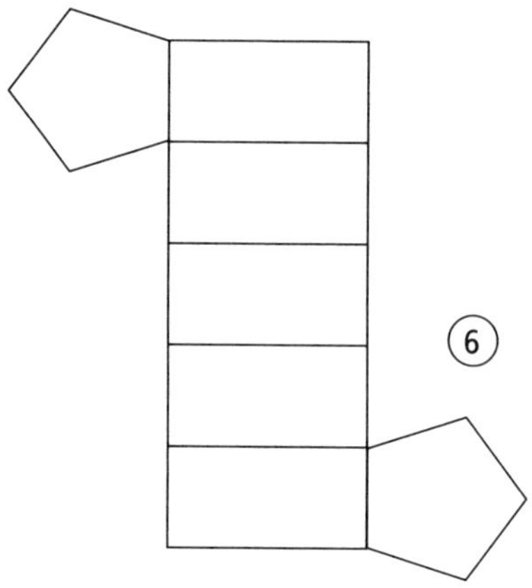

(6)

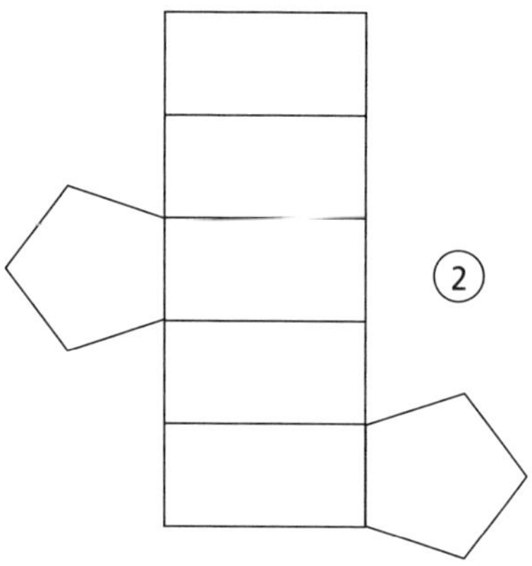

(2)

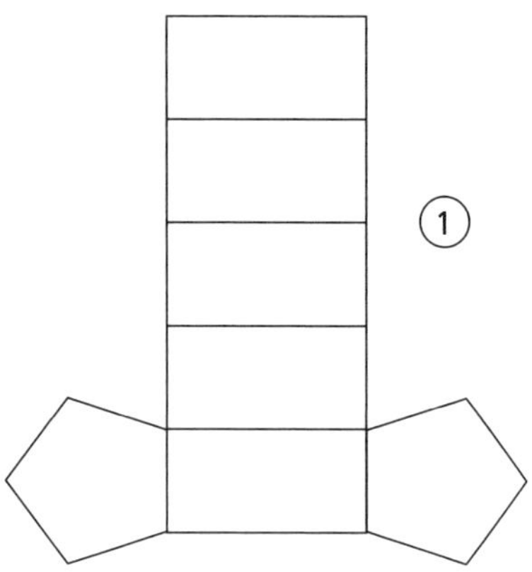

(1)

(7)

ERMEL - Apprentissages géométriques au cycle 3

5. Assemblons les faces

Fiche 2

Prénom .... Date ....

Solides et leurs patrons
Patrons qui ne correspondent pas aux solides du tableau

6. Patron de solide

Fiche 1

Prénom .... Date ....

Peut-on réaliser un cube ?

OUI – NON

OUI – NON

OUI – NON

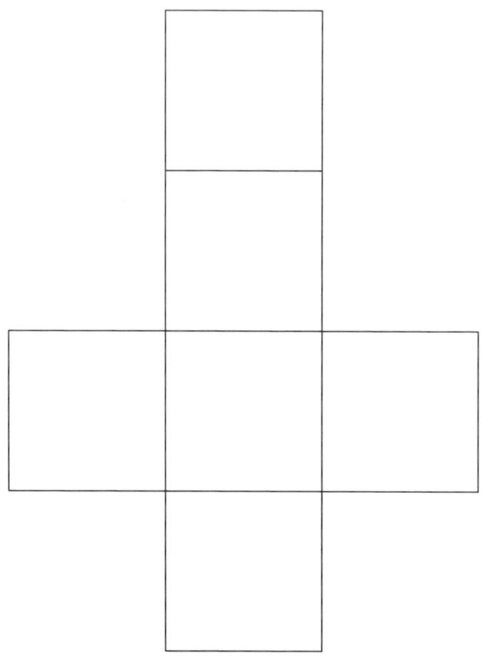

OUI – NON

6. Patron de solide

Fiche 2

Prénom .... Date ....

Compléter pour obtenir des patrons du cube.

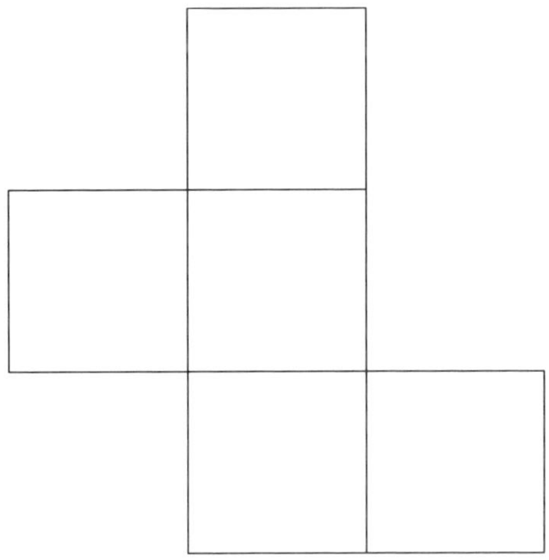

6. Patron de solide

Fiche 3

Prénom .... Date ....

Entoure les patrons du cube.

6. Patron de solide

Fiche 4

		8 faces	6 sommets 12 arêtes	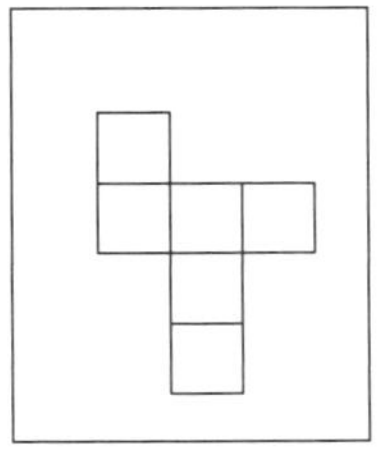	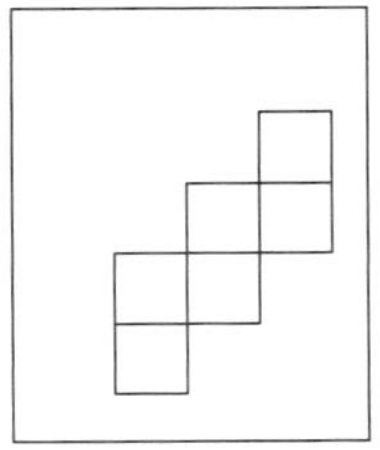	6 faces identiques	8 sommets 12 arêtes de même longueur
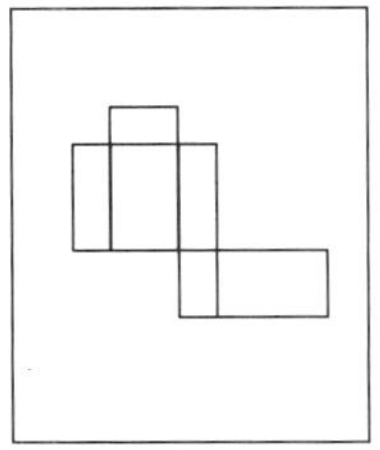	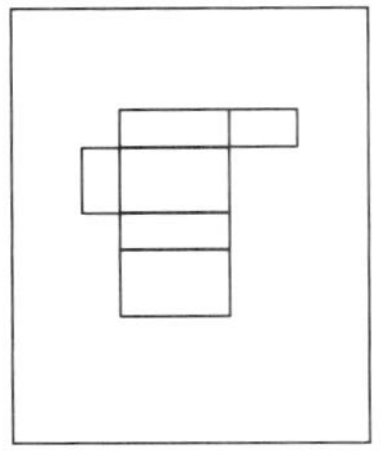	8 faces	6 sommets 12 arêtes	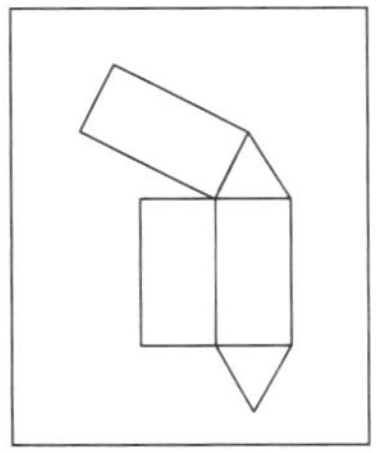	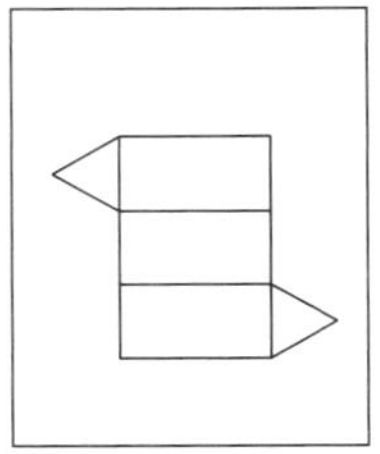	6 faces identiques	8 sommets 12 arêtes de même longueur
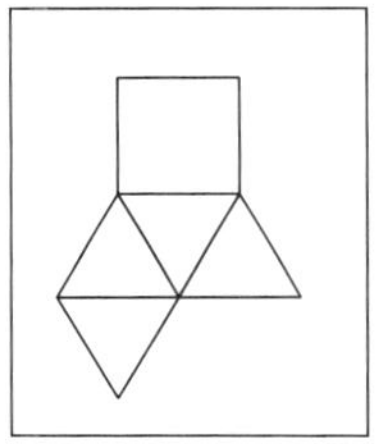	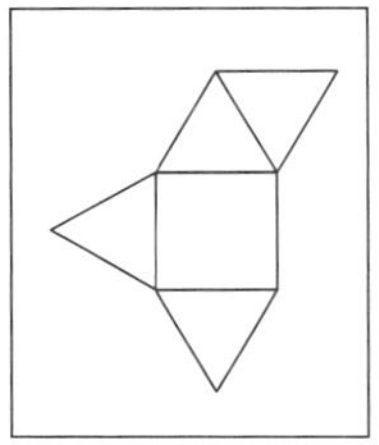	5 faces et 5 sommets	8 arêtes	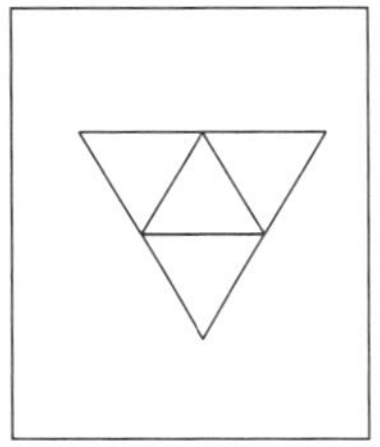	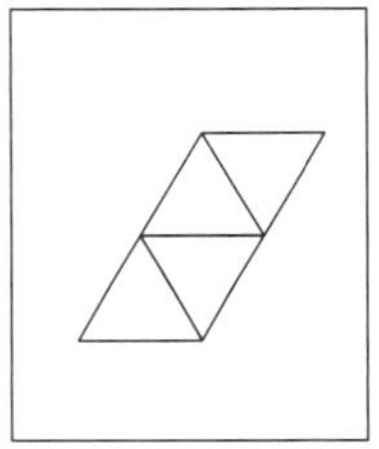	4 faces	6 arêtes

Jeu de cartes

10. Boucher le trou (2)

Fiche 1

Mettre de la colle sur les parties noircies.

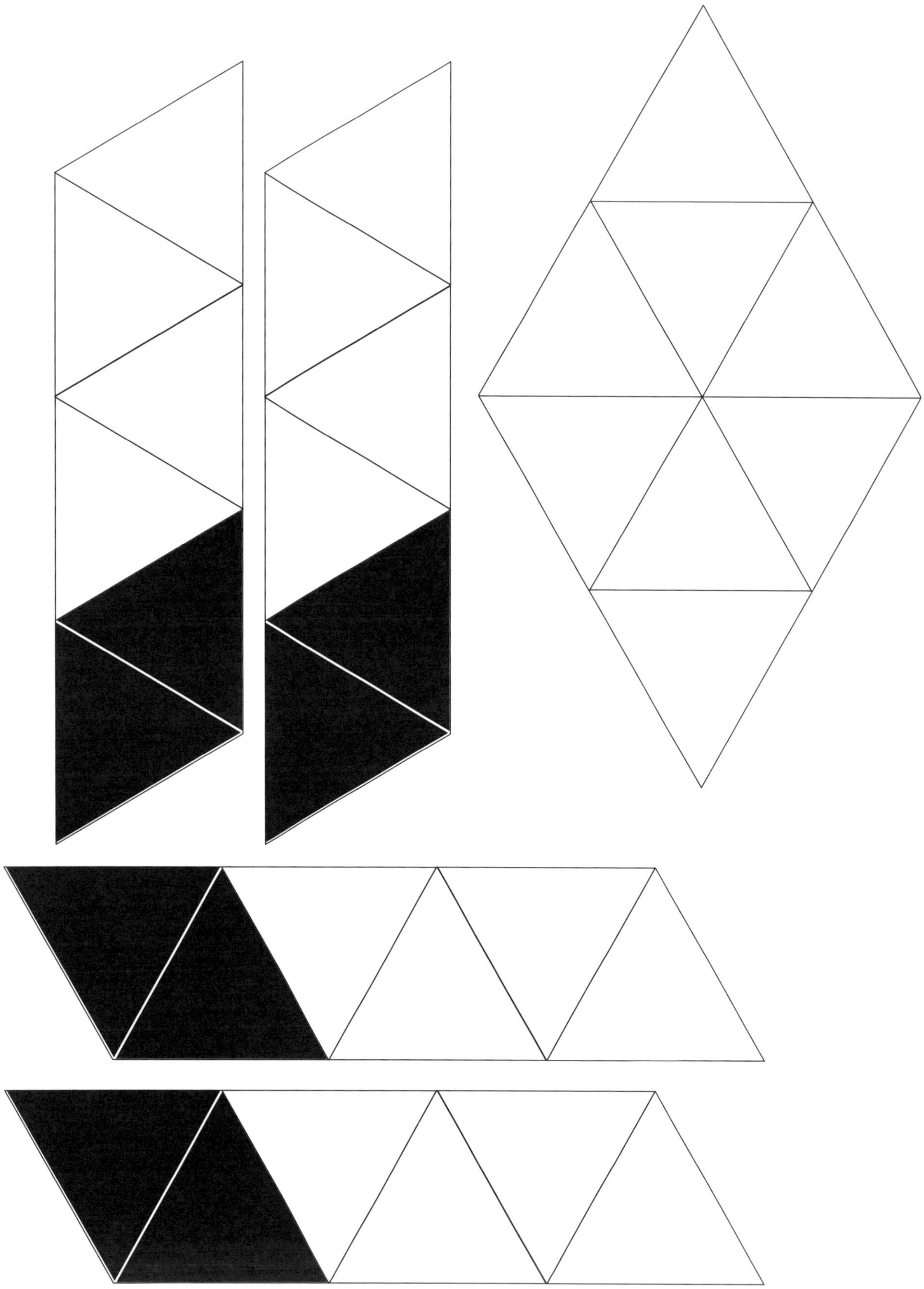

THÈME 7

Systèmes de repères

1. Points de vue

Fiche 1

Prénom .... Date ....

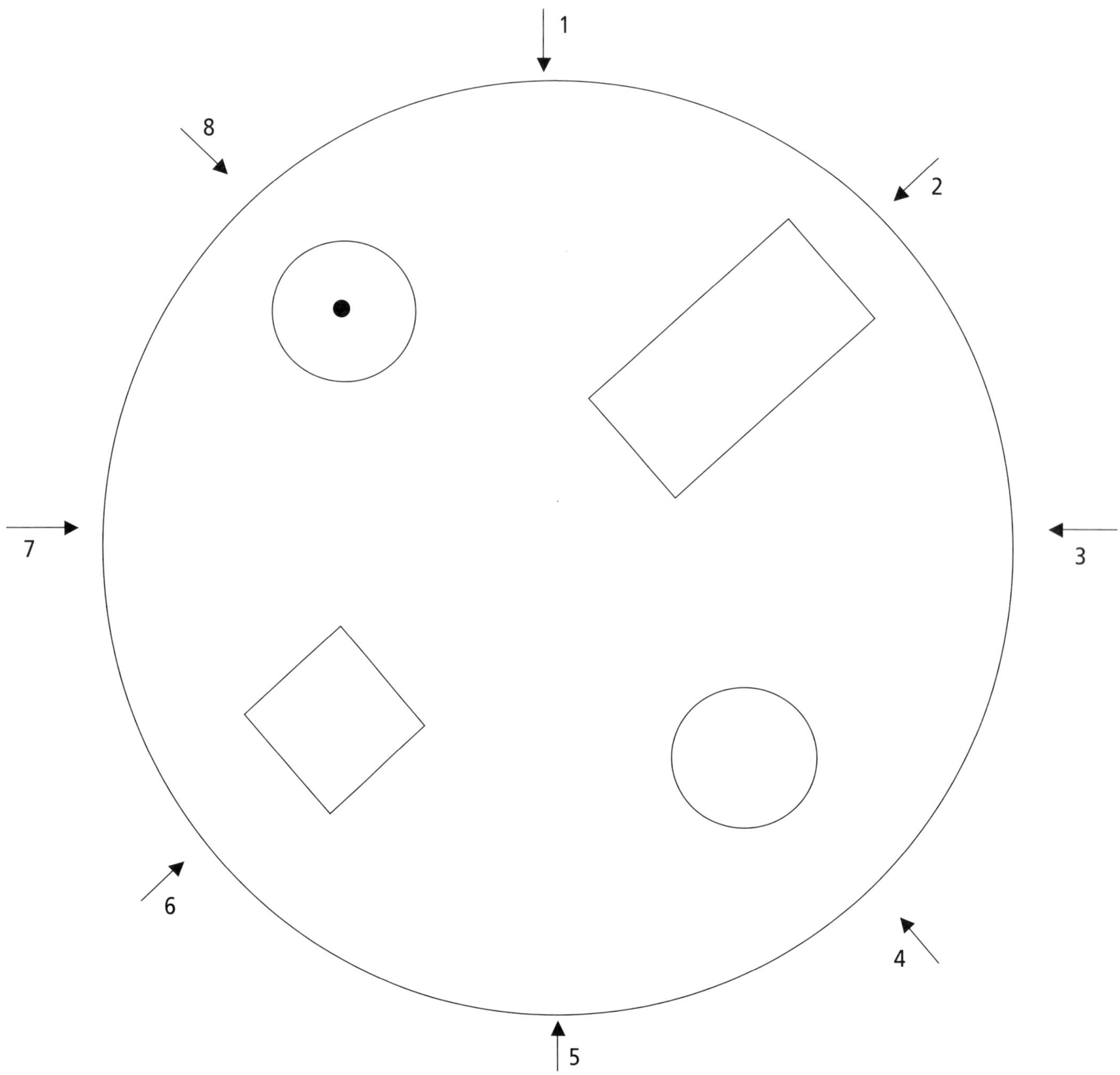

1. Points de vue

Fiche 2

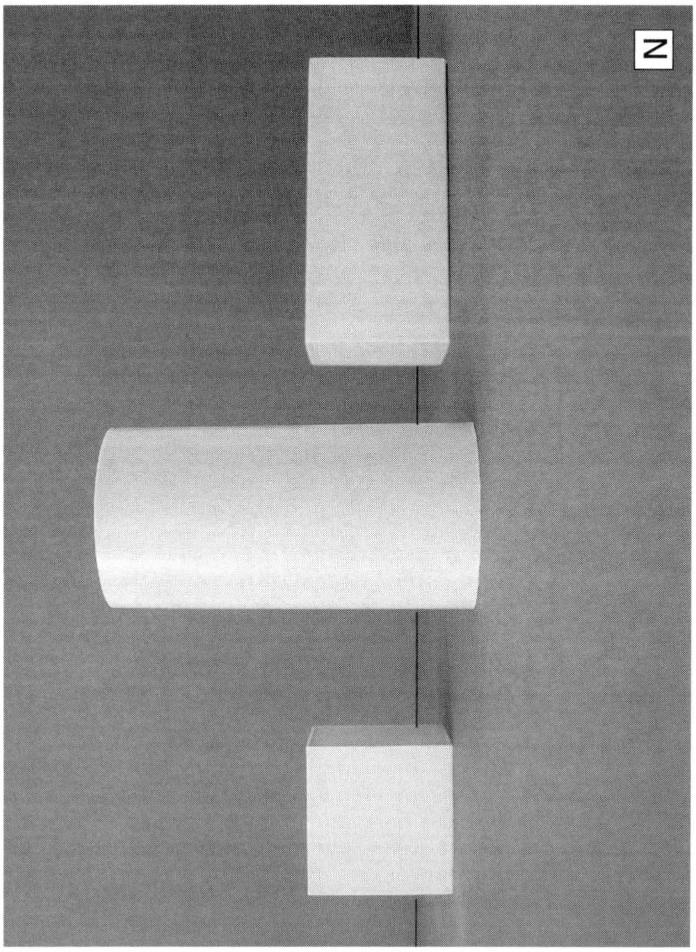

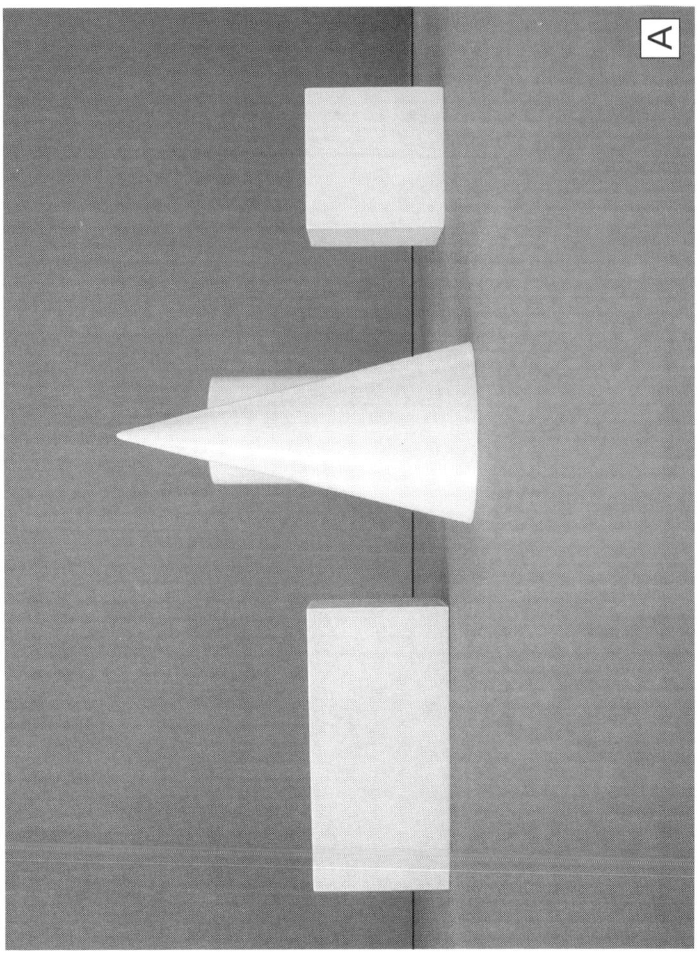

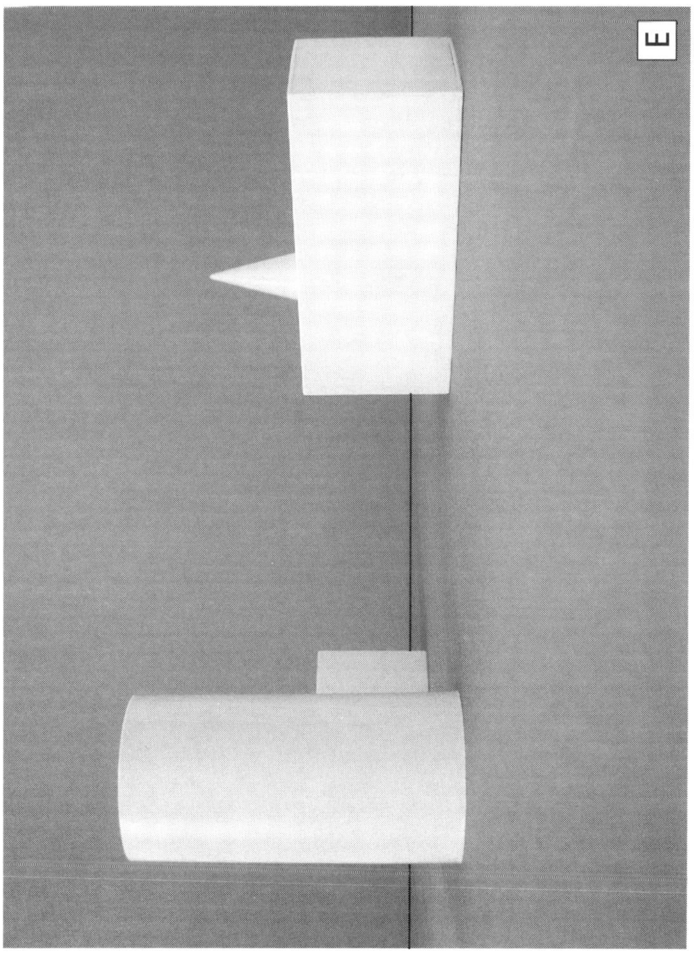

1. Points de vue

Fiche 3

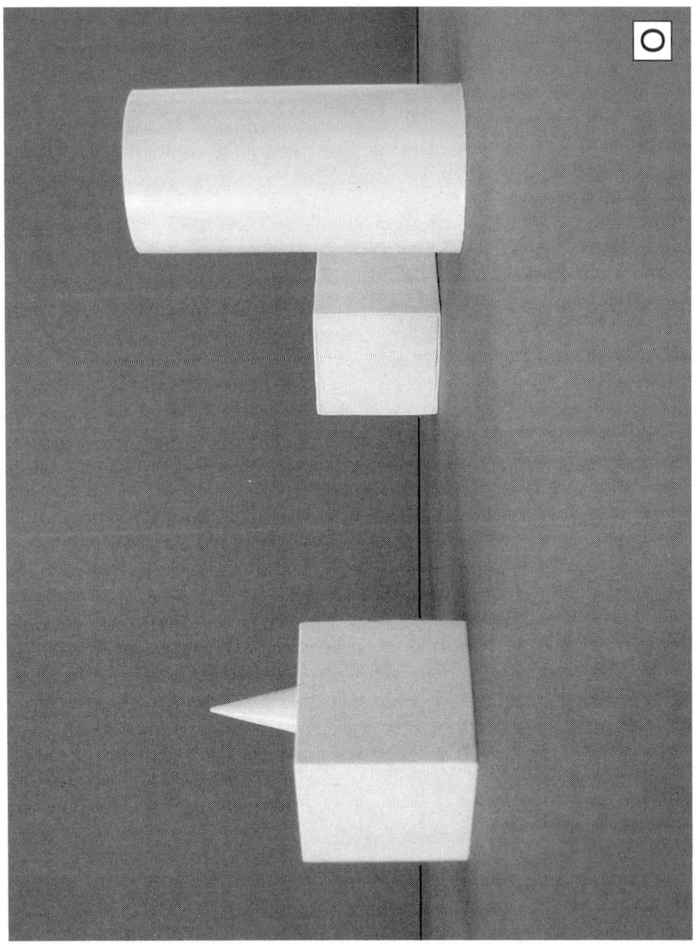

4. Points dans un quadrillage

Fiche 1

Prénoms .... Date ....

Modèle A

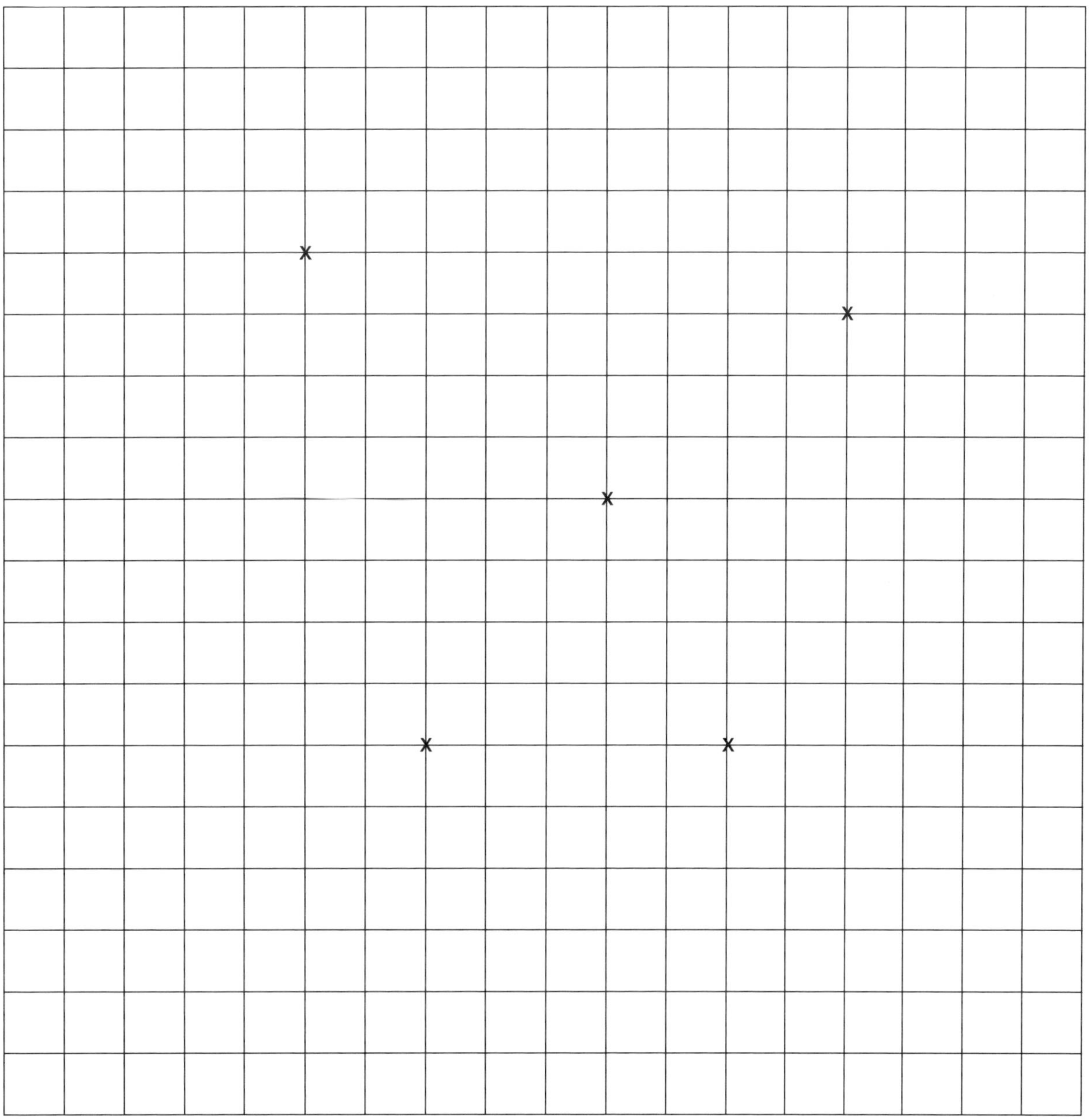

4. Points dans un quadrillage

Fiche 2

Prénoms .... Date ....

Modèle B

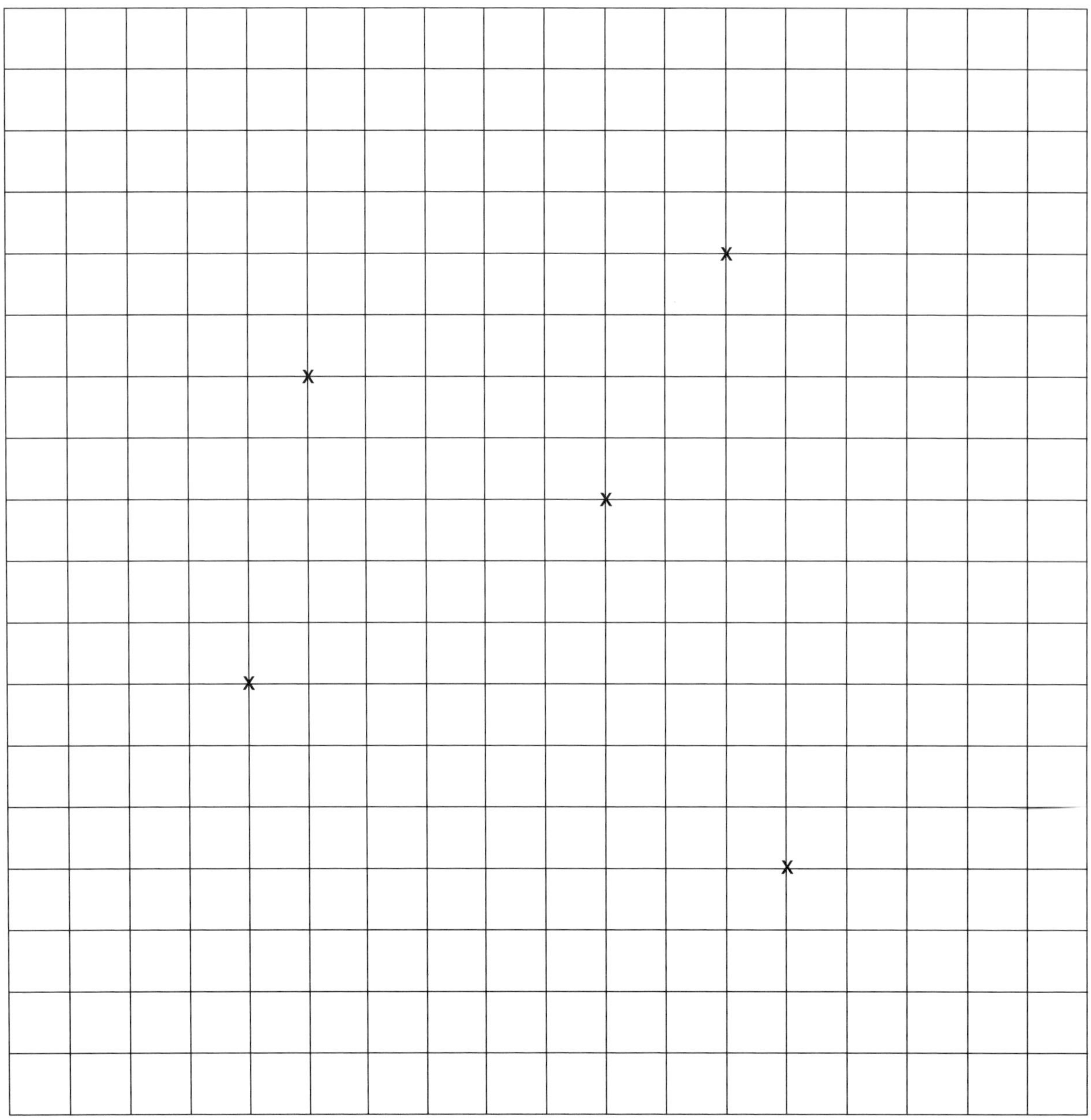

4. Points dans un quadrillage

Fiche 3

Prénoms .... Date ....

Modèle A'

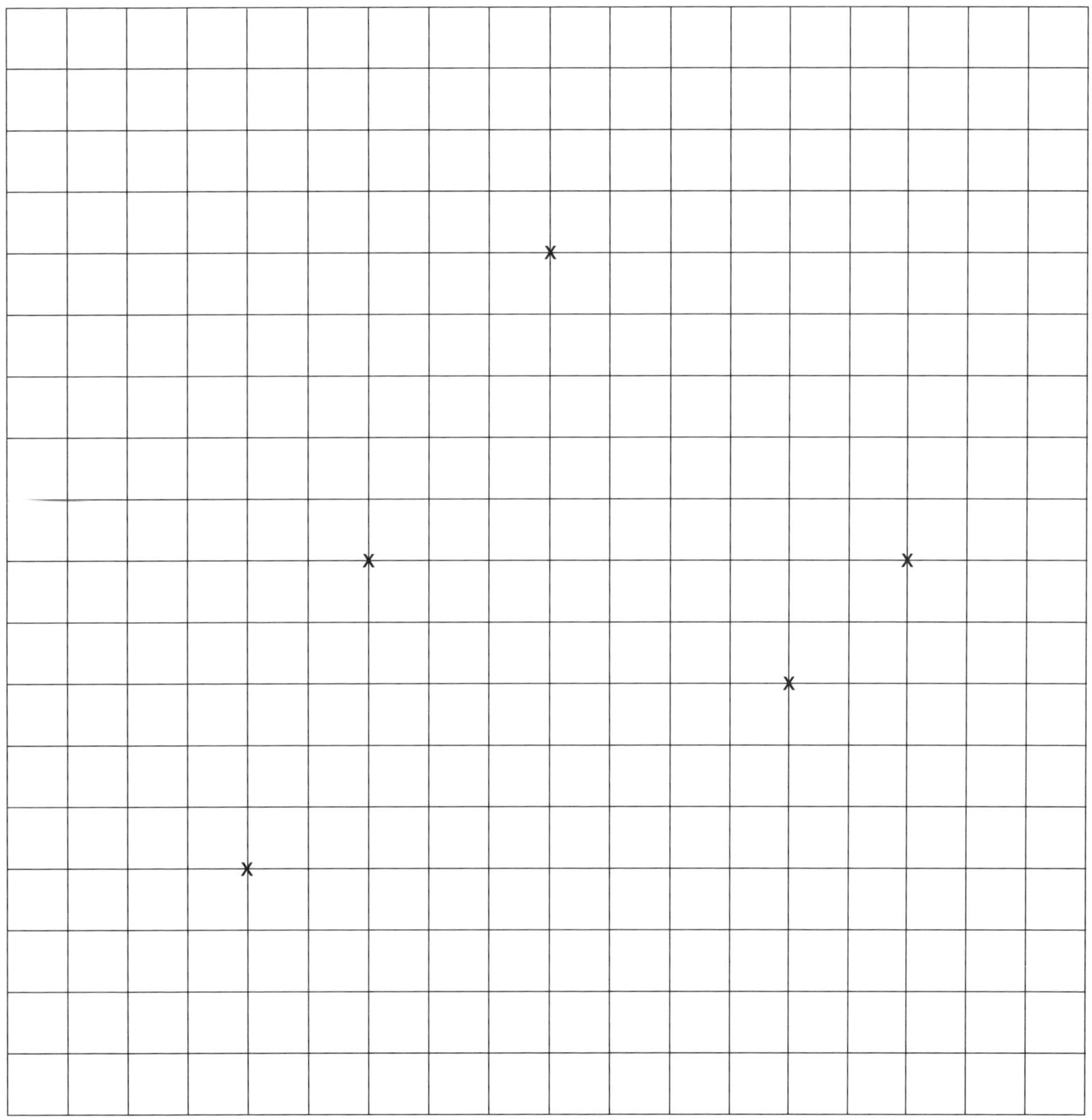

4. Points dans un quadrillage

Fiche 4

Prénoms .... Date ....

Modèle B'

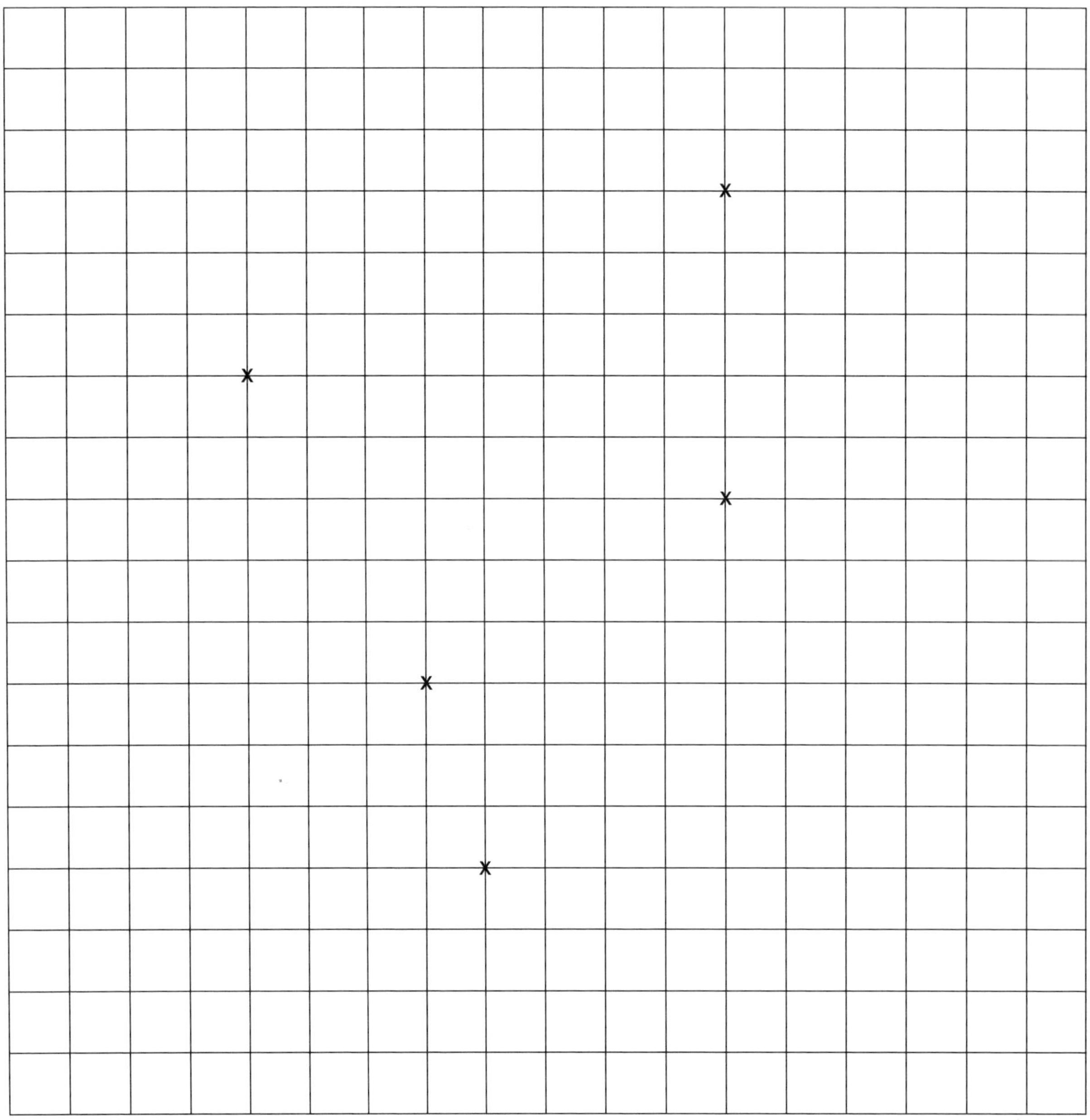

4. Points dans un quadrillage

Fiche 5

Prénoms .... Date ....

5. Repérage dans un quadrillage

Fiche 1

Prénom .... Date ....

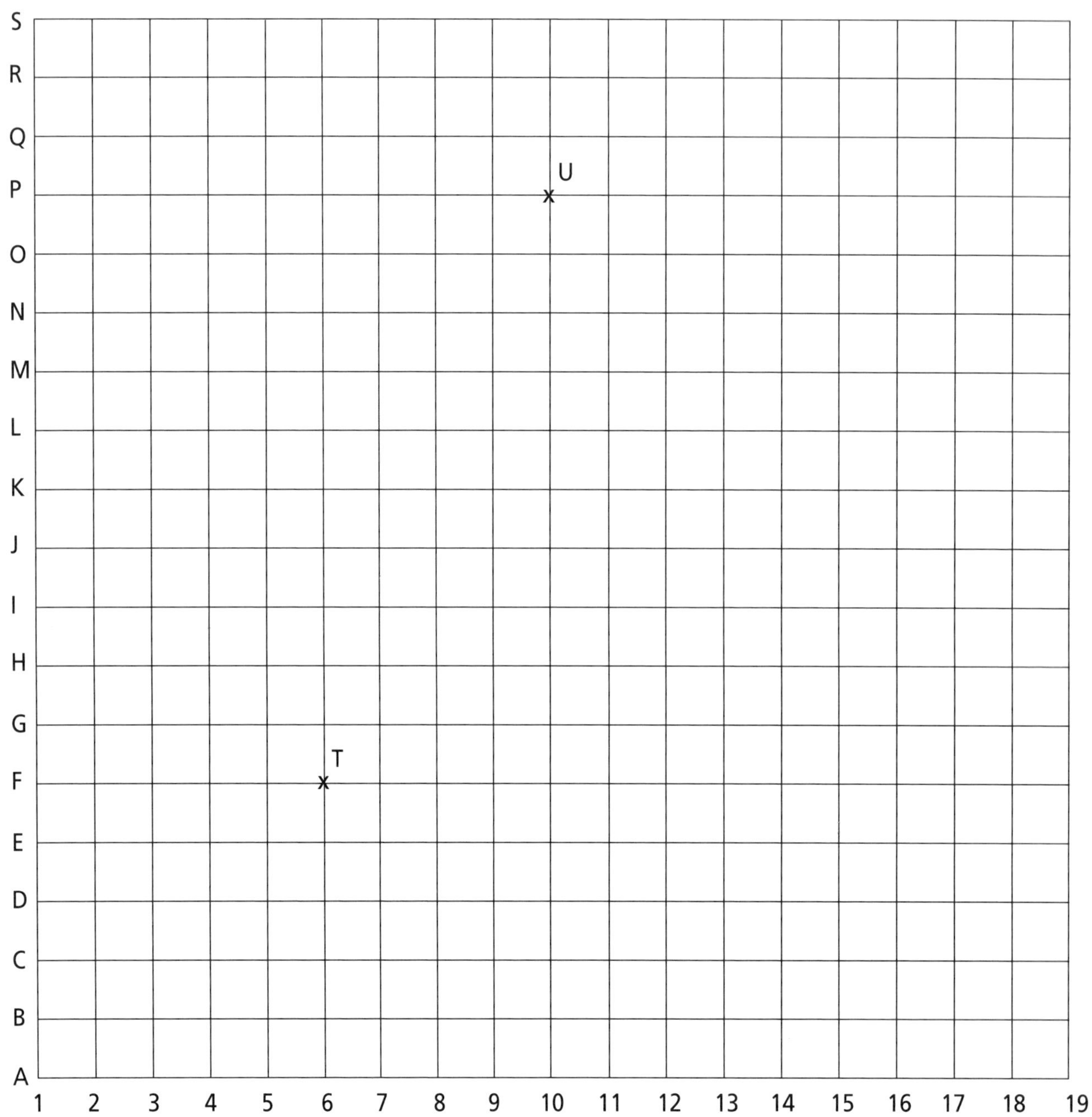

Le point T a pour coordonnées (,).

Le point U a pour coordonnées (,).

Place le point W qui a pour coordonnées (I, 17).
Place le point Y qui a pour coordonnées (K, 13).

5. Repérage dans un quadrillage

Fiche 2

Prénom .... Date ....

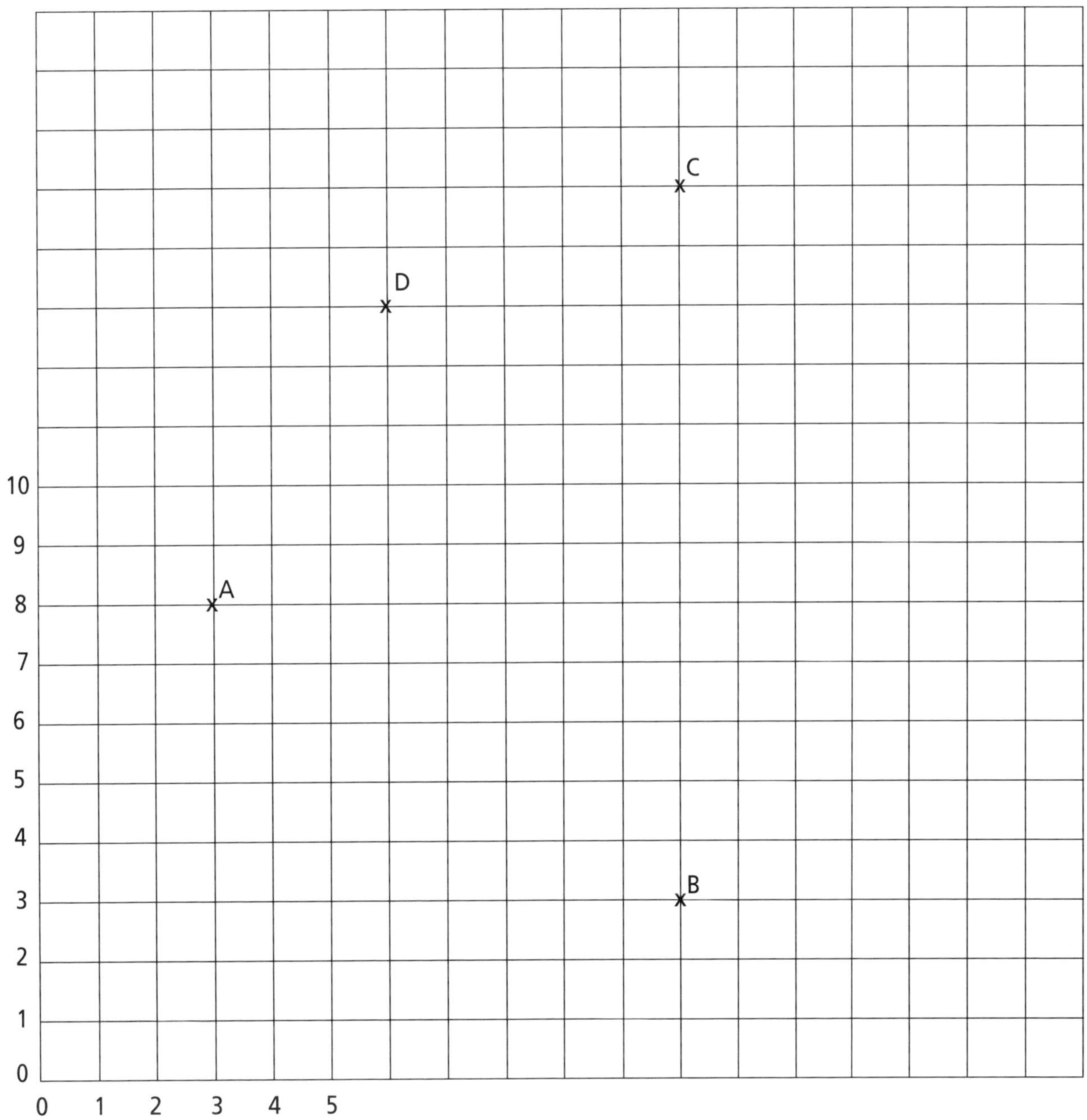

Le point A a pour coordonnées (3, 8).
Le point B a pour coordonnées (11, 3).
Le point C a pour coordonnées (,).
Le point D a pour coordonnées (,).
Le point E a pour coordonnées (14, 14). Place-le.
Le point F a pour coordonnées (16, 9). Place-le.

5. Repérage dans un quadrillage

Fiche 3

Prénom .... Date ....

Reproduis les triangles.

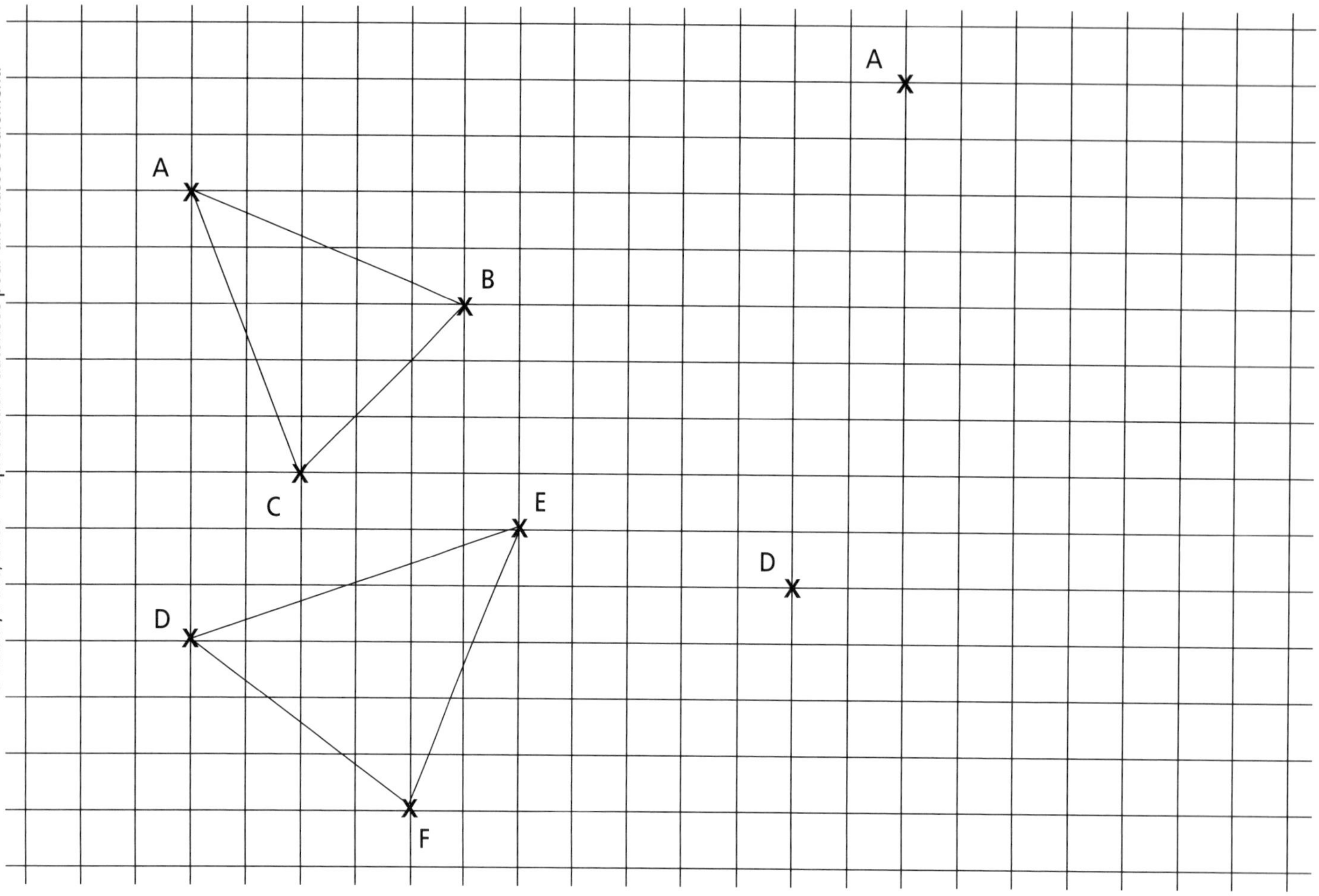

5. Repérage dans un quadrillage

Fiche 4

Prénom .... Date ....

Reproduis la figure.

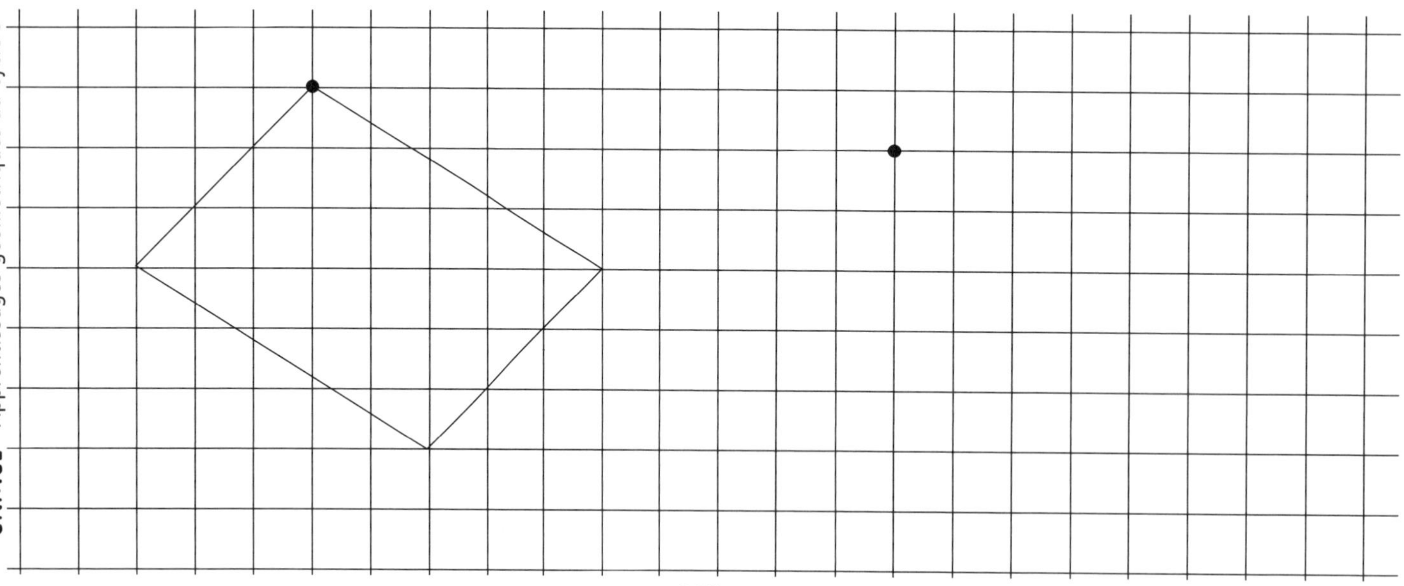

5. Repérage dans un quadrillage

Fiche 5

Prénom .... Date ....

Reproduis les quatre figures dans le quadrillage ci-dessous.

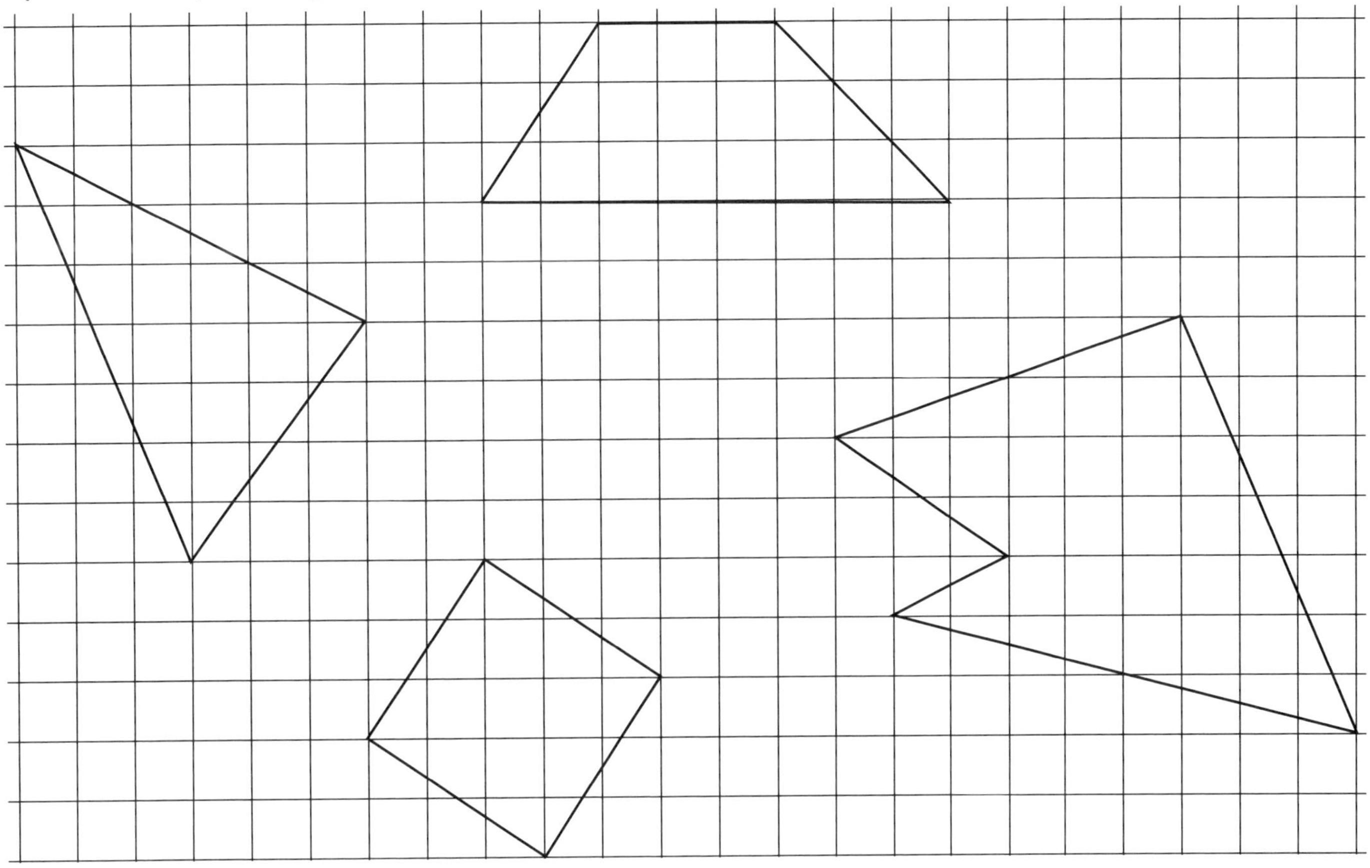

6. Labyrinthe

Fiche 1

Prénom .... Date ....

Le labyrinthe du Louvre

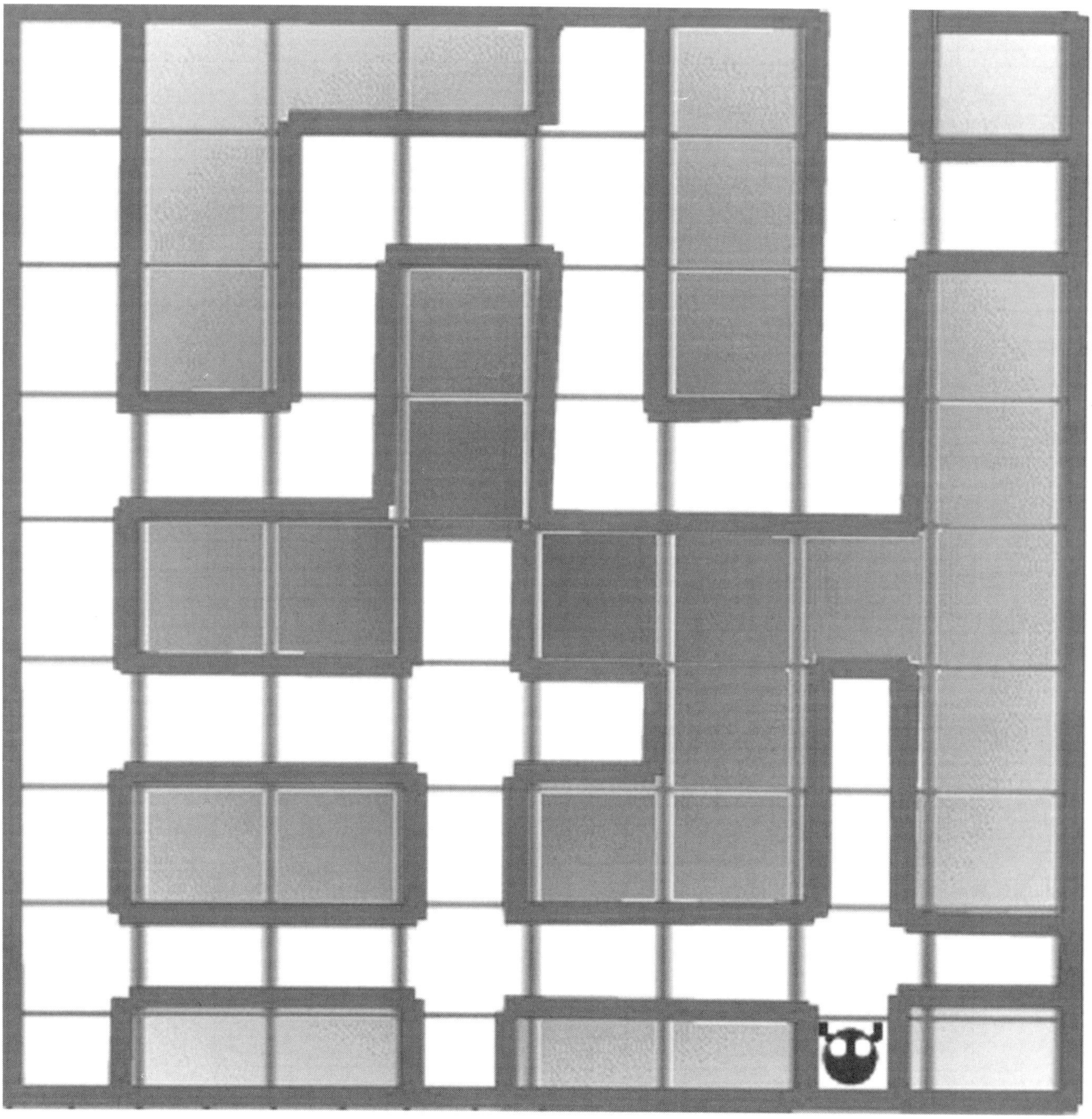

6. Labyrinthe

Fiche 2

Prénom .... Date ....

Fonctionnement du logiciel

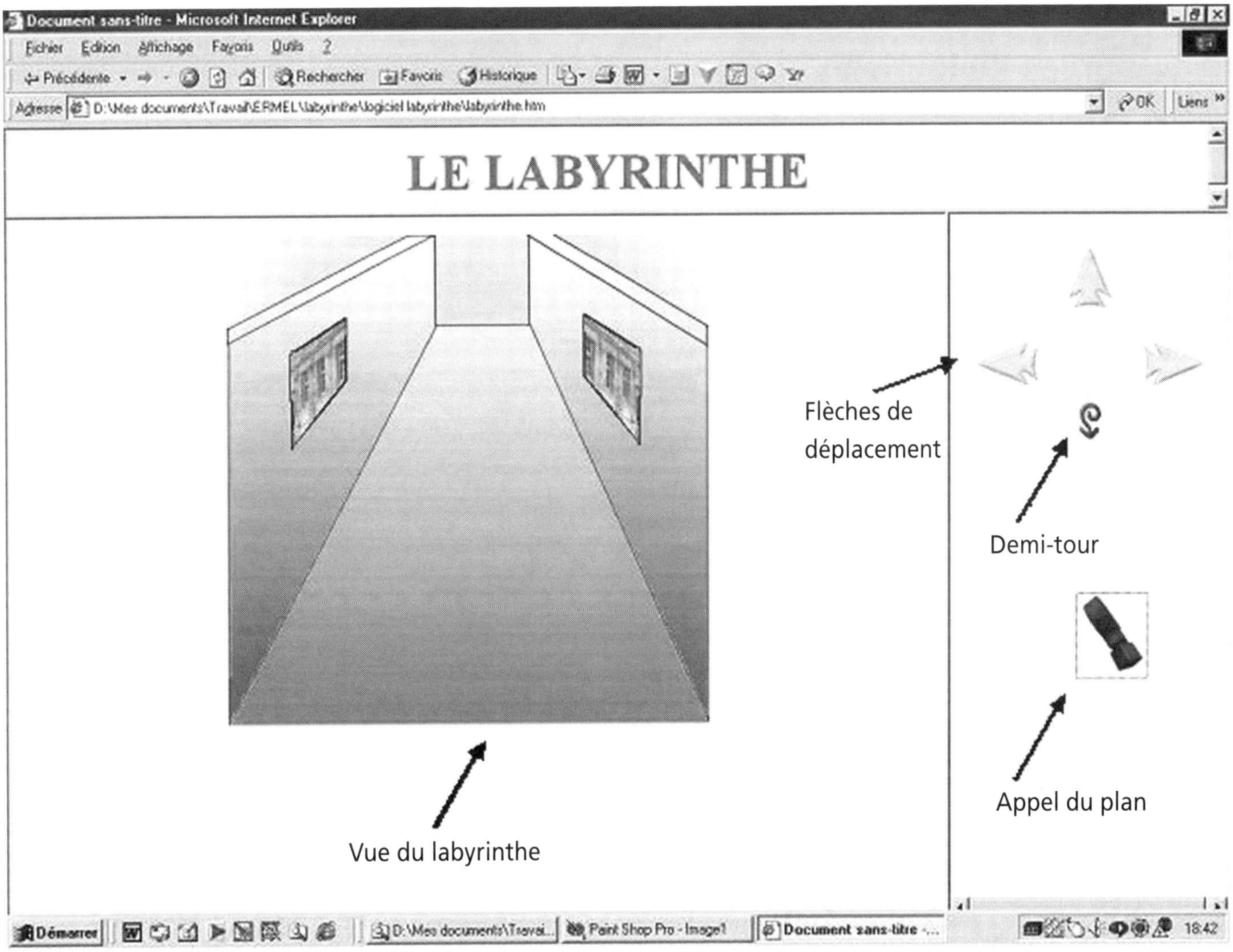

6. Labyrinthe

Fiche 3

Prénom .... Date ....

Plan de Châlons-en-Champagne

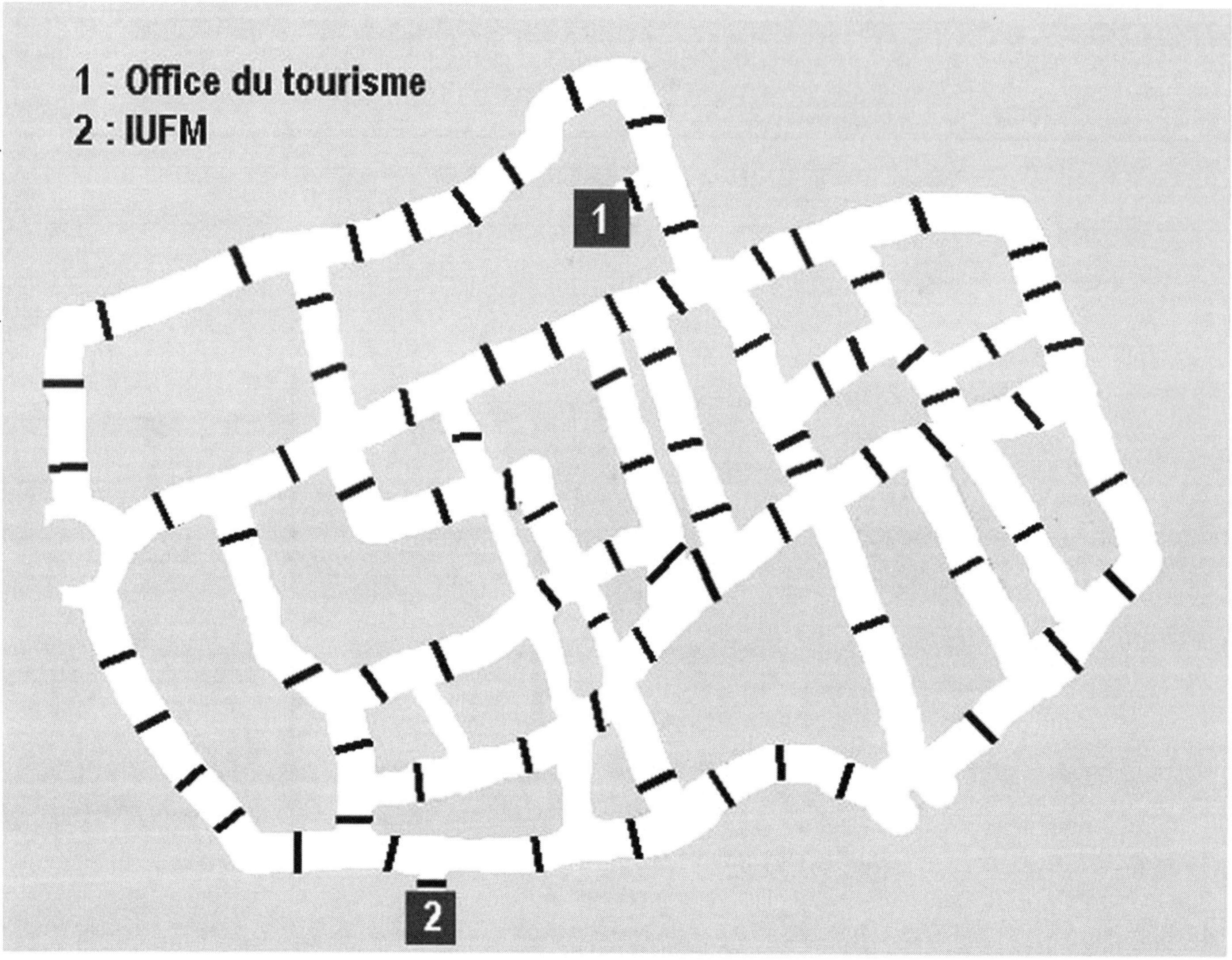

6. Labyrinthe

Fiche 4

Prénom .... Date ....

Dans la ville

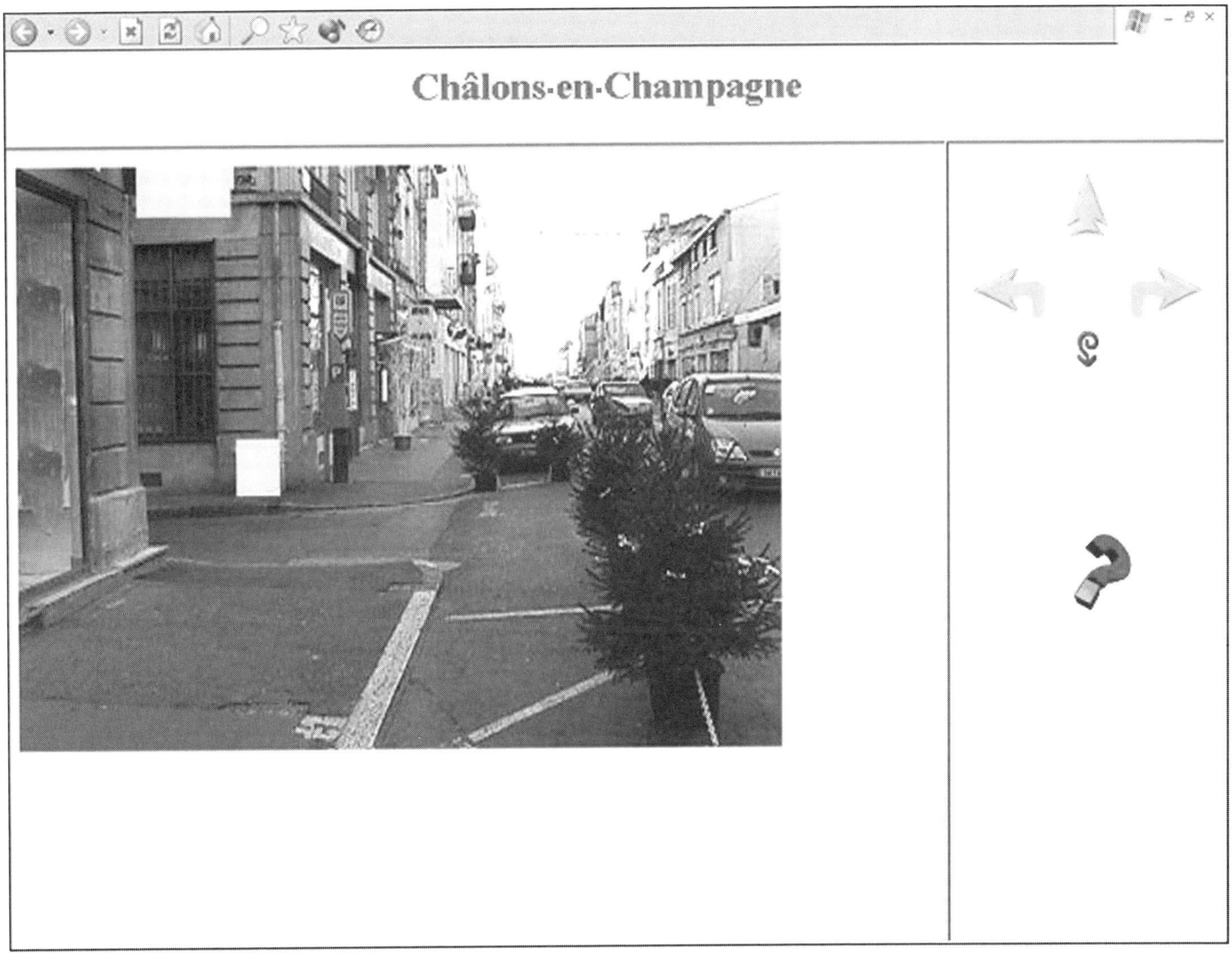

7. Figures dans un cadre

Fiche 1

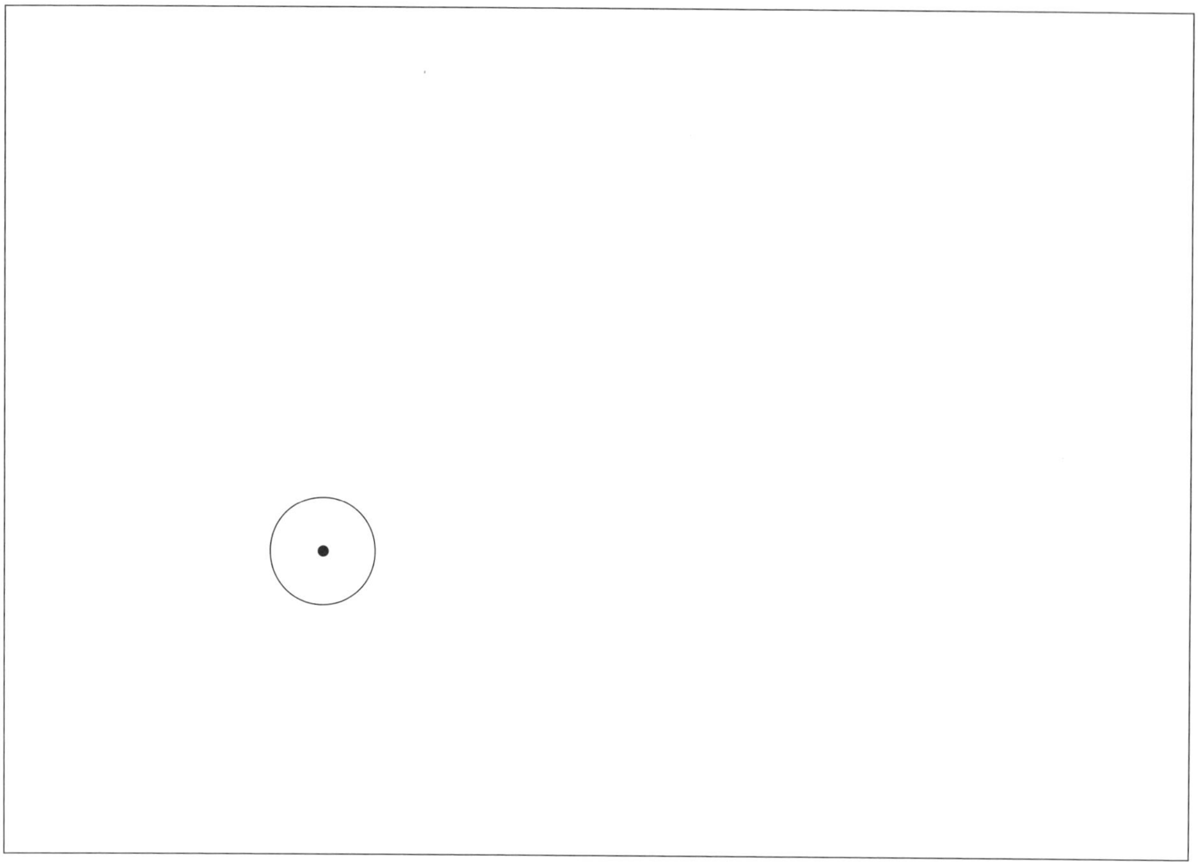

Figure 2

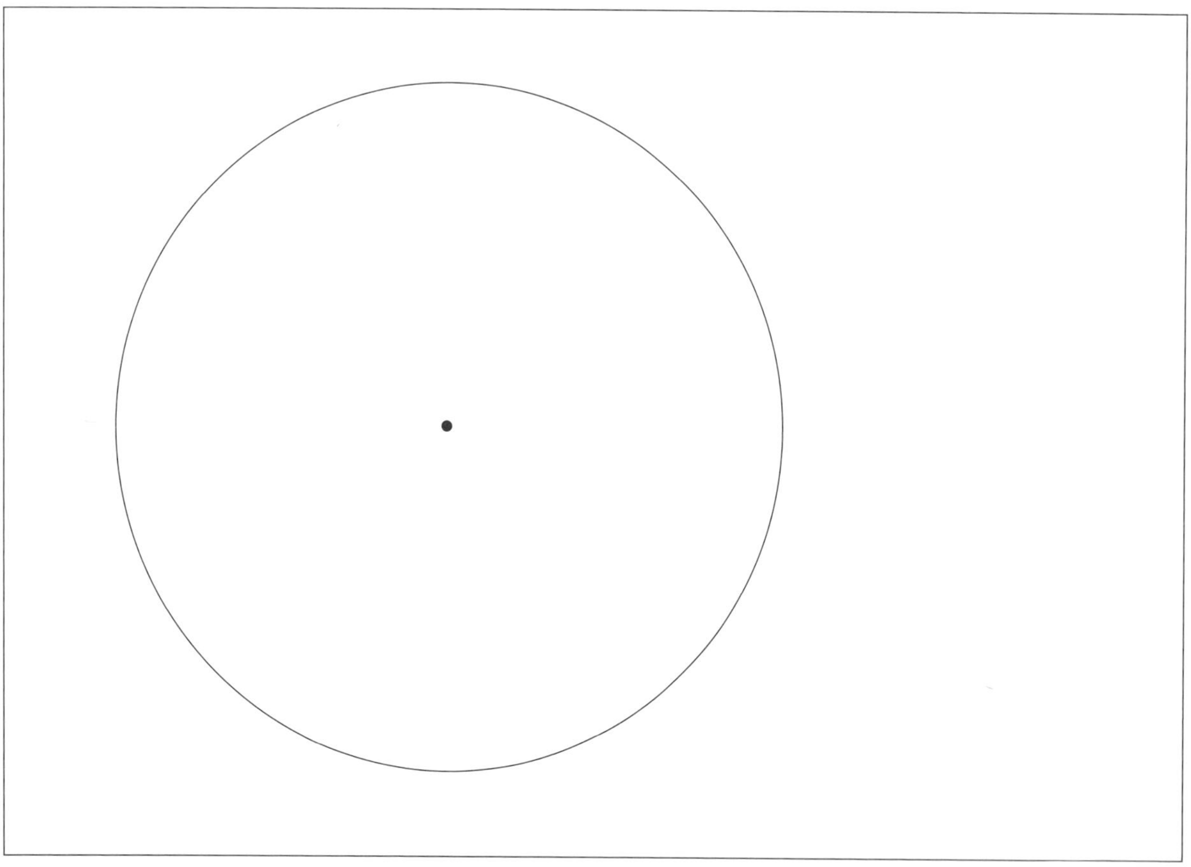

Figure 1

7. Figures dans un cadre

Fiche 2

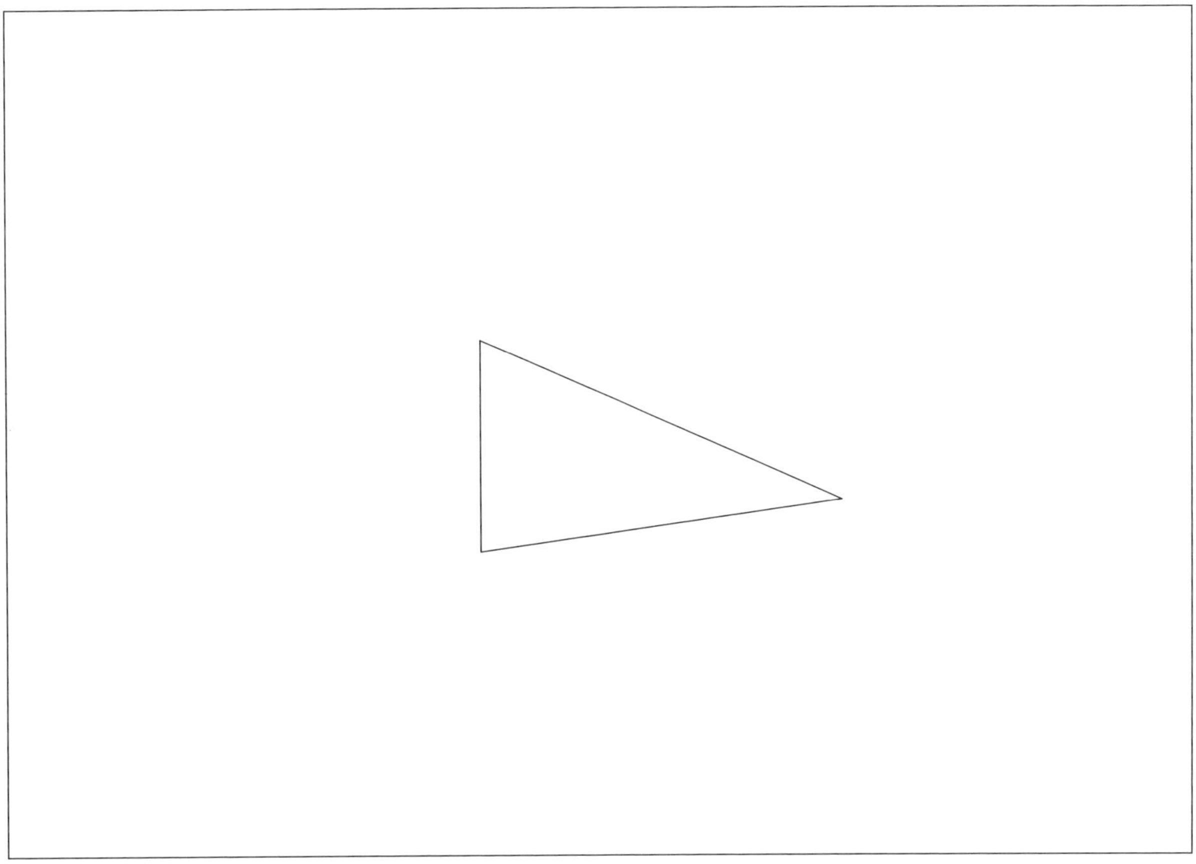

Figure 4

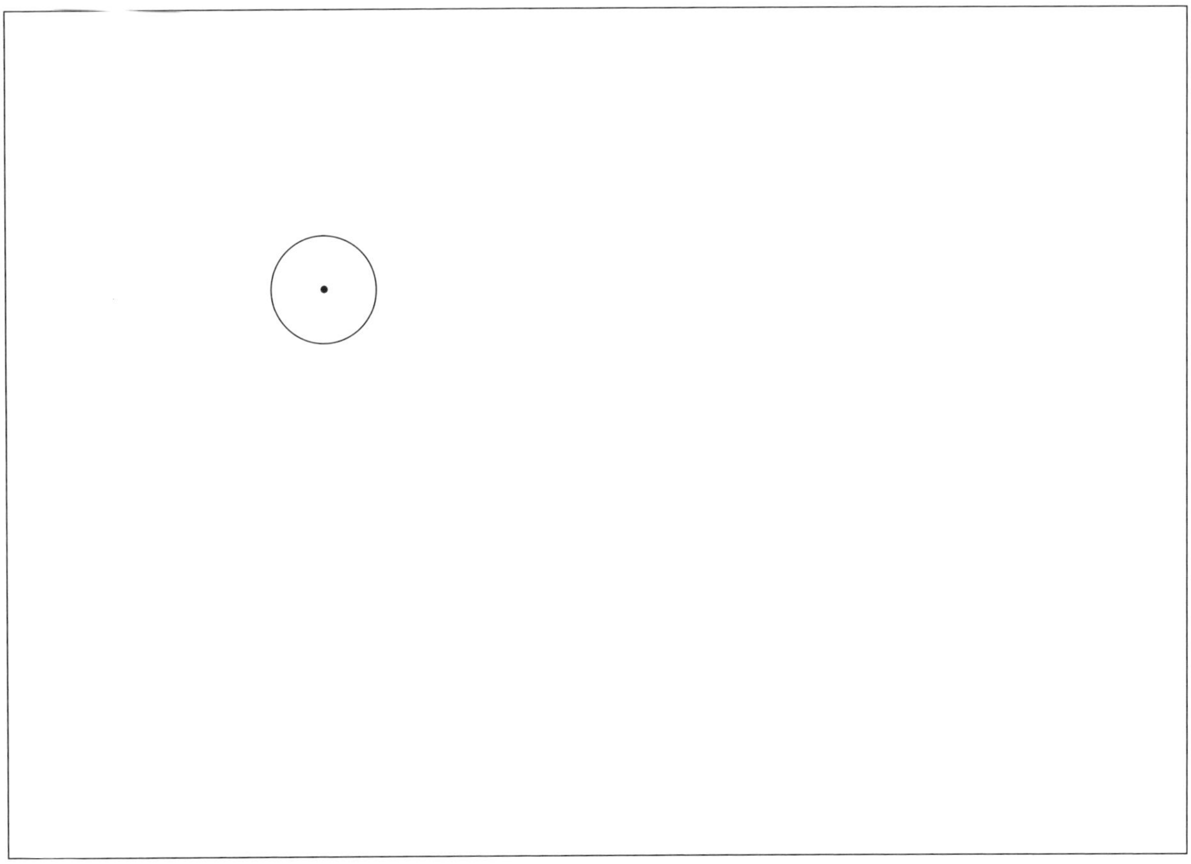

Figure 3

7. Figures dans un cadre

Fiche 3

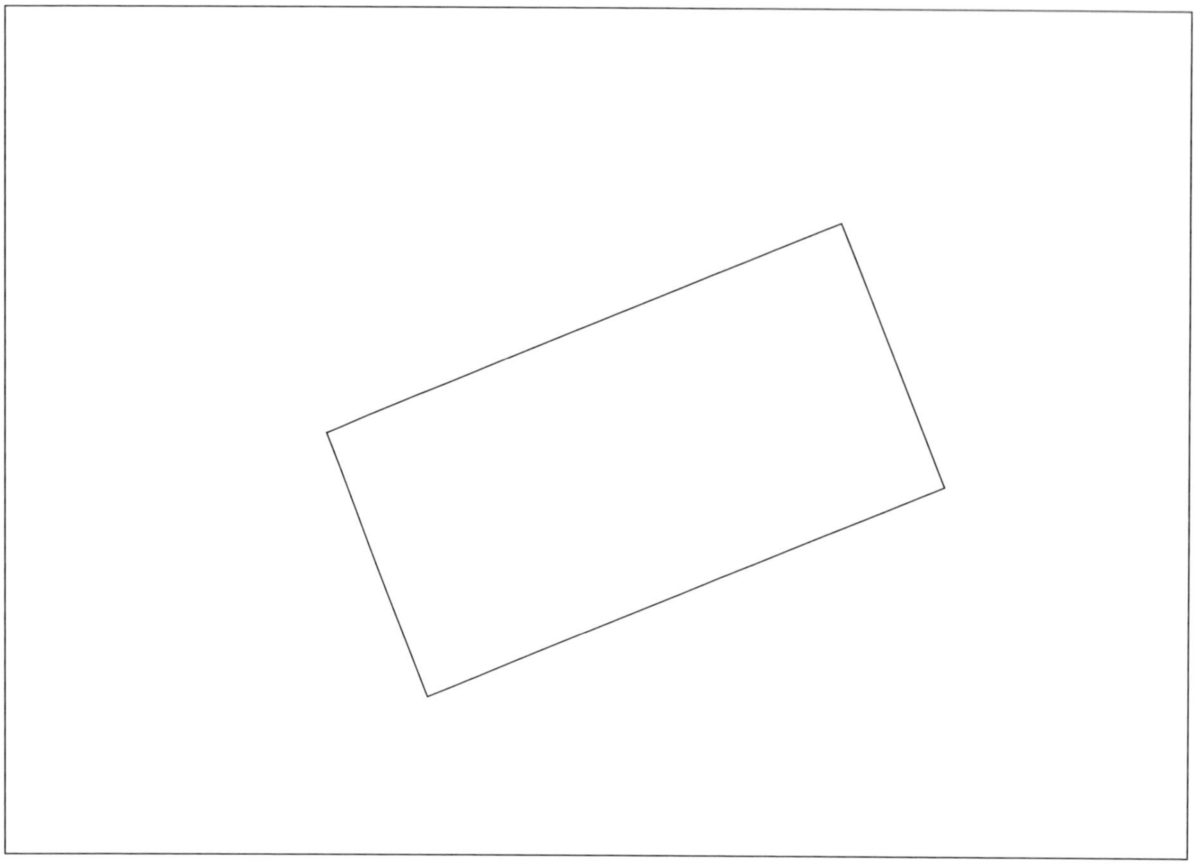

Figure 7

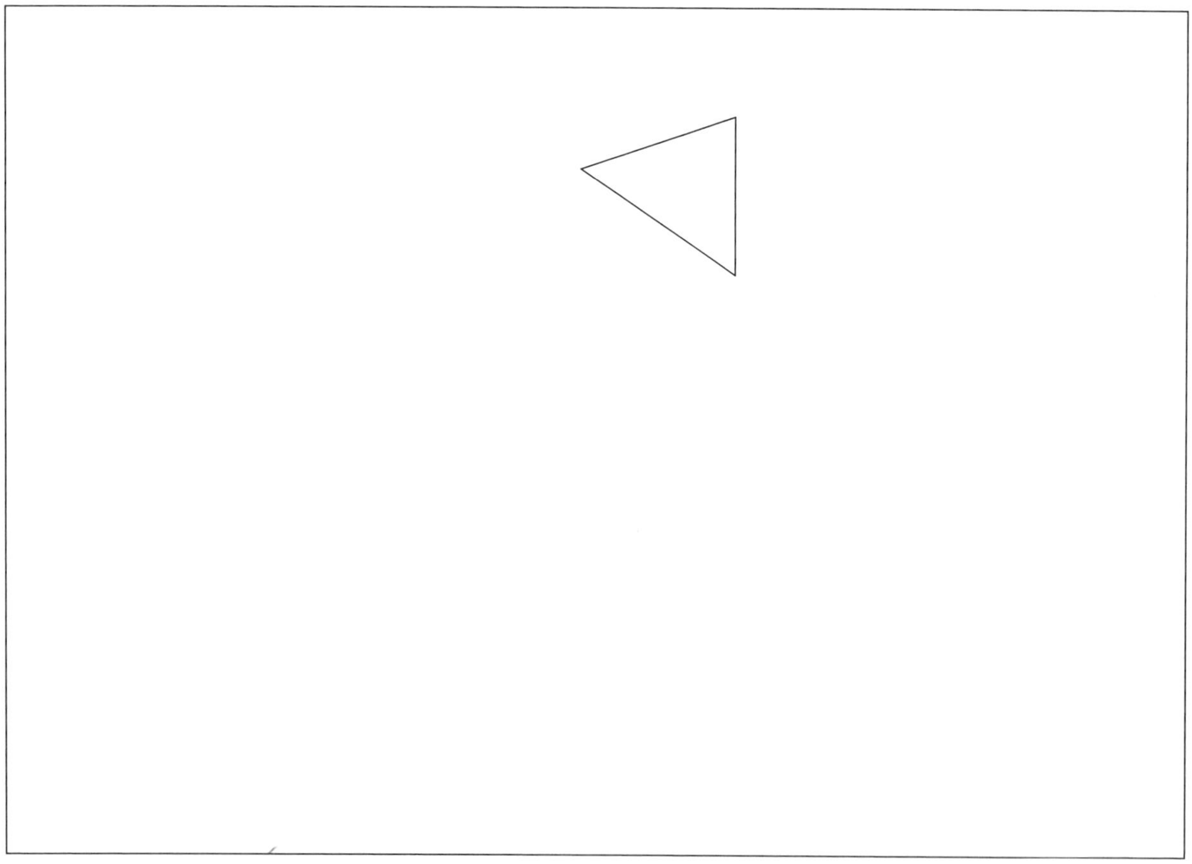

Figure 6

7. Figures dans un cadre

Fiche 4

Figure 9

Figure 8

7. Figures dans un cadre

Fiche 5

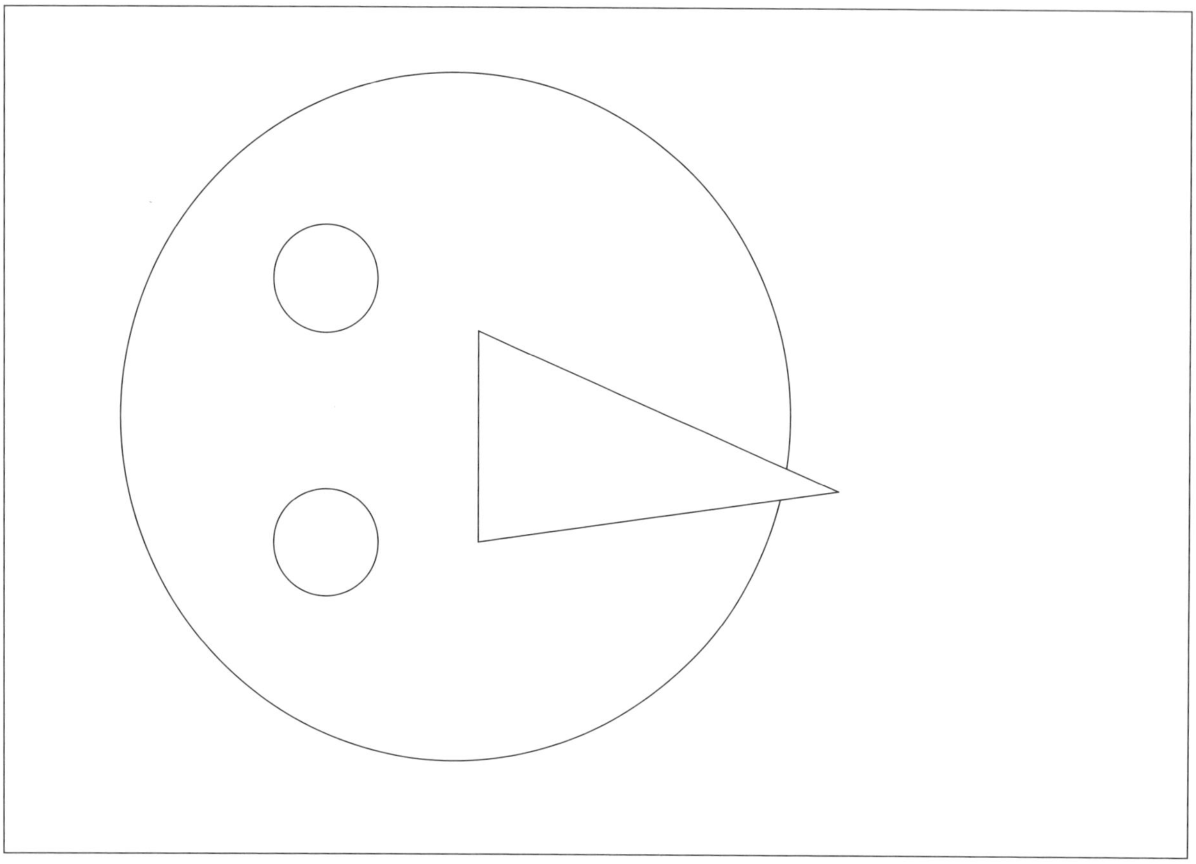

Figure 5
(hibou)

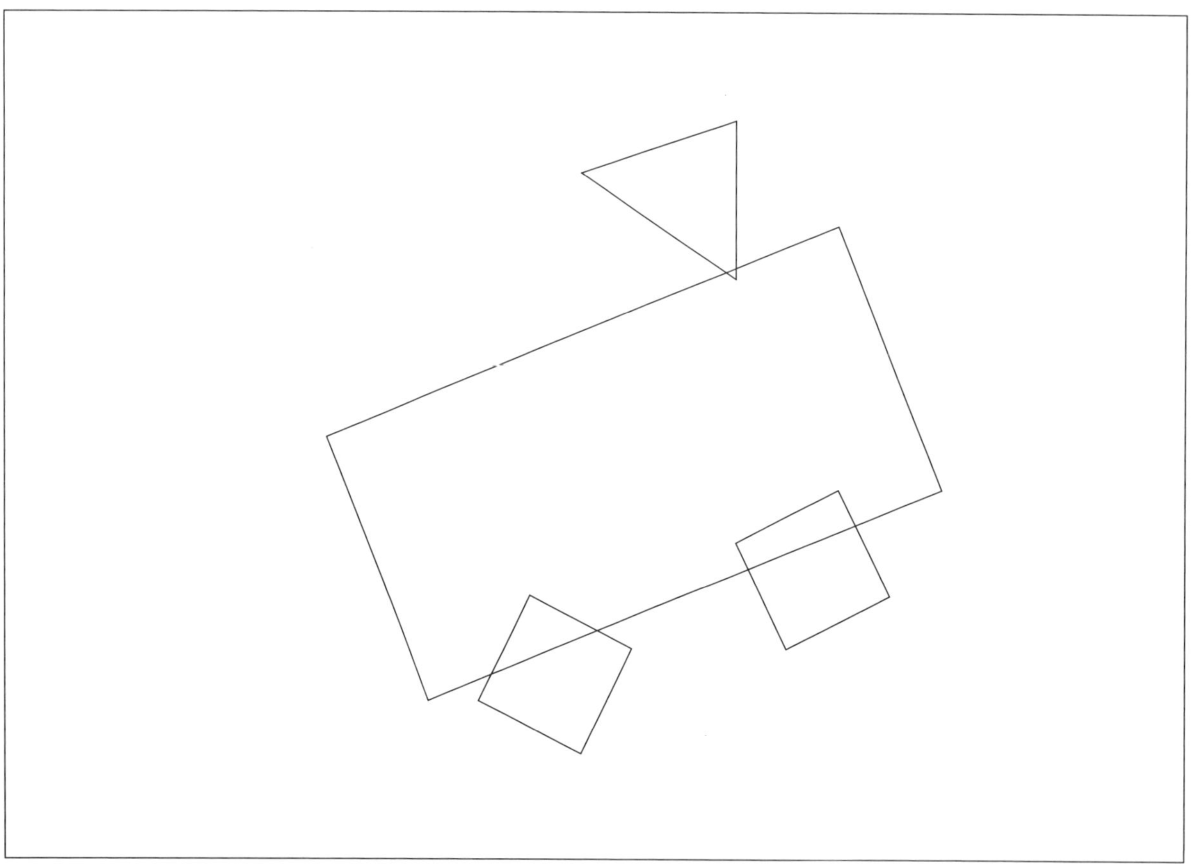

Figure 10
(camion)

Achevé d'imprimer par Normandie Roto Impression s.a.s., 61250 Lonrai - France
N° d'imprimeur : 06-2600- Dépôt légal n° 79690 - Octobre 2006